国家社会科学基金项目"'一带一路'沿线国物流节点安全预警系统建设研究"（项目编号：16BGL185）

商务部国际贸易经济合作研究院基金项目"中国企业'一带一路'沿线跨国并购的风险管理研究"（项目编号：2017SWBZD02）

中国博士后基金项目"'一带一路'物流节点安全预警原理与政策研究"（项目编号：2016M591346）

大数据交通应用与发展研究

赵光辉 著

中国社会科学出版社

图书在版编目（CIP）数据

大数据交通应用与发展研究/赵光辉著 . —北京：中国社会
科学出版社，2017.12
ISBN 978 - 7 - 5203 - 1696 - 5

Ⅰ.①大…　Ⅱ.①赵…　Ⅲ.①交通系统—数据处理—研究
Ⅳ.①U491.2

中国版本图书馆 CIP 数据核字（2017）第 310977 号

出 版 人　赵剑英
责任编辑　刘晓红
责任校对　周晓东
责任印制　戴　宽

出　　版　中国社会科学出版社
社　　址　北京鼓楼西大街甲 158 号
邮　　编　100720
网　　址　http：//www.csspw.cn
发 行 部　010 - 84083685
门 市 部　010 - 84029450
经　　销　新华书店及其他书店

印　　刷　北京明恒达印务有限公司
装　　订　廊坊市广阳区广增装订厂
版　　次　2017 年 12 月第 1 版
印　　次　2017 年 12 月第 1 次印刷

开　　本　710×1000　1/16
印　　张　18.5
插　　页　2
字　　数　271 千字
定　　价　86.00 元

序　一

倪　军[*]

　　2017年5月10日，我在美国的访问学者赵光辉博士和我在杭州安脉盛探讨了关于智能交通发展的相关问题，当时他计划写点关于大数据交通的内容。我告诉他，密歇根大学有全球最领先的智慧交通实验室。他们做了几年，就围绕密歇根大学旁边的几个红绿灯进行优化。后来来到中国一个大城市开始试验大数据交通，用大数据管理红绿灯。传统的摄像头加上地感线圈，人为操作，每90秒换一次。通过分析拥堵数据，传到监控室，通过人工智能去调整红绿灯。两个月时间之后，这个城市高峰期缓解了20%的拥堵。将来在世界上将有更多的城市、通过大数据优化更多的红绿灯，这样就会使世界上有限的道路通道资源得以最大利用，节约大量的时间资源和交通资源。另外，中国有1.5亿—2亿台的私家车保有量。这些私家车每天大概95%的时间是空闲在停车场的。既占地方，又浪费资源，造成各种拥堵等。通过大数据将这些闲置的资源调动起来，服务需要乘车的人，这个将会是多么大的贡献啊！

　　阅读完赵光辉博士最新的这本书稿，我深感中国交通因为大数据技术推动的发展变化。比如交通大数据来源采集、大数据交通平台应用、交通物流、公共交通、交通安全痛点问题、应用案例、商业模式、运行经验、世界各国大数据交通发展现状、战略及行动等。赵光

---

　　* 美国密歇根大学吴贤铭制造科学冠名教授、吴贤铭制造研究中心主任，世界经济论坛先进制造全球议事委员会副主席，上海交通大学校长特聘顾问、密歇根学院创始院长，杭州安脉盛智能技术有限公司创始人。

辉博士提出，大数据交通已经在改变中国社会的出行，以前是"人找车"，现在是"车找人"。通过分析雨天、晴天、高峰期、平峰期、上班、不上班的数据，预测这些情况下未来的出行情况，每一个地方大概出来多少人，准确率现在已经达到85%—90%，提前15分钟预判并将车派到指定地点，提前15分钟调配，提前15分钟规划路径，提前15分钟定位，这样就会带来网络约车的快捷，之前是很难想象的，现在已经习以为常。

不仅是人和车的匹配，人和物的匹配也因为大数据发生了巨大的变化。2017年11月11日24时，天猫双"十一"的销售额达到1682亿元人民币。其中，移动占比90%，成交商家和用户覆盖222个国家和地区。在"双十一"之前，商家通过大数据预测，快递包裹同比增长超过2016年的30%，大数据预测11月11日当天将达到1.4亿件左右，大数据预测超过170万物流配送人员参与其中。通过加强协同和数据共享改进物流服务，电子面单全行业覆盖率已经超过八成，大数据预测首次覆盖全行业半数以上的快递包裹，通过大数据的连接和社会化协同来提升效率。在物流预警雷达升级的基础上，大数据平台从时段预测全面跃升为动态实时预报，覆盖范围涵盖中国五成以上的快递包裹。由于做了算法优化，运用了更多维度的大数据，每日网点包裹派送量实时提前预报，预报准确率达到90%以上。这些数据帮助快递合作伙伴调配运能和运力，各家企业可以根据预测数据提前准备运力。提前增加临时工4000人，提前增加货车5240辆，提前增加了航空租赁吨位。"大数据分单路由"根据电子面单信息，可自动计算出分单路径，将包裹分到距离消费者最近的网点。超过五成的包裹通过大数据分单路由被更快地送达到消费者手中。商家针对各类畅销商品的大数据预测，在全国备货分仓管理库存，让包裹尽可能地靠近消费者。通过大数据货量预测，让商品尽可能提前来到买家身边。消费者等着收包裹变成包裹主动找消费者。

本书为我们带来了一种观察和应用大数据的新视角，这些成果是赵光辉博士从密歇根大学回国以后和朱谷生教授对中国交通持续关注的结果。他们之前合作的《Uber崛起：颠覆未来交通》《"互联网＋"

交通》《"互联网 +"综合运输服务》、《中国智造助推交通强国》
《"互联网 +"助推交通强国》《读懂大数据交通：从认知升级到应用
实例》例，都是邀请我做的序，这一本书是对交通发展新阶段的描
绘。现在中国提出"交通强国"战略，需要他们这样颇具前瞻性的研
究，需要他们同交通领域的建设者互动，需要有学者对世界交通发展
做出贡献。一个人来到世上，要活得有意义，要因为你的存在对社
会、对周边人群产生影响。无论什么角色，每个人都可以对这个世界
make a difference。希望赵光辉博士继续努力，继续保持勤奋，结合世
界发生的重大技术变革，把握天下大势，始终以国际视野、宽阔的胸
怀和超凡的睿智服务于交通强国的研究，为读者带来更多好成果。

我相信：因为中国交通人才的智慧激活，来自世界各地的人才资
源集聚与中国交通建设，未来中国大数据交通的发展一定会越来越超
前，中国距离世界交通强国的目标也将越来越近，中国未来交通借助
大数据发展的美好蓝图也将越来越清晰。

2017 年 12 月 12 日于美国密歇根大学

序　二

梁德辉

　　智能交通在世界各地已经发展了多年，步伐有先有后，一般都是在发展初期，应用范围主要在交通控制方面，近年来互联网及智能手机的出现，为智能交通的发展提供一个新平台，各种个性化的交通讯息服务，如雨后春笋般出现，亦令交通管理更有效率，而交通运输数据的开放及互通，正是近年来各种智能交通应用服务能迅速发展的主要因素。

　　由于数据大部分是智能交通应用服务的核心，数据的质与量，直接影响到各种服务的成败，在大数据时代，交通运输数据的来源及形式均呈多样化，动态及静态兼备，数量更是呈几何级数增长，可以预见，随着大数据时代的来临，智能交通的发展，会跳跃式发展至另一个新台阶。如何完善处理分析海量的交通运输大数据，并且能不断地与各个政府部门及私营企业合作，发掘新的数据来源，是一大挑战，但同时亦是机遇，因此各个与交通运输领域的相关者，尤其是负责制定交通运输政策、交通运输管理等人员，适宜多了解大数据交通，以充分发挥这项新科技在自己工作范畴的潜力。

　　赵光辉博士是交通运输部青年科技英才，从交通运输部管理干部学院现代交通运输发展研究中心主任到美国密歇根大学研究，回国之后到广西壮族自治区钦州市交通运输局担任交通运输局副局长，先后撰写了《Uber崛起：颠覆未来交通》《"互联网＋"交通》《"互联网＋"综合运输服务》《中国智造助推交通强国》《"互联网＋"助推

---

　　* 香港道路运输署原署长助理、香港大学教授、北京交干智库信息科技研究院院长。

交通强国》《读懂大数据交通：从认知升级到应用实例》。这本书是
上述系列的延续，从实践到理论，正好满足读者在这这方面的需要，
全书不仅涵盖了智能交通及大数据交通的理论与实践，配以不同案例
及先进国家经验，内容深入浅出，毫不艰深，让读者很容易便能掌握
这个领域的基础知识，以及宏观发展方向，然后结合自己的具体情
况，再找寻相关更深入的材料作进一步研究，从而可以在自己的工作
范畴充分利用这项新科技。同时对理论部分也做了清晰的梳理，以通
俗易懂的语言将这一领域的理论做了阐释，为理论研究者提供了很好
的观照和借鉴。

　　正如赵博士在书中的观点，我国在大数据交通的发展，有后发的
优势，同时亦面对规划、体制、资金、人才等问题，当然这些问题不
易解决，但只要社会有共识，大数据交通是大势所趋，亦会创造不少
机遇，相信政府相关部门必定能完善处理这些问题，并会与私营企业
充分合作达致双赢，若是如此，大数据交通将会成为我国的第五大新
发明。

　　作为政府一线主管部门的干部和一位长期从事交通运输前沿的研
究人员，赵光辉博士一直在琢磨把未来交通运输潜在需求开发出来，
把潜在技术、潜在用户变成实用技术、实用客户，用心研究和琢磨未
来技术在现代交通中的运用，力求使中国交通有更高的境界、格局、
引领，为交通强国建言献策，我感到未来中国交通光明的未来。交通
运输发展领域很多，每一个人的力量都是有限的，像赵光辉博士这
样，做好自己领域的事情，为交通事业发展做应有的贡献，这样，我
们的国家就大有前途，未来就大有希望！

2018 年 1 月于香港

序 三

任 斌[*]

在百度地图、滴滴出行等行业先行者的积极探索下，大数据与交通运输业的碰撞融合爆发出了惊人能量，大数据交通成为智慧交通、智慧城市的重要支撑部分，在创造巨大经济效益的同时，也将通过提高出行效率、降低交通污染等，创造巨大的社会效益、生态效益。

具有基础性、先导性、服务性的交通运输业，其发展不仅得到了世界各国政府的高度重视，联合国在推进全球交通运输业发展水平方面也投入了大量资源。以世界银行和中国的交流合作为例，据统计，在过去40年时间里，世界银行和中国各级政府合作完成的交通项目多达上百个，总价值超过180亿美元，目前，双方仍有70个交通项目处于落地建设阶段。世界银行和中国在交通运输领域的合作可以分为三个阶段：

（1）第一阶段：1980—1999年。该阶段，中国改革开放处于起步阶段，中国致力于发展出口导向型经济，双方的合作领域主要集中在港口、铁路及跨省高速公路等基础设施方面。

（2）第二阶段：2000—2005年。该阶段双方合作领域主要集中在区域基础设施一体化，尤其是大力发展跨区域高速公路建设方面。

（3）第三阶段：2006年至今。该阶段双方合作领域主要集中在城市及落后地区交通建设方面。

而大数据在交通领域的应用，为促进交通运输业转型升级，推进中国国民经济持续稳定增长，打破世界经济长期持续低迷的不利局

---

[*] 世界银行交通与信息通信技术全球实践副局长。

面，提供了新的思路。在大数据交通的强力支撑下，世界银行和中国政府在交通运输领域的合作广度及深度将会得到极大地拓展。

交通运输业是一种响应经济发展行业，推进各类交通运输项目落地，对促进经济增长具有十分重要的现实意义。目前，中国正在从高污染、高能耗的"厚重长大"型经济向消费及服务型经济转型，这对交通运输业将会带来深远影响，其顶层设计、战略规划、落地方案等都需要做出全面调整。

在国内，虽然中国已经具备了大量公路、铁路、港口等交通基础设施，但其利用效率仍处于较低水平，亟须通过应用大数据技术及其分析方法来加强各区域、层级、部门之间的资源整合，促进交通资源的高效利用。

在国际上，"一带一路"战略的持续稳定落地，必然需要建立新的国际贸易通道及标准体系，这就对交通运输建设提出了极高的要求。中国提出的"一带一路"合作倡议，是要和沿线国家携手努力，构建政治互信、经济融合、文化包容的利益共同体、命运共同体及责任共同体。"一带一路"沿线大部分国家经济发展相对落后，和中国的经贸交流合作有待深入发掘，而通过大数据交通完善中国及沿线国家的交通基础设施，是深化双方经贸交流合作、实现多方合作共赢的必然选择。

在中国大力推进的长江经济带发展战略中，将沿海制造业向内陆转移是关键一环。此前，中国大力发展出口导向型经济，制造企业集中分布在临近港口的沿海城市，而如今，中国正向消费及服务型经济转型，制造企业逐步向内陆城市转移，和消费旺盛的沿海发达地区及港口之间的距离显著提升，想要充分满足消费需求并确保出口产品竞争力，必须提高物流效率，降低物流成本，大力发展多式联运。

此外，资源环境对中国经济发展约束日益严峻，亟须打造现代绿色物流体系。和发达国家相比，中国在交通运输业尤其是物流这一细分领域，还有很长的一段路要走。中国物流成本显著高于美国、德国等发达国家，而且物流市场较为分散，大型物流企业占据的市场份额较低，对行业标准建设及推广带来了诸多不利影响。

现阶段，中国物流运输以公路为主，虽然公路运输比铁路、水路有更高效率，但成本较高，而且给环境和生态保护带来较大压力，未来中国物流运输必须转型升级，探索环境友好型及更具持续性的物流运输模式。

物流运输乃至交通运输业的转型升级不仅需要通过大数据、云计算、车联网等先进技术与设备，促进信息、人才、基础设施等资源整合及共享，更需要智慧交通、共享交通等先进理念与模式，而后者正是大数据在交通运输产业应用所带来的核心价值。

作为世界银行交通与信息通信技术全球实践局副局长，我有幸参与了一些世界银行和中国的交通合作项目，以三峡现代物流中心基础设施项目为例，世界银行为该项目提供了 2 亿美元的贷款支持，三峡现代物流中心可谓是大数据交通实践案例中的典型代表。

作为三峡现代物流中心中的一个重要组成部分，白洋港致力于打造国际现代化生态港、智慧港、自贸港。港口内的白洋港物流园建立了完善的物流信息平台，利用车联网及传感器等技术与设备对车辆运行状态进行实时监测，实现供应商、渠道商、物流企业、零售商之间的无缝对接，并通过大数据技术深入发掘海量离散数据背后的联系与规律，优化配送线路，提高库存周转率，实现多方合作共赢。

三峡现代物流中心项目是对接长江经济带和"一带一路"建设的关键节点项目，也是长江沿线首个绿色综合多式联运和物流中心示范性工程，发展定位为三峡枢纽核心港、临港产业集聚区、开放开发先导区、绿色发展示范区，未来具有十分广阔的发展前景，同时，它作为一个大数据交通实践项目，将会在中国乃至世界范围内产生十分强大的示范效果。

赵光辉博士原来在交通运输部管理干部学院任教，是现代交通运输发展研究中心的创办人、首任主任。从美国密西根大学回国之后，任贵州财经大学公共管理学院教授，致力于大数据交通方面的研究。后来，在广西壮族自治区钦州市交通运输局任副局长，最近在广西壮族自治区交通运输厅从事交通强国广西示范区的建设与研究，对大数据交通的理论和实践有着不同寻常的经验和感受。

　　我先后在上海、合肥、北京等多个研讨会上见到他,他在世界银行中国办事处和我交流这本大数据交通的书稿时,我欣然同意为他的新书作序,向世界推介大数据交通如何推进中国交通强国的故事,希望更多的读者喜欢并从中受益。

　　特此作序。

任斌

2017 年 12 月

目　录

第二篇　智慧交通篇

第三篇 云计算交通篇

第四篇　大数据物流篇

第五篇　共享交通运输篇

前言：大数据交通研究的知识图谱与研判

我们正处于一个信息技术不断发展、信息呈现"爆炸"状态的大数据时代。大数据深刻影响着一个国家的政治、经济和文化生活的方方面面，当然也为交通的规划、发展带来了新的思路、新的机遇和新的挑战。大数据时代的到来，深刻改变了传统的信息流动路径和权力的运行向度。2015 年"大数据"已然成为一个快速增长的热点"突发词"（burstterms），许多学者开始进行大数据与交通关系的研究，如大数据及其在城市智能交通系统中的应用综述、大数据方法对于缓解城市交通拥堵的作用的理论分析、大数据背景下治理交通拥堵创新对策研究等大数据被提升到了提高交通发展战略的高度。实现国家交通智能化、现代化是我国政府建设的重要目标，大数据必将以更加积极的姿态支撑我国经济、社会的发展。

一 数据来源与研究方法

1. 数据来源

本书所使用的数据来源于 CNKI（中国学术期刊网络出版总库），检索时间为 2017 年 9 月 26 日，以"主题 = 大数据交通"为检索词，检索条件设置为精确，文献年限为 2012—2017 年，以核心期刊为文献来源类别，共检索到"大数据交通"相关文献 2532 篇，剔除约稿启示、研讨会简介、出版物出版介绍以及声明之外，筛选得到高质量文献 499 篇。值得指出的是，以篇名为检索词、以核心期刊作为文献来源所获得的学术论文具有较高的学术水平和研究价值，能够保证研究内容和结果的准确性与可靠性。

2. 研究方法

本书使用的科学知识图谱工具由美国费城德雷克塞尔大学信息科

学与技术学院陈超美博士开发，是基于 Java 平台的可视化分析工具 CiteSpaceV。该软件是一款用于计量和分析科学文献数据的信息可视化软件，能够识别并展示科学发展的新趋势和新动态。其基于文献关键词的共词分析能够绘制出聚类图谱和时区视图，进而以动态的可视化图谱展示某个知识领域或学科在一段时期的发展动向与趋势。该软件还提供了词频增长监测（burstdetection）算法，通过考察词频的时间分布，将词频变化率高、频次增长速度快的"突发词"（burst-terms）从大量的常用词中检测出来，用词频的变动趋势，而不仅仅是词频的高低，来分析学科的前沿领域、潜在研究问题和发展趋势。

二　国内大数据交通研究的知识图谱

1. 大数据交通论文发表数量时间分布

我国大数据交通研究近五年研究呈现何种趋势在统计分析图（见图 0 - 1）可以得到清晰的展示。具体而言，2012—2017 年我国大数据交通研究在核心期刊发表的学术论文数量呈现几个特点：一是论文发表的数量总体呈现稳步上升趋势，特别是 2014 年以后处于不断发展的状态；二是数量上升过程存在波动，2017 年略有下降，这与 2017 年统计数量不足一年相关；三是 2013—2015 年关于大数据交通研究的论文呈现爆发式增长，数量激增。由我国数据交通发展历程来看，2011—2012 年是数据交通的起步期。滴滴、快车、北斗系统（1.0）初步呈现。2012—2013 年处于快速发展期。北斗卫星导航系统正式提供区域服务一周年新闻发布会在国务院新闻办公室新闻发布厅召开，正式发布了《北斗系统公开服务性能规范》（1.0 版）和《北斗系统空间信号接口控制文件》（2.0 版）两个系统文件。而移动开车业务也完成了 A 轮、B 轮融资。2013—2014 年移动互联网交通快速发展。中国的卫星导航系统已获得国际海事组织的认可，移动快车业务也进入激战，各地政府纷纷出台政策、推动数据交通的规范化发展。

2. 政府治理研究的机构共现分析及其相互联系

运用 CiteSpaceV 生成共现分析的知识图谱具有两个基本的特征：一是每一个节点代表一个机构，节点的大小代表该机构发表论文数量

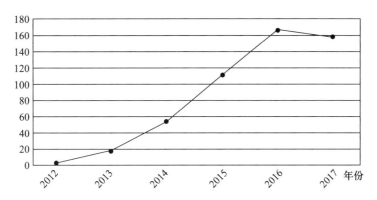

图 0 - 1　2012—2017 年我国大数据交通研究文献数量统计

的多少，节点越大，则该机构发表论文数量相对较大；反之则较小。二是节点之间的连线代表发文机构之间的合作关系，连线越粗，代表不同机构之间合作越密切；反之则相反。

3. 通过分析得到我国大数据交通研究资料来源

一是发表核心论文相对较多的研究机构为我国交通规划研究的重要机构，其中文献资源类型分布包括：期刊 381 篇、报纸 46 篇、博士论文 7 篇、硕士论文 29 篇、中国会议论文 36 篇（见图 0 - 2）。

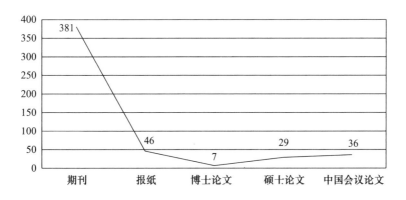

图 0 - 2　我国大数据交通研究资源类型分布

二是学科分布：工程科技Ⅰ辑 36 篇、工程科技Ⅱ辑 342 篇、社会科学Ⅰ辑 48 篇、社会科学Ⅱ辑 9 篇、经济与管理科学 171 篇、信息科技 185 篇。

三是来源分布：《城市建设理论研究》5 篇、《智能城市》6 篇、

《中国安防》5 篇、《中国交通报》7 篇、《中国公共安全》7 篇、《中国交通信息化》11 篇、《城市交通》8 篇、《协同发展与交通实践一体化》6 篇、《科技风》4 篇、《第十一届中国智能交通年会论文集》4 篇、《2016 年中国城市交通报告》4 篇、其他 375 篇。

四是基金分布：国家自然科学基金 35 篇、广东省自然科学基金 2 篇、国家科技支撑计划 6 篇、安徽省科技攻关计划 2 篇、四川省应用基础研究基金 1 篇、国家科技合作重点项目 1 篇、湖南省教委科研基金 2 篇、其他 450 篇。

五是研究机构分布：同济大学 12 篇、山东科技大学 4 篇、南京莱斯信息技术股份公司 3 篇、辽宁省艾特斯智能交通 4 篇、中国交通通信信息中心 2 篇、长安大学 3 篇、北京交通大学 9 篇、其他 462 篇。

由图 0-3 可知，各高等院校、研究机构之间的分布比较分散，呈现为"马铃薯"状态，相互之间的联系不太紧密，说明目前我国政府治

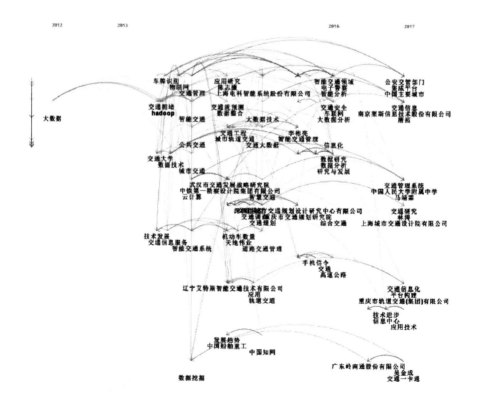

广东岭南通股份有限公司

深圳市城市交通规划设计研究中心

深圳市城市交通规划设计研究中心有限公司

公安部交通管理科学研究所

上海云砥信息科技有限公司

清华大学交通研究所

天津天地伟业数码科技有限公司

河南财经政法大学能源与环境学院

公安部道路交通安全研究中心 重庆市轨道交通(集团)有限公司 上海市城市建设设计研究总院

河南财经政法大学中原经济区"三化"协调发展研究河南省协同创新中心 《铁路计算机应用》编辑部

上海市城乡建设和交通发展研究院

中国科学院深圳先进技术研究院

山东科技大学交通学院 **上海电科智能系统股份有限公司**

中铁第一勘察设计院集团有限公司 浙江省交通运输厅信息中心

轨道交通工程信息化企业国家重点实验室 **辽宁艾特斯智能交通技术有限公司**

杭州中奥科技有限公司 中国人民大学附属中学 同济大学道路与交通工程教育部重点实验室

中国交通通信信息中心 同济大学交通运输工程学院

南京莱斯信息技术股份有限公司 重庆市交通规划研究院 上海理工大学管理学院

杭州市公安局交通警察局科研所 **武汉市交通发展战略研究院**

上海城市交通设计研究有限公司

浙江工业大学计算机学院 长安大学信息工程学院

上海市城市规划设计研究院

图 0 - 3　我国各高等院校、研究机构的分布状况（续）

理研究机构之间的合作研究偏少，联系紧密度偏低，尚处于彼此相对封闭的状态。

4. 大数据交通研究的学者分布及其联系

通过 CiteSpaceV 的作者共现视图（见图 0 - 4），到目前为止，凸显出大数据交通研究发文数量较多的几位代表性的学者。从图 0 - 4 中可以看出，我国大数据交通研究的研究者之间合作程度不高，呈现分散分布的状态，且为数不多的合作大多依托于机构之间的合作，尚未形成规模较大的合作型研究网络。其中，相对多产的学者主要有段仲渊（4 篇）、丘建栋（4 篇）、杨东援（3 篇）、李欣（3 篇）、戴帅（3 篇）、吴金成（2 篇）等。

5. 大数据交通被引文献、下载文献分析

2012—2017 年大数据交通研究文献主要来自《图书与情报》《交通运输系统工程与信息》《交通运输工程学报》以及其他重要研究机构的研究和学报，其分布基本一致。在这些高被引文献之中，一类是

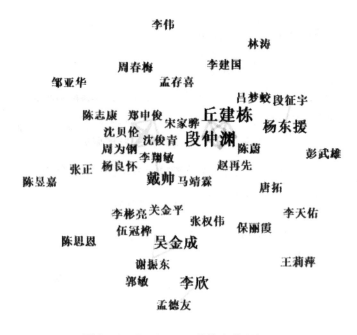

图 0 - 4　CiteSpaceV 的作者共现视图

基础理论类型的，主要阐释大数据与交通中的运用的关系，另一类是探讨交通中大数据的处理与分析等问题。不难发现，在社会实践研究取得进展的同时，学术界也在积极回应如何实现"大数据交通"等社会公众、媒体关注的现实问题，以求交通改善与发展。

同时，大数据交通研究文献被下载最多的来源于《中国公路学报》《图书与情报》《交通运输系统工程与信息》《第八届智能交通年会论文集》等相关大学研究文献。其分布与被高引用文献分布基本一致。在这些被大量下载的文献中，一类是对大数据交通理论研究的分析，以及对交通运输中存在的问题、智能交通中大数据应用的分析；另一类是对如何实现大数据交通的路径研究，以及对大数据交通平台构建、路径设计的分析研究。

6. 大数据交通研究的热点分布

在知识图谱分析中，研究热点是某一时期获得人们普遍关注、引起较多数量文献探讨的社会问题或现象。从文献计量学的角度来看，某个领域的研究热点是由研究者积极引用的文献所体现的。一般来说，某一知识领域在某一时期内被引频次较高的文献通常是该领域的研究热点，而文献中高频次出现的关键词可以高度概括论文主题，从而可以用来确定某一领域的研究热点。在 CiteSpaceV 中，网络节点选择关键词（Key word），采用关键路径算法（pathfinder），设定合适的阈值，运行软件后得到我国大数据交通研究领域的热点知识图谱，在知识图谱中，每一个圆形节点代表一个关键词，圆圈的大小代表该关键词出现频次的高低，不同的颜色代表不同的年份。由此可知，2012—2017 年我国大数据交通领域研究的热点主要集中在"大数据""智能交通""交通大数据""智慧交通""智能交通系统""城市交通""轨道交通"和"交通规划"等关键词中。同时，从知识图谱也可以直观地看到，目前我国大数据研究在围绕"大数据"这个关键词下，进行了精准化、聚焦式研究，对这一领域的研究呈现不断深入的状态。

7. 大数据交通研究的高频关键词词频计量分析

运用 CiteSpaceV 进行关键词共现分析（见图 0－5），同时对关键词词频进行统计，得出 499 篇核心论文中共计包含关键词 1494 个，关键词总频次为 449 次，平均到每篇论文近似 2.99 个。这些关键词基本为我国大数据交通研究的专业术语，在一定程度上表示了 2012—2017 年期间研究的主题以及热点。关键词"大数据"出现的频次为 226 次，远高于其他关键词的出现频率，成为该领域最显著的标签。

在进行关键词共现分析时，仅仅注意关键词出现的频次高低是不够的，还应该注意其出现的时序特征（见图 0－6）。我国学术界在关于大数据交通的研究中，受国家政策影响显著，因而关键词出现的年代的变化可以反映出我国大数据交通变迁的大致路线，有助于帮助学者密切注意研究热点的发展趋势和最新动向，把握大数据交通理论研究与现实政策的互动与配合。

三 国内大数据交通研究的发展轨迹与阶段特色

在 CiteSpaceV 中，将 2012—2017 年政府治理领域的关键词投射到以时间为横轴的坐标图上，就得到了大数据交通研究的时区视图，可以直观地展示出大数据交通研究的演化路径、不同时期的研究热点和发

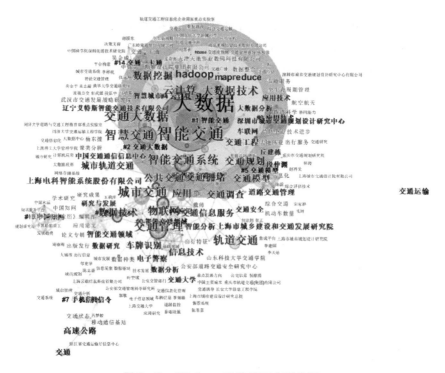

图 0 - 5　CiteSpace V 关键词共现分析

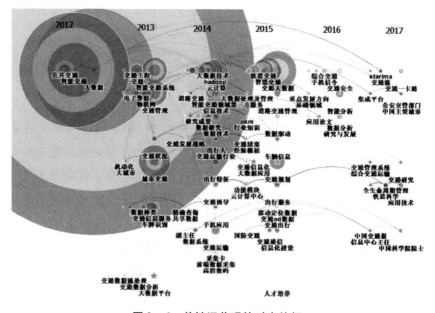

图 0 - 6　关键词共现的时序特征

展趋势（由于关键词"大数据"频次太高，故隐去其标签，只保留其节点）。从开始的 2012 年"大数据""交通信息服务""云计算"等比较宏观的词语，到 2014 年的"交通管理""智能交通系统"，再到 2015 年的"交通规划"及之后 2016 年的"城市发展"等相对微观词汇的出现，表明我国大数据交通研究的层次不断深入，热点不断变化，与国家政策指引具有一定的相关性。

四 我国大数据交通研究的研判

1. 中国大数据交通的发展时机

2016 年，发改委和交通部联合发布了《推进"互联网＋"便捷交通促进智能交通发展的实施方案》。应用互联网实现智能交通包含两个方面：其一是要通过先进感知监测系统和大数据平台，打造智能化的交通基础设施；其二是推动核心技术的研发应用。国务院印发的《新一代人工智能发展规划》也涉及"智能交通"。规划提出，研究建立营运车辆自动驾驶与车路协同的技术体系。研发复杂场景下的多维交通信息综合大数据应用平台，实现智能化交通疏导和综合运行协调指挥，建成覆盖地面、轨道、低空和海上的智能交通监控、管理和服务系统。由于智能交通产业发展正处于起步阶段，如何把握其产业重点，并非轻而易举，必须深入调研。

2. 中国大数据交通的研究机构

近年来，中国自主定位导航北斗得到了大力推广，以云计算、大数据为基础的车联网、智慧交通等也迎来了大发展。在此背景下，全国货车北斗监控网络平台、网约车监控管理平台、中国西部旅游救援平台等北斗卫星定位智能终端监控平台，发展物流配载、网约车用户增值业务、二手车交易、商用车融资租赁等业务纷纷涌现。但大数据智能交通的发展仍面临着业务复杂、数据多样化、业务稳定与安全等众多问题。

2017 年，由国家发改委正式批准，13 个国家工程实验室之一"综合交通大数据应用技术国家工程实验室"在贵阳成立。该实验室由贵阳货车帮科技有限公司携手西南交通大学共同建立。西南交通大学将针对我国交通行业数据孤岛化、出行服务碎片化等问题，围绕高效运用大数据提升综合交通整体效能的迫切需求，建设综合交通大数据应用技术相关研究平台，支撑开展基于大数据的综合交通一体化规划、智慧物流服务等技术的研发和工程化，其涉及诸多方面的研究治理。但综而观之，可归结为两个基本层面：大数据平台研究、大数据交通一体化。两个层面相互联系、相互影响，共存于有机的研究体系中。大数据交通作为国家实验工程体系的重要组成部分之一，承担着国家研究、治理的具体实施和行政实现的功能，其数据化水平不仅直接影响国家交通现代化的程度，也是影响服务型政府建设和实现善治的重要因素。交通承载着如此重要的功能，适时地对其进行总结和梳理，以回应新形势下大数据交通实践对理论研究的新要求。

3. 中国大数据交通的赛事

2017 中国"云上贵州"智慧交通大数据应用创新大赛对数据需求在专业性、保密性、开放性等方面都超出了政府数据开放的范围。贵州突破性的开放数据，提供了实时的数据资源，在实现互联网与交通融合发展，推动政企合作创新应用，建立智能交通出行平台等大数据交通应用方面做出了超前的探索和实践。

五　展望

（1）大数据交通研究呈渐进发展之势。尤其是自 2013 年开始呈现快速上升的趋势，截至 2016 年，论文发表数量维持在较高的水平。大数据交通研究论文发表数量时间分布趋势也凸显出我国大数据交通研究的连续性与探求创新的积极努力和有益尝试。

（2）大数据交通研究多使用规范性方法。对大数据交通研究的内容多集中于现象分析、问题分析和发展分析，相对少见实证性研究成果，特别是高水平的个案研究成果更是稀少。除此之外，对国外大数据交通研究成果的讨论也有不少，但是大多也是对其他国家大数据交通经验的介绍和引入，与实践相结合的研究相对较少。

（3）大数据交通研究与时事、社会热点高度相关。城市交通、移动快车、北斗导航、高德地图、"一带一路"、物流等研究相关成果的出现与相近的时事热点关系密切。透过 CiteSpaceV 的大数据交通研究的时区视图，"大数据""公共交通""智能交通"等关键词成为

2012 年快速增长的热点"突发词"，与整个社会背景下社会科学对治理和善治交通的研究有密切联系。后续"智能交通系统""交通工程""物联网"等关键词研究都或多或少受到社会发展现状及政府推动的影响。2013 年党的十八届三中全会召开，倡导治理创新，推进国家治理体系和治理能力现代化，政府重新迸发活力。"大数据"和"互联网＋"等一大批关键词进入研究视野，核心期刊发表论文的数量也呈"井喷"之势，大数据交通研究得到迅猛发展。

第一篇　大数据交通篇

第一章　大数据时代：重塑交通产业未来新格局

第一节　我国交通行业大数据应用和发展现状

一　大数据产业的发展现状与趋势分析

近年来，随着互联网、移动互联网的发展，数据快速增长、规模迅速壮大，对于各行各业来说，这既是一大机遇，也是一大挑战。现如今，信息社会已进入了大数据时代。

大数据其实就是一个数据集合，只不过这个数据集合包含的资料量规模异常庞大，凭借现有的软件工具无法在有效时间内对其进行感知、采集、管理、处理、服务。大约从 2009 年开始，在互联网信息技术行业，大数据成了一个流行词汇。

据互联网数据中心测算，近两年，数据量以每年 50% 的速度飞速增长，这就表示近两年产生的数据量是之前产生的数据量的总和，预计到 2020 年，全球的数据量将达到 35ZB。这就意味着数据处理单位将从 TB 上升到了 PB、EB、ZB，在这种形势下，人们要解决的难题越来越多，比如如何降低数据存储成本，如何让计算资源得以充分利用，如何提升系统并发吞吐率等。

为了顺应大数据的发展之势，为行业用户与个人用户提供优质的数据分析服务，大数据平台的构建十分迫切。大数据平台的构建就是对不同渠道来源、不同结构类型的数据进行整合，在构建的过程中要对大数据规模庞大、类型多样、流动速度快、动态的体系、巨大的价值等因素进行重点考虑，这是与传统数据平台构建的不同之处。另外，在大数据平台构建的过程中，数据分类存储、智能处理，数据平台的开放性及与用户的交互都是巨大挑战。

大数据平台处理的数据具有多样化的特点。目前，大数据平台的构建已取得了一些非常具有代表性的成果，比如谷歌公司的 Freebase、微软公司的 Probase、中国知网。商业领域同样也有三个非常典型的大数据平台：一是 IBM 公司打造的 Infosphere 大数据分析平台；二是天睿公司打造的 Teradata；三是天猫、阿里云、万网联合打造的电商云工作平台——聚石塔。

事实上，大数据不只是一种技术，还是一种现象，是信息科技发展的必然结果。数据采集、传输、处理、应用所用的大数据技术，是通过系统地使用新型工具对各种类型的数据（结构化数据、非结构化数据、半结构化数据）进行处理，获得分析结果与预测结果的一系列技术。

大数据技术应用的意义不只是掌握海量的数据信息，而是以专业化的方式对这些有意义的数据进行处理。换个方式来讲，如果将大数据比作一种产业，要想让这种产业盈利，就必须增强数据的加工处理能力，通过加工处理让数据增值。目前，大数据领域出现了很多新技术，利用这些新技术能更好地完成大数据采集、存储、处理及应用等工作。

现如今，大数据发展呈现出了三大趋势，具体分析如下：

1. 基于云计算的数据分析平台

在云计算的作用下，大数据有了一个能实现弹性扩展、价格相对较低的存储空间，借此，中小企业就可以自主利用云计算对大数据进行分析处理。云计算拥有规模庞大、分布较广的 IT 资源，是拥有很多异构系统的企业对数据进行准确处理的唯一方式。

基于云计算的数据分析平台的构建还要提升数据通信带宽，做好云资源池建设，保证原始数据能顺畅地转移到云计算环境中，保证资源池能够根据需要进行弹性扩展。

2. 数据分析集逐渐扩大

在人们从大数据分析中获益之后，数据分析集就会越来越大。目前，企业的数据分析量一般在 TB 级。按照现有的发展速度，企业的数据分析量很快就会达到 PB 级，尤其是 100—500TB 和 500 + TB 范围内的数据量会成倍增长。

随着数据分析集越来越大，过去部门层级的数据集越来越难以满足大数据分析需求，将成为企业数据库的子集。在这种情况下，企业内的数据分析将从部门级的数据分析朝企业级的数据分析发展，其需求也将从部门需求转向企业需求，所获利益将大幅增长。随着政府及行政部门数据开放程度越来越高，进入企业级数据仓库的外部数据将越来越多，数据仓库的规模将越来越大，数据价值也将越来越大。

3. Hadoop 对 MapReduce 的依赖逐渐减小

Hadoop 是一个软件框架，能对 PB 级数据进行分布式处理，可靠性高、扩展性强、容错性高、处理效率也高。Hadoop 的新版本与 Cloudera 的 Impala 一样，不仅为 MapReduce 服务，还用一个 SQL 查询引擎来代替 MapReduce。脱离 MapReduce 的制约，Hadoop 能更好地发挥自己的作用，其最典型的案例就是 HBase NoSQL 数据库。未来，在大数据处理的过程中，Hadoop 平台所发挥的作用将越来越重要。

二　大数据产业的发展特点与应用领域

整体来看，我国大数据应用尚处于起步探索阶段，但发展势头十分强劲，已渗透到交通、医疗、生物技术、零售、电商、农牧业、个人位置服务等众多领域，并不断涌现出各种大数据相关的新技术、新产品与新服务。

中国信息通信研究院发布的《中国大数据发展调查报告（2017）》显示，2016 年我国的大数据市场规模为 168 亿元，比 2015 年的 116 亿元增长了 45%；预计到 2020 年大数据市场规模将达到 578 亿元，年均增速保持在 30% 以上。

大数据时代，数据已成为十分重要的资源和资产。对此，"十三五"战略规划明确提出：要推动我国大数据产业的快速稳步发展，完善大数据产业系统，推动大数据国家标准、行业标准和地方标准的制定，鼓励、扶持大数据产业孵化基地建设；到 2020 年，大数据要广泛渗透到社会各领域，成为国民经济的新支柱产业，从而大幅提高我国的信息化水平，在全球新一轮的产业技术革命中占据主动。

（一）大数据的发展特点

1. 数据量巨大

移动互联网、可穿戴智能设备、物联网、云计算、云存储等技术的发展普及，使用户的每一个行为动作都能被有效记录下来，从而造成信息的爆炸式增长。与传统数据相比，大数据体积巨大，数据规模从 TB 级上升到 PB 级。

根据相关估算，从 1986 年到 2007 年，全球在数据存储、双向通信和通用计算三个方面每年增长的比例分别为 23%、28% 和 58%。数据规模方面，市场调研机构 IDC 的研究显示，2007 年世界数据存储量突破 300EB，到 2013 年达到 4.4ZB，并以每年 40% 左右的速度增长，预计到 2020 年全球数据总量将达到 40ZB。

2. 数据类型多样化

大数据的类型十分多样，除了传统的结构化、标准化数据形态，还包括半结构化、非结构化数据；不仅体现为静态的数据库，也可以是动态的数据流；不只有简单的数据对象，还涉及时间数据、生物序列数据、传感器数据、空间数据、超文本数据、多媒体数据、软件程序代码、Web 数据、社会网络数据等丰富多样的数据形态。同时，海量的数据集不只源于组织内部各环节的运作，也可产生于组织外部。

3. 数据的时效性高

大数据技术能够对数据进行实时采集与处理，并根据实时分析结果制定更有针对性的解决方案。因此，与传统的数据分析与处理模式相比，大数据技术在数据的传输、响应与反应速度方面更快，容易获取数据的时效性价值，实现对数据信息进行"去伪存真"，即从海量数据中快速获取所需的有价值数据。

4. 数据真实性低

这里的真实性是指数据的质量与价值，是大数据分析时需要着重关注的内容。互联网的高度开放和快速传播特质，可能会导致一些

"负面"数据信息大量涌现并被广泛传播。比如，借助吸引眼球的营销噱头和其他有利因素，一些低劣假冒商品也可能在市场中大行其道并获得很高评分，但这些数据的真实性很低，如果在大数据分析中不加筛选直接使用，则不论数据分析结果多么精确，都不会有太大价值。

5. 价值密度低

随着物联网、智能传感设备的广泛应用，信息感知与采集覆盖到社会的各个方面和角落，由此出现很多不相关信息；再加上数据采集不及时，样本不全面、代表性差，以及数据不连续等因素，便可能造成数据失真。不过，大数据具有体积巨大的特点，随着数据规模的不断增加，对真实情况的反馈也会越来越准确全面，从而在很大程度上弥补了数据价值密度低的不足。

（二）大数据的应用领域

当前，大数据已被广泛应用到交通、零售、电商、交通等众多领域，并发挥出了巨大价值。下面我们以交通、医疗、农牧业和舆情服务领域的大数据应用为例。

1. 交通大数据

从打造智能交通的角度来看，交通大数据主要包括交通管理系统数据、服务数据、各类交通传感器数据和应用数据等，数据体积大、类型多样，在数据的分析、处理与价值挖掘上具有一定难度，因此需要相关主体积极探索、创新交通大数据的应用方式与路径。

2. 医疗大数据

主要是通过大数据平台将患者以往病例和治疗方案等信息收集起来，然后结合患者的个性化体征将其分类到疾病大数据库中的相应病例类别中。当患者在医院就医时，医生可以直接通过医保卡或就诊卡获取患者的以往病史，从疾病大数据库中找到与病患相同的疾病案例和诊疗方案，然后再结合检查结果迅速确诊和制定最佳的治疗方案。此外，医疗大数据库还能帮助医药研发企业更有针对性地进行医疗器械和药物的研发生产。

3. 传统农牧业大数据

天气、土壤、空气等客观因素直接影响着农牧业生产，而以往对这些因素的判断和把握主要是依靠农民的主观经验。与此不同，利用大数据系统对这些客观因素以及农作物成熟度、设备与劳动力成本等各种数据进行收集分析，能够为农牧业的生产经营活动提供科学客观的依据，从而帮助从业者做出更合理准确的播种、施肥、收割决策。

当然，大数据作为一种前沿技术领域，在农牧业领域的应用落地需要专业技术人员的指导帮助。政府要鼓励更多大数据企业和专业人才关注农业问题，根据实时大数据分析结果指导农民进行科学合理的生产活动与决策，最大限度地降低农牧业经营风险，实现产品的提质增效，最终提高我国农牧业生产的信息化、智能化、现代化水平。

4. 舆情大数据

主要是利用大数据系统收集民意民情，使相关部门全面准确获取民众诉求并及时采取应对举措，从而减少社会群体事件，并对犯罪行为进行更有效管理。比如，当前我国相关部门已利用大数据系统收集各地的人口走失或拐卖信息，并通过微博等各种媒体渠道将这些信息实时发布扩散出去，从而发动更多民众帮助他人。

三 我国交通业的发展痛点与实践路径

随着交通信息化和数字化建设的不断推进，交通"大数据"持续呈现爆炸式增长态势。如何利用大数据技术解决交通业发展的诸多问题和困境，实现智能交通、智慧交通，既是"互联网+"时代交通管理工作的新挑战，也为交通管理创新提供了更大想象空间。

那么，当前我国交通业发展有哪些痛点，大数据又能提供哪些有效的解决方案呢？

工业化必然伴随着城市化，因而从 20 世纪开始城市交通问题就成为工业发达国家面临的一大发展困境。就我国来看，改革开放以来工业化和城市化的突飞猛进，在极大改善社会整体交通状况的同时，也为交通业发展带来了新的痛点和挑战。

根据不完全统计，我国机动车保有量已达 2.85 亿辆，大约 33%的城市拥堵指数呈持续上升趋势；民航交通方面，航班正点率不到

70%。因此，如何破解交通困局、提供便捷舒适的交通出行体验，已成为普通大众和政府共同关注的重要民生问题。

在此背景下，移动互联网、物联网、云计算、大数据等新一代信息技术的发展成熟和深度应用，为政府和相关机构提供了解决交通业发展痛点的新路径和方法：利用大数据等先进技术打造网络化、信息化、智能化的智慧交通系统。

要利用大数据技术破解现代交通困境，首先必须对国内交通业整体生态有所了解，并明确交通大数据应用面临的主要障碍是什么。

交通的核心要素是人、车、路，同时这三大核心要素又关联着多个部门、产业和领域，从而使得交通问题成为一个涉及众多主体和领域的综合性内容。从交通大数据应用的角度来看，当前的不利因素主要有：

（1）信息孤岛问题，即交通大数据应用涉及众多政府部门和企事业单位，而这些部门或单位的信息化水平又有很大差异，导致交通业中的信息孤岛现象严重。

（2）历史惯性、体制机制束缚、技术更新渠道封闭等因素，导致相关主体缺乏有效采集多样化的交通大数据信息的能力和手段。

（3）物联网技术和终端传感设备在交通领域的大规模应用，带来了海量的交通大数据信息，但受制于成本、理念、安全等诸多因素，很大一部分数据缺乏有效的存储媒介。

（4）交通大数据应用不仅面临着涉及部门多、数据量大、数据形式多样等采集问题，而且被收集起来后也面临着如何有效管控和运作的问题。

（5）交通领域的大数据分析方法还比较单一，以统计报表和综合指挥演示系统为主，对大数据技术的应用侧重于事后处理，没能真正发挥出大数据应用在事前风险预防与规避、事中实时监控与管理等方面的巨大价值。

海量多样的交通大数据在解决交通行业发展痛点、推动智慧交通建设方面具有重要价值。不过，大数据作为一种前沿技术，其在具体行业领域中的应用模式与路径还需不断探索、创新与优化。

就交通领域而言，大数据应用需要处理好以下问题：通过分布式存储和高性能计算解决海量交通数据的存储与计算问题；通过软件工具和相关咨询服务，实现政府部门和相关企事业单位对交通大数据的治理与管控；基于对交通大数据的深度挖掘与分析，真正发挥出大数据在事前、事中、事后各环节的价值。

总体来看，交通大数据的应用路径为：第一，通过感知层，筛选、识别和记录海量的交通数据信息；第二，通过网络层，利用物联网、互联网、通信网等技术将记录到的交通数据信息传输到大数据分析平台进行存储、整合与计算；第三，通过业务应用层，围绕具体的业务需求对交通大数据进行价值挖掘与分析，并借助移动智能终端、车载设备、APP 应用、交通控制设备等多种载体渠道将获取的大数据价值应用到实际交通运行工作中，提高交通运行的智能化、智慧化水平；第四，将这些交通运行数据反馈回大数据分析平台，以发现大数据应用过程中的不足和问题，及时优化完善，从而形成一个具有自主优化能力的交通大数据价值闭环。

交通大数据覆盖了与交通相关的所有领域，对这些数据信息的采集、整合与分析能够带来巨大的价值想象空间。相关研究预测，到 2020 年我国交通大数据市场规模有望突破 200 亿元；同时，随着数据运营、数据变现等商业运作模式的不断优化成熟，以及联想、易华录、BAT 等科技和互联网公司的深度参与，未来交通大数据的应用价值将被全方位挖掘出来，重塑以往的交通管理与出行方式，提高交通运行的智能化、智慧化水平。

"互联网＋"时代，大数据是解决现代交通业发展困境的"利器"：以海量的交通数据为核心驱动，以大数据分析平台为载体，利用科学的数据分析方法深度挖掘交通大数据的各种价值，实现对内优化交通管理决策、对外提升交通服务质量的目标，最终打造出数字化、网络化、智能化的智慧交通网络系统。

四　大数据交通的产业政策与基本特征

随着经济发展水平逐步增长，城市化进程日渐加快，再加上汽车生产成本大幅度降低，我国的机动车保有量保持快速增长（2017 年 3

月底，我国机动车保有量已经突破了 3 亿辆），这使得我国的交通拥堵问题越发严重，人们的出行成本大幅度增加，在影响人们生活水平的同时，更对我国经济发展带来了巨大阻力。

以前，城市交通问题的解决，主要依赖于对交通基础设施进行大规模的改建及扩建，但随着城市人口越来越多，土地资源变得越发紧张，已经无法为交通基础设施的改建及扩建提供必要支持，各种交通问题在短时间内集中爆发。

大数据时代，数据的价值不仅体现在为企业创造经济效益方面，它在缓解交通压力、治理环境污染等方面的巨大社会价值正在得到深度发掘。随着智能交通技术应用程度日渐加深，各种交通数据采集系统的功能变得越发多元化、智能化，能够搜集的数据规模也迎来质的增长。这使得利用大数据技术对交通数据进行分析，以便为人们的出行以及企业物流提供科学有效指导成为可能。

将现代 IT 技术与传统交通技术深度融合的智能交通产业所具有的重大社会价值，被世界各国给予了充分肯定。而作为智能交通产业的一大重要细分领域的大数据交通产业，同样有着广阔的发展前景。

（一）大数据交通的产业政策

随着我国政治转型的不断深入，打造服务型政府成为各地方政府工作的重点内容，交通部门也在积极加快自身从管理型部门向服务型部门的转型，而推动民航、铁路、气象、交管、消防、地面公交、轨道交通等诸多部门数据资源的开放共享成为一项关键举措。利用大数据技术对海量数据信息进行深度挖掘，可以为企业物流及广大民众的出行活动提供实时路况信息。

近几年，我国政府相继出台了多项利好政策，来扶持交通大数据产业的快速稳定发展。在 2014 年 4 月出台的《关于加快推进城市公共交通智能化应用示范工程建设有关事项的通知》文件中，太原、青岛、苏州、保定、杭州、银川、兰州、昆明、石家庄、乌鲁木齐等 26 个城市被作为城市公共交通智能化应用示范工程建设试点城市，并对达到建设标准的试点城市给予一定的财政补贴，为打造全国公共交通数据库打下坚实的基础。

而 2015 年 5 月公布的《关于开展全国道路运政管理信息系统互联互通工作的通知》文件中指出，2015 年 5 月起正式启动运政系统建设及联网工作，争取在 2015 年年底，全面实现全国道路运政基础数据的高度共享，基本实现运政业务跨区域、跨部门业务协同。到 2016 年年底时，将实现全国部、省、市、县运政系统业务的全面协同，从而为打造"省际联动、行业协同、资源共享、互联互通"的道路运输行业信息化体系提供有力保障。

毋庸置疑的是，随着各种扶持政策的相继出台，我国的交通大数据产业将会进入快速增长阶段。

（二）大数据交通的基本特征

1. 解决行政区域限制问题

国家对行政区域进行划分的目的，是为了对各个区域进行更为高效的管理，但这也造成了地方政府各自为政，存在严重的交通数据割裂化问题。而大数据交通能够实现交通数据的云端存储，使各区域内的交通数据资源高度共享。

2. 具有信息集成和组合效率的优势

我国城市中的交通运输管理权力分散在多个部门，各部门都有一套独立的信息管理系统，而且交通数据仅是被简单地应用到某一垂直业务中，未能实现与其他业务系统的数据共享，从而造成了交通数据被割裂及应用效率低下等诸多问题。而交通大数据将打造综合性交通信息系统，将多维度、跨渠道、跨平台的交通数据进行整合，充分利用信息集成及信息组合效率优势，实现经济价值及社会价值最大化。

3. 可以配置交通资源

在传统交通管理模式中，人工管理扮演着十分关键的角色，但这会带来人工成本的大幅度增加，而且管理缺乏灵活性。而应用智能化的交通大数据系统，可以对海量实时交通数据进行分析，帮助管理人员更加高效地制定决策，在降低交通管理人力成本的同时，也使数据资源的潜在价值得到深度发掘。

4. 提升交通预测能力

以前，很多城市为了缓解经济发展过快所带来的交通压力，盲目性地对交通基础设施进行大规模改建及扩建，但在土地资源日趋紧张的局面下，这种模式显然变得不再适用，更为关键的是，这种缺乏前瞻性的规划方案会给日后的城市管理带来了诸多问题。

而应用大数据技术，可以在深入分析交通数据的基础上，挖掘其中的有价值信息，并建立预测模型，实现对未来一段时间内交通运行状态的精准模拟。与此同时，在车辆行驶过程中，通过大数据的强大数据处理能力，可以帮助驾驶员更为安全、高效地驾驶，甚至在出现紧急情况时，采取紧急措施，保障驾驶员的人身安全。

五 大数据交通的需求分析与产业格局

市场研究机构发布的统计数据显示，2014 年我国大数据交通产业市场规模达到了 2.75 亿元，预计未来几年将以超过 100% 的年均复合增长率保持快速增长，到 2020 年时，整个大数据交通产业市场规模将超过 190 亿元。

（一）大数据交通的需求分析

我国城市交通管理割裂化问题十分突出，交通数据资源无法得到充分利用，造成了严重的资源浪费，而大数据交通则将使这一问题得到有效解决，比如：智慧交通传感设备的应用，使可以采集的数据规模从 TB 级增长至 PB 级，数据搜集的广度及深度得到了极大的拓展。当然，数据规模的爆发式增长，对数据存储及分析能力的要求也提升至新的高度，尤其是交通数据中存在着大量的图像及视频数据。

（1）通过打造交通大数据服务平台，来解决综合交通决策、跨部门协同管理及广大民众交通信息服务需求等。

（2）通过打造交通大数据库系统，实现对跨渠道、跨平台的交通数据资源整合，并为交通路况预测提供有力支撑。

（3）通过打造航空流量管理及机场协同决策平台，搜集雷达数据、机场数据、塔台数据、航空公司数据等空运数据资源，更为科学地进行飞行流量管理，为航班提供完善的飞行信息服务，充分确保航运的安全、稳定、高效运行。

（4）通过打造航运大数据平台，整合船舶、货物及港口数据资源，并引入北斗导航等航运数据，充分满足用户的个性化航运业务需求，最终打造出现代化的航运物流服务体系。

（二）大数据交通的产业格局

和美国、德国等发达国家相比，我国大数据交通产业的起步时间相对较晚，布局大数据交通业务的企业更多的是处于探索阶段，在市场中明显缺乏足够的竞争力。目前，在国内大数据交通产业中，发展前景较为广阔的企业主要是北京千方科技集团有限公司（以下简称千方科技）与北京世纪高通科技有限公司（以下简称世纪高通），下面将对其进行详细分析：

1. 千方科技

千方科技是国内首家在美国纳斯达克市场上市的交通信息化科技企业，公司成立于 2000 年，其核心业务为交通运输信息化及智能化服务，目前已经实现了对民航、水运、城市交通、公路交通、轨道交通等诸多领域的全面覆盖。

千方科技以城市智能交通、综合交通信息服务、高速公司智能交通三大智能交通业务板块为核心，逐渐打造出了相对完善的智能交通产业链，并在多年的发展过程中积累了丰富的运营及管理经验。

千方科技提出并积极推进"大交通"产业战略落地，致力于成为一家全球领先的综合型交通运输信息化企业。为了更好地参与市场竞争，千方科技目前正在积极建设"千方出行"品牌，争取能够为客户提供最为优质的服务，未来，企业将在巩固现有业务竞争优势的同时，向物流金融、视频监控及智能网联汽车领域延伸拓展。

千方科技将全面搜集公路、铁路、水运、民航等领域的交通数据，并积极借助大数据、云计算、物联网等新一代信息技术，为用户出行，以及企业级客户的交通信息服务需求，提供"一站式"服务解决方案。

2015 年，千方科技与实时交通数据提供商 INRIX 达成战略合作，双方共同签订的《中国战略服务协议》文件中指出，双方将共同为 INRIX 的国际车企客户提供中国交通信息服务，在中国市场为广大用户提供 INRIX 开发的交通数据分析及交通信息化解决方案，此外，双方未来将会在交通数据挖掘、分析及应用等方面进行全方位合作。

2. 世纪高通

世纪高通隶属于中国航天科技集团公司，并由后者旗下的北京四维图新科技股份有限公司控股，它是一家高新技术企业及软件企业，公司研发的交通信息 RTIC 标准已经获得国家专利。世纪高通通过打造综合性交通数据平台，在整合多源交通数据信息的同时，能够为客户提供个性化智能出行信息服务。

世纪高通背靠四维图新提供的海量优质资源，早在 2008 年就已经将全国交通数据应用至商业领域，并且打造出了国内最大的浮动车数据系统。据公布的数据显示，世纪高通已经与本田、丰田、日产、宝马、通用、大众、奔驰、雷克萨斯、英菲尼迪、讴歌、百度、腾讯、谷歌等诸多车企以及互联网巨头达成合作，能够为合作伙伴提供实时、精准的动态交通数据。

世纪高通研发的交通大数据产品"四维交通指数"于 2014 年 9 月正式上线，截止到 2017 年 2 月，该产品用户已经覆盖了国内 34 个主要城市，以及长三角、珠三角、京津地区的城际高速公路。谷歌、百度、搜狗、腾讯及 360 等互联网巨头都是世纪高通交通信息服务的客户，在中国车载前装市场中，世纪高通凭借超过 80% 的交通信息服务市场份额而建立起了绝对领先优势。

第二节　"互联网 +"时代的大数据交通研究

一　"互联网 + 交通"的实践与趋势

王先生是一名客户经理，某天上午九点，他接到客户发来的见面信息，准备从城东的公司开车去往客户所在的城西酒店。开车前，王先生登录到移动终端，对始发点与终点之间的各个线路的路况及开车所需时间进行了分析，找出其中一条最适合的线路，并向客户发送了到达时间。半个小时后，王先生如约到达客户所在的酒店，这一次他发现该酒店附近增设了停车位，之前他也曾经与客户在这家酒店见面，却苦于找不到停车位，而不得不停在离酒店很远的停车场。与客户交流之后王先生才知道，客户并不是开车过来的，而是使用打车软件打车过来的，这种出行方式不仅方便快捷，还能节省成本。

近年来，快速发展的智能交通，正惠及越来越多的民众，王先生只是其中的一个代表。智能交通应用视频监控系统，推出电子警察、电子卡口等多项技术应用，但多数民众在享受这些技术应用带来的交通安全、秩序保障的同时，并未意识到这些应用能够进行数据生产与传输，相关部门通过对海量数据进行统计与分析，能够更好地进行交通管理，实现道路资源的充分利用。

随着"互联网＋"行动的深入开展，智能交通在大数据应用的基础上，能够提前预测交通情况，还能将道路、车辆、驾驶人员的信息串联起来，实现各个节点之间的信息共享，服务于驾驶员、乘客及其家属，提高交通管理的现代化与智能化水平。另外，大数据的应用能够帮助管理者降低数据统计所需的时间消耗，为其决策制定提供精准的数据参考。

1. "互联网＋交通"在国内的应用

为了实现智能化交通，杭州不仅打造了交通指挥中心，还配备了交通管理信息系统、交通控制系统、交通工程类信息系统（简称"一个中心、三个系统"）。与此同时，杭州市交通管理部门采用集中调度指挥方式，并推行交通信息预报模式，对不同路段的交通情况实施针对性管理，提前制定交通高峰期的管理方案。

许多城市的交通管理部门都在积极寻求最佳出勤方案，致力于在保证交通安全、维护交通秩序的同时，降低行政成本消耗，减少警力资源的浪费。在这方面，杭州对以往的路面巡逻方式实施根本性变革，充分利用网络系统，成立视频检测部门、数字勤务执行部门、专业的指挥部门，再辅以重点路段的巡逻执勤，形成完善的数字化智能系统，实现了科技与交通管理的结合发展，有效提高了交通部门的管理能力，实现了更大范围的信息监测，在出现交通高峰期，或者发生交通事故时，能够在短时间内出台应对方案，通过加强对重点路段的监管，降低交通事故的发生频率，提高道路资源的利用率，更好地为市民提供出行服务，有效保障市民的出行安全。

2. "互联网＋交通"的发展趋势

一方面，促进城市交通向环保、便捷、经济、安全方向的发展。利用先进技术使城市交通服务系统更加完善，使智能化成果惠及广大市民。另一方面，通过应用智能技术提高交通管理部门的整体能力，提升城市道路的通行能力。

除此之外，要注重区域交通组织的发展，借助智能技术的应用，通过信号调节或其他管理方式，降低交通拥堵发生的频率，提高城市道路的整体运营效率，加强对城市车辆的管理，减少交通违法现象的发生。

现阶段，我国的城市交通既面临诸多问题，又处于转型时期。一方面，在城市经济发展、机动车辆不断增加的背景下，城市交通频现拥堵问题，环境问题开始凸显，交通事故也威胁着人们的安全；另一方面，国内正大力进行现代化城市的建设，交通管理部门应该趁机加大智能交通的投入，积极拥抱互联网，实现互联网与交通行业的深度结合，对传统模式下的城市交通情况进行改善，逐步进入智能化交通时代。

二　大数据在交通领域中的应用方向

以往经验式、僵化的管理运营模式越来越无力应对"互联网＋"时代交通现代化建设的新发展诉求和挑战。同时，随着被记录和存储下来的各类交通相关数据规模的爆发式增长，如何对这些"交通大数据"的价值进行深度挖掘与分析，从而利用大数据技术为交通行业突破发展困境、实现智慧交通提供有效的解决方案，已成为各方关注的重要议题。

要推动大数据技术在交通领域的有效应用，首先需要了解"交通大数据"有哪些，这些数据又能够发挥何种价值？

（1）道路交通：主要包括城市道路交通指数、高架匝道运行数据、公交车实时数据、营运车辆数据、物流车辆和货物数据等。这些交通数据在拥堵治理、路网规划、智能出行、实时路况与车辆监控、危机防护等方面能够发挥重要作用。

（2）轨道交通：主要包括地铁运行数据、轨道交通运营数据、一卡通数据、清算数据等，其应用价值体现在客流与站点分析、辅助决策、指挥调度、异常检测、设备监控与风险预警、广告投放等方面。

（3）城市静态交通：包括停车场数据、路网信息、车辆保有量、城市基础地理信息、交通管理信息、气象信息等，在拥堵治理、交通基础设施规划、出行引导、停车引导、交通管理优化等方面具有重要价值。

（4）航空/海运：典型大数据包括港口集装箱数据、机场航班数据、远洋和内河航道船舶数据、航线数据、气象及法规数据等，可应用于规划航线、优化配载、配置运力、智能船舶、货物追踪、应急预警等方面。

（5）交通衍生信息：包括道路事故数据、车辆违法信息、交通监控与管制信息等，应用价值主要体现在治安防护、应急处理、交通管理、刑侦分析、协同指挥、增值信息共享等方面。

利用大数据技术对上述海量多样的交通大数据进行整合、处理、挖掘、分析，建立"事前预防—事中监管—事后评估—事前预防"的交通生态闭环，打造智慧交通系统，从而有效解决交通业发展的各种痛点与困境。

三　提前评估：提供精准的出行路线

"互联网＋"行动计划在2015年3月第一次出现在《政府工作报告》中。互联网在传统领域的渗透，能够从各个方面促进其转型升级，使传统行业呈现出新的发展面貌。同样，互联网与交通行业的结合，也能够促使交通管理者提高资源利用效率，进而提高自身的执行能力。

国内交通领域与互联网的结合发展可以追溯到2011年。网络订购火车票的实现，为乘客提供了很多方便，只要能够成功联网，人们就能在家里或任何地方订购火车票；在这之前，民用航空已经开通了网络订票功能。

如今，在大数据应用的基础上，消费者可利用移动终端进行航班查询，提前订购机票，办理相关手续。除了铁路、航空之外，公路方面也在积极进行 ETC（电子不停车收费系统）联网建设，积极拥抱互联网。与此同时，导航系统为人们的出行提供了诸多便利，打车软件也得到许多消费者的青睐。

在人们的日常生活中，经常会面临道路拥堵、航班晚点、火车发车延迟等情况，打乱人们的计划。但这些情况发生之后，人们除了选择接受之外别无他法。交通行业的发展依然存在很大的上升空间，在这个过程中，人们的需求也会逐步提高。

一方面，智能交通可以帮助出行者进行合理的计划安排。通过大数据获取与分析技术的应用，智能交通能够为人们提供特定路线的道路状况及其流量预测，帮助出行者进行计划制定。另一方面，智能交通能够使出行者更好地进行时间掌控。

举例来说，某人要从家中赶往目的地，已经知道中途会出现拥堵情况，智能交通在大数据技术应用的基础上，能够根据对之前道路交通情况的分析，计算该出行者在当前到达目的地所需的额外时间。除此之外，将汽车的自动避让系统与智能交通管理系统相连，还能降低交通事故发生的概率。

综上所述，智能交通在先进技术应用的前提下，能够扩大信息获取范围，增加信息获取总量，加快进行数据分析与处理，利用多元化渠道实现信息的共享，促进完善交通信息系统的建设，同时为大众的出行提供诸多便利。

国内领先的监控产品供应商海康威视进军大数据领域，在武汉创办大数据和云计算研发中心，专注于云存储、云计算应用软件的研发。如今，海康威视在大数据应用方面已取得显著成就，推出人脸数据检索功能、卡口数据检索系统，并可协助进行案件的快速侦破。

大数据应用的优势体现在，管理者可以从中总结出一定的规律，提前预测未来可能出现的情况，提醒相关人员早做准备。利用海康威视的数据检索系统，把犯罪嫌疑人的脸部数据、车辆图片数据等输入数据库中，通过对比分析，可对犯罪嫌疑人的身份进行追踪定位。

举例来说，在调查同一伙犯罪嫌疑人所为的案件中，警方借助海康威视的大数据技术，对海量数据进行了深度处理，最终找到这样一条规律：这伙罪犯在作案之前，会到同一个地方停留。为了捕获犯罪嫌疑人，警方提前到这个地方进行侦查并设下陷阱，最终将其捉拿归案。可见，大数据的应用，能够极大地提高信息数据的处理速度，帮助警方节省追踪时间，提高案件侦破的速度。

要提高数据资源的利用效率，就要提高大数据系统的响应速度，因为数据价值与信息获取的及时性直接挂钩。在这方面，海康威视在很多地区的电子卡口系统中安装了大数据技术，能够对系统中的车辆数据进行快速查询与分析，具有较高的信息处理与分析能力。交通管理部门借助上述系统的应用，能够迅速定位套牌车辆，及时发现不同路段的交通情况，对违法事件进行处理。

四　调整更改：制定科学的交通规划

按照传统的交通设计与规划模式，相关部门主要参考以往经验进行决策制定，其项目实施缺乏科学、精准的依据，甚至有些部门故步自封，完全按照管理者的主观意志，或者直接套用其他机构的流程模式，导致最终出台的规划难以适用，也脱离了当今时代的发展需求。

智能交通及相关技术的应用，能够为城市管理、交通管理部门提供海量的数据及精准的数据分析结果，为他们的计划制定提供更加科学、有效的数据参考，有助于提高其管理能力。

以道路渠化工作为例，交通设计院负责渠化设计，并按照设计方案进行建设。但是，伴随着城市的发展与变化，影响道路设计与建设的因素也会逐渐增多，与此同时，民众对道路规划的要求也会提高。

假设某个城市在郊区增设了工业园区，在工作日的上班时间，会有很多市民开车赶往园区，不仅如此，傍晚也会有大批工作者从郊区回到居住区。在这种变动下，原有的道路规划方案无法满足民众的出行需求，而要提高道路资源的利用率，减少交通拥挤，就要对道路进行重新规划，尝试采用可变车道。

不过，方案的具体实施还涉及许多因素，给交通管理者的工作带来很大挑战。面临这种情况时，就可以对来源于城市各个路段的卡口检测系统、电子警察系统的数据进行分析，计算出城市与郊区交界处及相关区域的车流分布情况，以此为参考进行道路规划。

红绿灯在城市交通管理中发挥着不可替代的作用。如今，部分城市地区的红绿灯已经实现了信号控制。具体而言，时间分配决定了红绿灯的转换速度，道路上运行的车辆数目虽然不能随着红绿灯的转换而发生改变，但通过控制红绿灯的时间分配，能够有效减少道路拥堵情况发生的概率。

在实施过程中，要在前端信号机中安装车检板，接入车辆触发地感线圈，加上视频检测系统的应用，对其所在路段的车辆运行状况、平均车速、道路占有情况等信息进行统计与分析。在数据获取与分析的基础上，信号控制系统能够对有效绿灯时长与周期总时长之比（绿信比）进行调节，以当前路段的车流状况为参考，通过信号控制来提高道路通行率。不仅如此，来自视频检测系统或其他数据采集设备的信息资源，还能被应用到更多交通管理部门，为其决策制定提供数据参考。

五 分析应用：有效提升交通管理效率

交通管理部门在大数据应用的基础上，能够找到城市与周边地区的关联紧密性，了解城市外来人口分布密集的地区及主要来源地，为城市的对外交通规划提供参考；对大型活动或重大事件的发生对城市交通的影响进行分析，以免遇到类似情况时出现交通瘫痪现象；通过大数据分析进一步了解城市居民的出行习惯，与其他服务平台实现信息共享，更好地服务于民众，方便其日常出行，使交通运输进入到现代服务业的行列。

城市的交通管理服务系统收集了海量的交通数据资源，管理部门应该采取有效措施来提高资源的利用率。要对数据资源进行深度处理，从中提取出有价值的信息，并找出不同数据之间的关联，促使交通管理部门的职能实现，为刑侦案件的调查分析提供可靠证据。

以案件调查为例，在案件追踪过程中，需要对嫌疑人相关的车辆行驶轨迹进行分析。调查人员可以将车牌号码输入系统，找出特定时间段内车辆的相关信息。系统会向调查人员提供他们所需的过车信息，并以时间为基准对详细记录进行排列。与此同时，还能利用电子地图对车辆的行使轨迹进行模拟，进一步掌握犯罪嫌疑人的动态信息，对其目的地进行推测，为案件调查提供更多数据参考。

另外，近年来机动车数量迅速上升，随之而来的是套牌现象的发生频率也明显增加。有些车主的车辆未经过合法手续，按照常规方式无法申领到车辆号牌，只能套用号牌，有的犯罪嫌疑人为了不被警察通过车辆检测方式追踪到自己，用套牌方式上路。针对这些情况，交通数据管理系统通过车牌识别技术，对过往车辆的型号、车牌号、颜色、受检时间等进行记录，利用套牌分析系统，快速识别违规驾驶的车辆，对套牌现象进行有效管制。

车辆检测还能在治安管理方面发挥作用。城市的交通管理部门会对首次进入该地区的车辆进行信息记录，将其视为外地车辆流窜作案的调查目标。具体实施过程中，管理部门会对来源于电子警察、电子卡口系统的车辆数据进行获取，并以时间因素为基准，对检测设备中记录的首次过路车辆信息进行重点提取，再加上来源于城际卡口及其他相关检测设备的数据统计与分析，实现资源整合与充分利用。

在一些经济发展水平较高的城市地区，人口分布密集，市民的出行需求量很大，高峰时期打车困难。大量的出行需求使非法运营逐渐成为普遍现象。尽管这种服务的提供能够为民众的日常出行带来便利，但因为缺乏统一管理，难免会威胁到市民的合法利益，有些地区的不法分子甚至以服务提供之便进行财产掠夺，甚至伤及民众的人身安全。但凭借肉眼很难对不法运营车辆与常规车辆进行有效区分。

为了解决这个问题，城市交通管理部门应该采用车辆积分体制，根据不同地区的案件发生频率，决定当地的具体积分规则。其中，高积分适用于案件频发地区，低积分适用于相对安全的区域。在车辆调查过程中，根据当地过路车辆的积分情况，实施重点监测，配合案件的其他信息调查工作。

管理部门可根据自身需求制定当地的车辆积分规则，在发现问题后还可以实施调整。另外，医院、学校、购物中心、银行等地区应该被列为重点管控区域，针对这些场所，管理部门应该对附近路段的车辆情况进行记录，对车辆的出入次数进行统计，发现可疑车辆之后，应该对其实施重点监测，保障市民的出行安全。

交通管理部门需要在现有的资源条件下维持城市交通的正常运行，并有效减少交通事故的发生。为此，管理部门需要从警力调度方面着手，提高警力资源的利用率，实现资源的最优配置。智能交通在大数据技术应用的基础上，能够将不同路段的事故发生次数统计出来，找出事故频发路段，帮助交通管理部门制定最优化的警力配置方案。

不仅如此，大数据技术的应用，还能对不同路段的事故易发时间进行定位，帮助交通管理部门安排管理者的巡逻时间。在综合考虑时间、地点等多种因素的基础上，促使交通管理部门制定适合当地的工作制度，并要求所有管理者严格遵守，尽量减少事故的发生。

第三节　国内外大数据智能交通的发展与实践

一　大数据在交通领域中的应用价值

从 2005 年开始，我国政府部门在智能交通领域投入了大量资源与精力，在积极引入海外先进技术及设备的同时，也在引导并鼓励相关企业培养优秀人才，研发各种智能交通应用系统，在某些方面甚至已经在国际市场中建立了一定的竞争壁垒。

与此同时，我们也应该认识到我国智能交通产业在发展过程中出现的各种问题，比如：交通数据的搜集深度相对有限；各交通管理系统之间无法实现数据共享；对交通状况预测缺乏精准性；难以为广大民众提供优质的交通信息服务等。这反映出了我国存在交通数据割裂、智能化水平相对较低、运营效率低下等方面的痛点，此时，政府部门花费巨额资金从海外引入的先进技术及设备很难发挥其价值，从而带来了严重的资源浪费。

公共交通作为支撑一个国家稳定发展的关键基础设施，其在人们的生活及工作中扮演着极为关键的角色。发展并完善公共交通，对解决当前我国日益突出的交通拥堵、环境污染等问题，具有十分积极的影响。而以大数据为代表的新一代信息技术的崛起，为处理海量离散、繁杂的交通数据，实现便捷、高效、智能化的现代化公共交通管理打下了坚实基础。

1. 提高车辆运行效率

公共交通涉及的领域非常之多，而且车辆的种类及包含的信息又十分复杂，会不可避免地给管理工作带来极大的挑战。利用大数据对海量交通数据的实时处理能力，能够有效提升公共交通通行效率，更加合理地配置相关资源。通过大数据技术对人们的出行数据进行分析，可以帮助交管部门更加科学地进行交通管理，提升公路、铁路等路网的通行能力，更为高效地配置交通资源。

2. 促进公共交通管理智能化

随着智能交通建设进程日渐加快，公共交通管理智能化将成为主流趋势，而大数据对促进公共交通管理智能化方面的推动效果，在以下两个方面将得到充分发挥：

（1）在遇到交通拥堵、交通管制等方面的问题时，通过大数据技术对交通信息进行实时、高效处理，能够有效提升交通流畅性。

（2）通过大数据对海量交通数据进行处理，可以建立交通路况预测模型，有效减少交通拥堵、交通事故等问题的发生，引导民众合理出行、安全出行。

3. 降低公共交通运营成本

公共交通无疑是一种十分重要的民众出行方式，长期以来，该领域存在着严重的资源浪费问题，建设及维护成本更是高居不下。而大数据技术的应用，将使公共交通管理更为精细化、科学化，有效降低公共交通运营成本。

表面上，在公共交通中引入大数据技术需要购买大量新设备，打造交通数据库系统等，从而使投入成本大幅度增加。但大数据技术能够有效提升公共交通的管理水平及服务质量，在创造更高经济价值的同时，降低人力成本。

快速崛起的大数据技术为打破上述痛点提供了有效途径，它能够对各类交通数据进行搜集并处理，引导人们安全、高效、低成本出行。当然，要想确保数据分析结果的精准性，必须搜集足够多的交通数据，并且保证数据来源的广泛性。

近几年，交通大数据市场保持快速增长，它在交通管理优化、交通安全保障、出行智能化服务等方面的巨大发展前景得到了广泛认可。为了推进全国公共交通数据库的快速落地，百度地图将其所掌握的交通数据等优质资源和交通部进行了共享。

据公布的数据显示，目前百度地图日均用户请求人次高达 70 亿，经过多年的沉淀，百度地图积累了丰富的用户出行数据资源，交通部可以充分借助这些用户数据来提升预测精准性；2017 年 4 月 24 日，滴滴出行宣布对交通部开放"滴滴交通信息平台"，各地交通部门可以实时获取滴滴在各大城市的交通运行数据，从而更加科学合理地制定城市交通管理决策。

二　我国大数据智能交通的发展实践

在物联网、移动互联网、云计算等先进技术的助推下，大数据快速向各个行业领域渗透融合，应用范围不断拓展，展现出越发强劲的生命力和巨大的价值想象空间。大数据是对海量、多类型的复杂信息进行筛选、记录、存储、整合、分析与处理的技术，是应对互联网时代不断增多的复杂多样信息的一种算法变革。

就交通领域而言，传统交通管理模式越来越无力应对不断增大的交通压力和复杂的交通运行问题，需要借助大数据技术重塑交通管理与运行模式，通过交通大数据的收集、整理与分析建立智能交通系统，从而有效解决传统交通管理中的各种困境与痛点。从全球范围来看，依托大数据等先进技术构建智能交通系统，已成为"互联网＋"时代各国交通业发展的主要方向和路径。

当前，我国机动车保有量呈持续快速增长态势，同时跨地域交通日益增多，从而加剧了本就十分严重的交通拥堵问题，也为交通管理工作提出了新的挑战：传统交通管理模式越来越无力应对互联网信息化时代的交通管理与服务诉求，依托大数据技术的智能化交通系统成为交通业发展转型的主要方向，也推动了交通管理与运行模式的变革升级。

我国拥有 34 个省级行政区，各省级行政区又进一步划分为众多的市、县行政区，由此形成了中央政府统一领导、各行政区具有一定自主权的国家管理架构。这种行政区划的管理模式虽然有效激发了各级政府发展本地区经济的热情，但也容易造成对行政区域边界地带的忽视。从交通领域来看，主要表现为地方政府对区域连接边界处特别是跨区域地带的交通基础设施建设支持力度较弱。

将大数据技术应用到交通管理，则有助于打破行政区域限制，推动不同区域交通数据信息的开放共享与互联互通，进而实现跨区域的交通协同。

虽然我国城市交通管理部门较多，且各部门也都建立了自己的信息化管理平台，但部门之间却处于"信息孤岛"状态，对数据信息的应用局限于部门内部，没有实现交通数据的互联互通与共享协同。如此，多数城市的交通管理大都呈现出各部门"独自奋战"、互不沟通、管理分散的状态。

大数据技术则可以将不同部门、不同领域、不同范围的交通数据聚集整合起来形成综合性的交通信息大数据库，获得信息集成优势与组合效率。如此，各领域交通数据便实现了互联互通和综合应用，进而推动不同交通管理主体打破部门壁垒和"信息孤岛"，从提高交通管理效率与质量的角度出发加强部门协同和整体管理水平。

传统人工规划和管理的方式，难以实现交通资源的最优化配置和对交通运行的动态化管理。大数据则为交通管理部门制定相关决策提供了更加科学有效的数据支撑，从而降低交通管理成本，提高决策的智能化水平，实现交通资源的动态合理配置与高效利用。比如，基于对相关交通大数据的分析结果，实现地面公交网络资源的合理配置、多层次地面公交主干网络绿波通行控制以及交通信号自适应控制等。

以往在解决交通拥堵问题时，相关部门多采用拓宽道路、增加里程等方法增强道路流通运营能力。然而，这种方法不仅需要大量的人力、物力与财力投入，还常常受到土地资源、道路周边基础设施建设规划等因素的制约。

大数据技术则能改变这种"粗放式"提高交通运营能力的方法，通过对现有交通资源的更合理配置和更高效利用解决各种交通困境。

比如，对不同部门的交通数据进行筛选整合，依托大数据技术构建合适的交通预测模型，通过模拟未来交通运行状态，对各种交通运行技术方案进行可行性、合理性验证。

再如，大数据技术对各类信息的快速处理能力，有助于提高车辆碰撞、车辆换道、驾驶员行为状态检测等实时交通预测的精准性和可靠性，从而在交通管理与运行中及时预防、预警和规避各种可能的风险，提高交通安全防护水平。

我国最早引入智能交通、设立智能交通中心的城市就是深圳，针对交通运输问题，深圳开展了信息化建设。2000 年，深圳设立了智能交通指挥中心，该中心以多系统（这些系统包括智能交通信号控制系统、智能交通违章管理系统、闭路电视监控系统等）的交通管理网络为依托，汇聚信息、监控与指挥等功能，形成了一个交通管理中枢。

在交通信息化方面，智能交通指挥中心及智能交通处两大部门承担着交通运输信息化建设工作，统筹整个深圳的智能交通建设，对城市交通信息进行汇总，推动这些信息实现共享，对公共交通进行动态化管理。除此之外，为了更好地推动智能交通的发展，2007 年，8 家企业联合成立了深圳市智能交通行业协会，以期建立一个良好的沟通发展平台推动智能交通行业实现更好地发展。

智能交通指挥中心可通过两大渠道对信息进行采集，一是借助闭路电视监控、车辆检测器等公共交通基础设施采集信息；二是借助人为补充的方式采集信息，比如 110 交通报警信息、市民反馈的交通信息、路面民警反馈的交通信息等。

为了整合交通信息，推动交通信息实现共享，2010 年，深圳市投资 10 亿元开展了一个名为"智能交通 1 + 6"的项目，其中"1"指的是构建一个资源共享平台，对交通、规划、交警等部门的交通运输信息进行整合；"6"指的是以资源共享平台为交通检测信息、管理信息、公共出行信息、道路交通调控信息、交通管理决策信息及指挥应急信息等信息服务提供有效支撑。

另外，为了对大数据进行更好的利用，深圳市也在综合交通运行指挥中心分中心建设方面投入了巨大的人力、物力，将海量公共交通数据聚合在一起，以多种方式共享交通信息，为"智慧交通城市"的构建提供了有效支持。

三 美国大数据智能交通的发展实践

在利用大数据开展交通管理方面，美国与英国是代表国家，目前，我国的深圳也进入了探索期。在大数据管理理念运用方面，美国的很多州都表现得非常积极，以期将智能交通管理变成现实。具体来看，其应用主要表现为以下几点：

1. 减少交通堵塞

美国新泽西州引入了 INRIX 计算机系统，可分析手机和 GPS 信号这两大最有前途的数据源，并使分析结果保持较高的准确性。新泽西州的交通管理部门对这两大信号进行分析之后，将分析结果绘制成一张道路交通状况图，以不同的颜色对各路段的运行状况进行标注，以对交通堵塞的发生地点进行明确。比如，如果在这张地图上，某个位置变成了红色的"蛇形"和黑色的线条，就说明这个路段已进行停歇状态。

2. 对恶劣天气的道路状况进行处理

美国俄亥俄州运输部借助 INRIX 的云计算能力及其提供的交通信息帮俄亥俄州对大型数据进行处理、利用，在暴风雪淹没了 400 多条关键道路之后，在 3 小时之内就将道路清理完毕。为了让交通尽快恢复，俄亥俄州运输部利用气象信息站及 INRIX 提供的数据信息，对全州关键线路清理所需时间进行了评估，使道路清理效率得以大幅提升。这种大数据应用使冬季连环撞车事故的发生概率大幅下降，通过公共安全的提升为商业活动及日常生活的有序开展提供了有效的保障。

3. 对路况进行评估

俄亥俄州运输部计划利用 INRIX 的高速数据及分析对关键路段行驶的安全性与可靠性进行评估。另外，为了能从高速公路改善工程中受益，俄亥俄州运输部通过 INRIX 对行驶速度低于最高限速的路段做出了明确标示，对需要改善的路段及路段改善战略做出了有效评估。

4. 定位拥挤路段

波士顿推出了一款手机应用程序——"Street Bump"（路拱），该应用程序借助与重力系统相似的原理对城市道路中的拥挤路段做出了明确。重力系统原理是指，在智能手机屏幕倾斜时利用重力对其方向进行转换。这款手机应用程序使用的原理与重力系统原理有些许不同，它能通过对手机加速度计的微小变化的检测对不同路段的拥挤程度做出明确。凭借这款应用程序，波士顿的路段改善有了清晰的方向，过去波士顿在改善路段方面投入了大量资金却没有取得相应的效果，这款应用程序出现之后，这种情况再也不会发生。

四　英国大数据智能交通的发展实践

为了推动"连接城市"项目顺利开展，利用大数据减少交通堵塞情况的发生，英国不仅投入 1 亿英镑在 10 个城区创建了速度为100Mb/s 的网络，还投入 5000 万英镑对其他 10 个城市的互联网接入做了改善。具体来看，其原理就是在对大数据进行持续分析的基础上，借助超高速的连接与强健的数据管理实现各城市的相互连接，以对各市区城市进行有效控制。

"连接城市"项目能借助大数据使各部门共享基础设施，还能为跨部门合作的实现提供便利，使交通系统与道路系统得以完善。在教育领域，伦敦教育信息资源管理局将 2500 所学校与高速光纤网络相连，使其教育得以彻底改变。

另外，在奥运会举办期间，英国政府也借助免费 INRIX 软件与在线服务为交通的顺畅运行提供了有效保障。通过 INRIX 大数据实时路况平台提供的一些应用程序，用户能率先明确拥堵路段，以选择一种最佳的出行模式。具体来看，这些应用程序有以下几种：

1. INRIX 交通

INRIX 交通是一个实用性非常强、非常便利的免费软件，在业内有很高的地位。该软件能以所有驾车人的数据为依据，为用户提供一条用时最短的行驶线路，以免发生不必要的延误。另外，iPhone 版本的 INRIX 交通，用户只需点击两次，软件就能将实际抵达时间以文本或 E–mail 的形式告知同伴，以便准时会合，降低时间成本。

2. INRIX 旅行收音机

英国驾驶人员获取实时交通情况的方式主要是商业广播电台报告，但是这些信息难以满足车主对交通信息的个性化需求。而 INRIX 旅行收音机则能根据驾驶人员的需要为其提供整个运输 24/7 模式①的实时行程状况，这些运输涵盖的领域极广，包括公路、海运、铁路、空运等。另外，INRIX 旅行收音机还会对国内的旅游信息进行实时更新，为数据获取的准确性、及时性提供有效保障。用户只需下载 IN-RIX 旅行收音机应用程序就能对当前的交通状况进行在线收听。

第四节　我国各省市大数据智能交通实践研究

一　北京大数据智能交通实践研究

2017 年 8 月 23 日，交管系统科技信息化大会正式召开，在此次会议上，北京市交管部门透露他们正在引入云计算、大数据、人工智能等技术重构交通管理体系，构建"一云、一中心、三张网、五大综合应用"的智慧交通管理体系。

同时，北京市的交管部门还在加快建设、改造公安网、互联网与感知网，推动三网互联互通，共同完成智慧交通物联网的构建，引导道路、车辆、人员等信息全方位接入。根据公安网边界接入规范开展智慧交通网络安全平台建设，推进"三网融合"，推动数据交换与共享，为智慧交通管理提供了有效的网络支撑。目前，北京市的智能交通网络通信建设规划已初步完成，具体包括以下六大系统。

1. 交通综合信息平台与服务系统

在北京市的智慧交通系统中，交通综合信息平台属于支撑层，是连接其他应用系统的枢纽，其主要工作是负责存储、处理、发布全市的综合交通运输系统信息，对于智慧交通系统建设来说，该平台的建设是核心内容。2007 年，该平台一期工程完工，可以为政府交通管理

---

① 该模式是指每天 24 小时，每周 7 天的全天候运输。

部门决策提供有效支持，通过多种方式向社会大众提供全面的交通信息服务，为2008年奥运会期间的交通顺畅与安全提供了极大保障。

2. 客运枢纽站运营调度管理与乘客信息服务系统

2004年1月，北京市动物园公交站点运营调度管理与乘客信息服务系统工程正式启动，该工程建设完工之后枢纽站内的公交车辆可实现优化调度，这个公交枢纽站是国内首个配备了智能调度系统的大型综合性枢纽站，该站点能帮助乘客实现集中换乘、立体化换乘，使动物园周围交通拥堵状况得到有效缓解。

3. 公共电汽车区域运营组织与调度系统

传统的公共汽车调度方式是"一线一调"，借助公共电汽车区域运营组织与调度系统，这种传统的公共汽车调度方式将被彻底改变。该系统通过对区域内公交车进行统一组织、调度，能使公交线路的调配能力与服务能力得以全面提升，还能对区域人员进行集中管理，对车辆进行集中停放，对计划进行统一编制，对调度进行统一指挥，使人力资源、运力资源得以优化配置，公交运营成本显著下降，车辆调度的应变能力与服务水平均得以显著提升。

4. 南中轴路大容量快速公交智慧调度系统

快速公交系统具有运量大、服务效率高的特点，与轨道交通相比较，快速公交系统的建设周期更短，投资更少，因此受到了广泛关注。2004年年底，北京市南中轴路大容量快速公交系统开始试运营，借助智慧化调度与信号优先等方法，车辆实现了快速、准点运行，在便捷的售检票系统与完善的乘客信息系统的支持下，服务质量得到了有效保障。

5. 出租车智慧指挥调度系统

以GPS为基础，北京构建了出租车智慧指挥调度系统，借助该系统，乘客可以电话叫车或网络叫车，还可以预约车辆，享受快速派车服务，让出租车行业实现有序的品牌竞争。在这种情况下，乘客可以获得更安全、更舒适的乘客体验，使出租车的空驶率大幅降低，道路资源得以有效释放，使交通拥堵问题得到有效缓解。

6. 高速公路不停车收费系统

汽车安装电子标识卡，收费站安装读写收发器，在汽车驶进收费站时两台设备能迅速交换数据，从而让车辆实现不停车收费，在解决收费站排队收费问题的同时，还能开展交通需求管理，比如监视交通、检测事件、采集驾驶员信息、自动收取各种费用等。

二　上海大数据智能交通实践研究

2016 年 12 月，上海交通大学、复旦大学、上海大学、华东理工大学等高校科研机构，联合上海市经信委、上海大数据联盟、闵行区政府、市北高新区、上海产业技术研究院、上海数据交易中心、公安部三所、携程、星环科技、上港集团等政府机构与业界同仁共同创建了上海大数据中心。该数据中心成立的目的是在城市精细化管理的指导下，在政务大数据共享的推动下，借助大数据软件开源社区，对产学研用等资源进行整合，将政、校、企联合起来进行创新，推动上海大数据产业实现持续发展。

1. 上海公共交通大数据应用背景

早在世博会举办之前，上海就已开展了两轮智能化建设，预计到2020 年，上海公交就能实现智能化。现阶段，上海公交公司每天能产生近 10 亿次的运营数据，存储近 8 年的数据。同时，上海公交还能以直接或间接的方式与 APC 数据、公交 IC 卡等数据实现关联，但其价值仍未发挥出来。

过去，人们习惯以"智能调度"称呼上海的公交调度，但在那个时候，上海公交公司尚未对客流信息进行全面掌握。要改变这个局面，上海公交调度就要以数据导向、精细化客流为基础构建公交调度系统。另外，上海公交调度还面临一系列问题，比如在降低成本、提升行业服务水平的基础上向智慧调度迈进，新能源汽车推广带来的挑战，安全监管问题及安全出行问题等。

现阶段，上海公交的多模式换乘与全过程信息服务尚未全面启动，很多时候百度平台提供的行车时间都不准确，因为其提供的数据是静态数据，没有根据不同的情况进行时间预测。下一阶段，上海公交将进一步提升公交车到站预报的精准度，为乘客提供下游站点的行程时间、公交枢纽的换乘信息等。

2. 上海公共交通大数据框架

上海公共交通大数据涵盖的数据资源非常丰富，包括公共交通基础数据，业务数据，车辆、客流等感知数据，新能源车数据，非机动车专题数据等。整个数据框架都可以通用，但目前，这个大数据框架尚处在初步应用阶段。现如今，人们已经开始使用 Hadoop/Spark 处理技术，但更深层次的应用仍需探索。

3. 公共交通大数据应用方向

上海公共交通大数据有五大应用方向：

第一，全场景公交智慧调度。借助大数据技术算法模型与处理环境让公交计划调度、实时调度、应急调度全面实现。现阶段，国内的公交调度正处在位置调度、视频调度建设阶段，调度没有按计划进行。线网优化为公交调度的最后一公里提供了有效保障，通过手机信号，人流分布情况一目了然，然后通过 GPS 定位比对就可获得最佳的出行分布图。即便如此，要想实现全场景公交智慧调度，这些数据还远远不够，还需进一步做好数据监测，获取更多数据。

第二，公交基础设施的公交智慧调度。借数据挖掘模型对居民通勤客流与公交出行客流进行采集，对公交线网进行优化，让公交基础设施资源实现优化配置，最终推动公交基础设施的公交智慧调度得以有效实现。

第三，针对新能源车辆与常规车辆构建安全行车监测系统。利用该系统对新能源车辆的电耗、剩余电量、整车状态、总电压等指标进行有效监控；对新能源车辆行驶过程中的多项指标进行实时监测与报警预警；对常规车辆的电机转速、电池温度、电机温度、电压等参数进行实时监测，对异常车辆进行实时监测，以便围绕车辆的安全行车与调配为监控中心、调派中心提供信息化判断标准。同时通过高密度采样调查获取秒级 GPS 或 BDS 调查数据，对各类驾驶行为特征进行科学分析，为安全行车提供有效的决策支持。

第四，面向出行全过程构建的精准化信息服务系统。通过车载PGS 或 BDS 获取实时行车数据或历史行车数据，将其与 RFID、公交运营调度、智能场站门禁等实时数据相结合，发布公交从一个站点到下一个站点的预报信息；借助公交车辆运行的 GPS 数据、城市道路交通状态数据、道路路网基础数据及其他数据，可对当前站点到下游站点的时间进行预测，或对公交枢纽的公交旅行时间进行预测；为乘客提供换乘信息，包括换乘时刻表、出行路径及旅行时间等，为乘客换乘提供参考。

第五，面向多维度的公交运行、绩效与服务综合评价。综合评价指的是站在公交企业、乘客角度、行业管理者角度对公共交通进行评价，其内容主要包括对公交车辆运行效率进行评价、对公交运行的稳定性进行评价、对公交运行的准点率进行评价、对公交运行绩效进行评价、对顾客乘车的舒适度进行评价等，为乘客做出正确的出行决策提供有效支持。

三　贵州大数据智能交通实践研究

2017 年中国"云上贵州"智慧交通大数据应用创新大赛贵阳赛区复赛于 2017 年 8 月 25 日拉开了序幕，从 535 个参与项目中脱颖而出的 46 个项目展开了激烈角逐，这些项目不仅来自国内各市区及港澳台地区，还有很多项目来自美国、英国。

贵阳赛区复赛项目的主要内容是利用大数据挖掘、分析、智能硬件融合等技术为公交线路优化、高速公路异常事件检测、节假日路网流量预测、出行行为分析、高速公路绿通车精准画像等行业痛点提供解决方案。

这场交通行业的赛事之所以能吸引人们广泛关注，既有贵州大数据名片的影响，也是因为交通问题关系国计民生，备受社会关注。

1. 科技手段层出不穷，解决方案多维灵活

大数据在交通行业中的应用价值很大。现如今，交通信息文化正在形成，要使交通运输行业的信息化水平不断提升，让行业数据实现共享、流通，推动交通大数据实现创新应用。要坚持以问题为导向，对交通大数据的应用价值进行深入挖掘，解决行业痛点，使交通市场空间得以有效拓展。

在贵阳站的复赛上，针对同一个痛点，参赛选手提出了不同的解

决方案，为痛点的解决提供了很多新思路、新方法。这场赛事一共有 5 个命题项目，城市公交线路优化就是其中之一。这场赛事针对这一命题共提出了 5 个项目，这 5 个项目从 5 个不同的角度对这一命题提供了解决方案，这 5 个角度分别是居民出行特征数据提取、站点选址优化、精细化的人群分类、出行需求感知技术和线路设计。

其中，以出行行为分析为基础构建起来的网约公交线路优化项目，利用 C&RT 决策树，通过聚类分析对出行人群进行细分，针对不同出行人群的特点设计网约公交开行方案，对网约公交线路进行持续优化，使其调度水平得以不断提升。

城市公交线路与出行优化应用项目则是在大赛提供的数据及自带数据的基础上，对贵州市公交线网进行建模、优化，并设计了一款名为"YourBus"的应用。这款应用对现有的公交运营模式、公交线路进行了优化，通过对动态长线、临时机动短线的设置使方便市民出行、减少管理成本、增加公交公司利润的目的得以实现。

这场赛事的举办不仅要对技术成熟、架构完整的项目进行挖掘、推广，还要构建一个创新资源整合平台，对解决同一问题的不同思路进行整合，提供完整的解决方案使行业痛点得以有效解决。

除此之外，"红绿灯信号优化及开放式小区设计"和"智慧交通数据融合与动态均衡抑堵平台"项目从两个不同的角度为城市交通拥堵问题提供了解决方案。前一项目通过构建精准的红绿灯闪烁模型，设计开放式小区，为城市道路拥堵问题提供了有效的解决方案；后者借助大数据资源与深度学习算法完成了城市智慧交通出行体系的构建，化被动为主动，有效地防范了交通拥堵问题的产生。

2. 应用创新亮点频出，全面释放数据能量

这场智慧大数据应用创新大赛复赛关注的是大数据应用，利用在大数据基础上形成的新工具、新技术解决实际问题，对大数据的价值进行深入挖掘，为行业创新提供了有效的动力支持。

"基于手机大数据与多源数据的高速公路运行监测与流量预测"项目就是利用出行链分析技术、虚拟断面流量监测技术、路网 OD 与路径分布技术对车流量进行精准预测，这三大技术均以手机数据为基

础，处于国际领先水平。

在这三项技术的支持下，数据的精准性、数据维度的全面性均得到了有效保障，实现了高速公路流量的精准预测。利用这些技术，人们可获得很多高质量的数据，如果仅将这些数据用来预测流量就会导致数据资源出现严重的浪费，为了避免这种情况发生，项目团队要进一步拓宽数据的应用领域，对数据价值进行深入挖掘。

这场复赛还出现了一个专门解决农村客运问题的项目——"通村村智慧交通云平台"，为农民乘车、农村物流发展等问题提供解决方案。现如今，该平台已为贵州雷山县13万农村居民的出行提供了服务，物流业务也保证货物能当天到达，不仅提升了物流的时效性，还成功地增加了司机的月收入。

正是基于这一点，该项目才得到了专家的高度认可。清华大学交通工程研究所陆化普所长对这个项目的评价是：项目团队对农村客运需求有非常清晰的认识，通过自主研发新算法为农村地区车辆行驶路径优化与用户需求匹配问题提供了有效的解决方案。该项目的创新应用使当前农村客运的落后局面得到了有效改善，带动了农村快递、物流等产业的发展，为广大农村人口的生产生活提供了极大的方便。

3. 前沿技术引领产业，共绘智慧交通蓝图

贵阳站复赛为期2天，有3场路演，项目数量比北京、深圳两个赛区多很多，参赛项目多达46个，其中大部分项目来自北京、深圳及其周边地区。

在复赛入围项目名单公布之后，很多项目的负责人都与大赛组委会取得了联系，表示出了参赛意愿，这说明贵州大数据发展已获得业界认可。哈尔滨工业大学的参赛队员表示，正是因为贵阳的大数据发展名列前茅，成为"中国数谷"，所以他们才会不远万里前来贵阳参赛。

在交通大数据应用方面，凭借"智能交通云"，贵州构建起了全国领先的交通云计算平台，形成了大数据应用示范基地，顺利完成了"一令通、一号通、一卡通、一点通"建设，提升了整个行业的治理能力。同时，贵阳还推动交通大数据朝整个产业链渗透，未来，诸如

"货车帮"这样的企业还会出现很多。

在大力推进交通技术设施建设的同时，贵州也在努力地推动交通网络与大数据网络相结合，在交通运输领域不断地进行创新，寻找新的突破，创造出了很多优异的成绩，在交通大数据应用探索方面取得了显著成绩。

四　云南曲靖大数据交通的实践研究

现如今，我国的城市化进程越来越快，很多问题都随之显现了出来，比如打车难、出门堵车等，这些问题给人们的日常出行带来了极大的不便。随着大数据的出现，智能交通有了实现的可能，给人们享受便捷生活带来了希望。

自城市交通拥堵问题出现以来，人们想出了很多解决交通拥堵问题的方法，真正有效的方法却尚未出现。现如今，互联网＋交通、大数据、物联网、智慧交通、数据科学、云计算等已成为热门词汇，这表示"城市病"治理已成为一种趋势。在大数据时代，中国移动云南公司就借移动大数据为曲靖的交通问题提供了有效的解决方案。

1. 分析出行数据，规划交通路线

近来，中国移动云南公司就借助自有的大数据平台帮曲靖市规划局对三个区县的基站数据进行分析，获取了当地居民的出行特征数据。在曲靖市场上，中国移动占据了90％的市场份额，数据体量比较大，相较于两个月的全面问卷调查来说，这短短几天数据分析所取得的结果要好很多，使数据分析效率与数据分析精度均得以大幅提升，使传统问卷调查成本高、周期长、数据分析精度低等问题得以有效解决。

通过大数据分析，中国移动云南公司发现了曲靖市民出行的四峰特点，在一天的出行中，早高峰与晚高峰出行量占比达到了30％，相较于早高峰与晚高峰来说，中午的两个高峰比较弱，出行量约占20％。也就是说，大约有10％的居民的午休时间会在学校或公司度过。针对这一特点，中国移动云南公司提出了建议：建议在早高峰、晚高峰增加公交车的频次，缩短市民的等车时间。

同时，通过分析手机数据得知，曲靖中心城区居民出行范围主要在麒麟区（76%的居民出行集中在该区域），中心城区居民出行的平均距离为 3 公里。未来，在对曲靖市的地铁线路进行规划时，交通部门可以在该区域选择合适的站点将其设计为各线路的换乘中心，让去往各个方向的乘客不出站就可进行换乘，从而节省换乘时间与精力。

通过大数据分析，曲靖市的公交规划、出租车运营规划、轨道交通规划都能获得可靠的依据，从新角度切入对交通数据进行充分挖掘，推动曲靖交通行业迅猛发展。

2. 智慧交通，便捷出行

中国移动的智慧交通将借助全球卫星定位、全球移动通信、地理信息系统、计算机网络通讯与数据处理技术对车辆进行智能化调度，提升公交企业运营管理的信息化水平，让市民可以通过各种各样的手段查询公交信息。在智慧交通环境下，市民出门乘坐公交车，只需用手机登录中国移动的"实时公交"就能看到附近站牌的公交运行情况，还能看到要乘坐的公交车与站牌之间的距离。根据这些信息，市民可以定好出门时间，以免长时间等待。智慧交通的应用能让城市运行更加合理，让居民的出行质量得以有效改善。

现如今，城市中的汽车数量猛增，停车难、收费贵等问题日益突出，尤其是停车难问题已成为各大城市面临的最大问题。据调查，城市主城区 30% 的车流都是为寻找停车位产生的，为了解决这个问题，"大数据＋停车"方案应运而生。公共泊车不仅能对停车资源进行集中管理，还能实时对动态的泊位信息、图像信息进行采集，让驾驶员对目的地附近的停车位信息进行实时了解，节省寻找停车位的时间。另外，通过智慧交通还可查询违章信息、长途客运信息、实时路况信息等实用信息，还能寻找酒后代驾。

3. 智能管控，疏导交通

过去，各交通系统相互独立、各自为政，非常容易形成信息孤岛，交通、公路、市政等部门无法对交通信息进行实时共享，各业务数据无法实现合理有效的整合，数据分散，规格多种多样，其价值无法得以充分发挥。面对这些问题，交通部门要合理地引入大数据技术，为交通拥堵问题提供有效的解决方案。

　　未来，中国移动将把先进的信息技术、传感器技术、数据通信技术、计算机技术、电子控制技术等先进的技术集合在一起，将其用在整个交通运输管理体系之中，为城市智能交通管理控制体系的构建提供有效的解决方案。其中，车联网就是由车辆位置、车辆运行速度、车辆运行路线等信息汇聚在一起构建的巨大的交互网络。借助 GPS、传感器、RFID、摄像头图像处理等设备与技术，车辆可对自身环境、状态信息进行采集，并以不同的功能需求为依据对车辆运行状态进行监督，为其提供综合服务。

　　在车联网环境下，所有车辆的行驶状况都能汇集在一起，进行智能管理，让驾驶员可以获取实时路况信息，让交通管理部门可以通过及时发现异常路况，及时对交通事故进行处理，及时通知后面的车辆分流来采用现代化的方式对交通进行管理。

第二章　大数据在交通管理中的
技术应用与实践

第一节　大数据交通体系架构与关键处理技术

一　城市交通大数据的主要研究内容

近年来，随着互联网的发展，大数据成了一个热门词汇，尤其在"大数据"被写入政府工作报告之后，吸引了各行各业的关注。在交通领域，人们将缓解交通压力的希望寄托在了大数据身上。通过大数据，交通部门能了解城市居民的出行原因及出行规律，深入挖掘交通拥堵问题发生的原因，解决交通拥堵问题，让交通与生活更加和谐，改善城市的生活环境，为政府精准管理提供有效支持。同时，大数据才能催生新型信息消费模式，推动信息消费产业更好的发展。

随着移动互联网、GPS、车联网、物联网的快速发展，人、车、路等关键交通要素都能实现实时采集，使城市交通大数据的来源日渐拓展。在物联网及云计算技术的作用下，通过大数据采集、挖掘及分析等活动，城市交通一体化有可能成为现实，也就是交通行政监管、交通市民服务、交通企业运营的集成与优化有可能在一个平台上完成。

对于我国智慧城市建设来说，城市交通大数据的挖掘与分析意义重大。城市交通大数据的种类很多，时空跨度较大，生命周期有限，且具有异质性、动态多变性、局部性、高度随机性等特征。对于大中城市来说，如何对交通大数据进行集成，满足智慧城市交通建设的需求（比如高时效性、知识牵引等）是一大挑战。

城市交通大数据的主要研究内容如下：

1. 高时效性的大数据处理新方法

交通大数据的来源广、时空关联度高，具有局部性、异质性、异步性、信息并发性、信息稀疏性等特点，而城市交通系统要求大数据处理的时效性较高，并对交通大数据的处理提出了领域知识牵引要求，即要以数据为基础完成知识构建与转换。但是，现有的数据融合、计算理论与方法难以满足这些要求，亟须提出一些新方法、新理论米对交通大数据进行处理。

2. 高维空间隐性知识序贯的挖掘与演化

在交通领域，主体、行为、路网拓扑、态势、环境相互作用共同构建了一个高维生态系统空间，这些要素之间存在一系列关系，比如高度非线性、动态耦合性、随机性。交通态势与演化是交通系统在宏观层面上的反映，其特点是动态性、自组织、序贯性、随机性等，对于城市交通问题的解决来说，交通态势的机理解释非常关键。凭借传统的交通理论，这个高维生态空间中隐藏的知识难以挖掘出来，难以用数据对交通主体的出行规律及时空演化、交通拥堵的演变规律、环境与交通行为做出解释与评价。凭借高维空间隐性知识序贯的挖掘与演化，该问题能得以有效解决。

3. 交通态势的预测与调控

交通态势反映的是城市交通系统的运行状态，深受多种因素的影响，比如交通需求、交通环境、交通管理与调控策略、网络拓扑、多交通子系统等，具有时变性、非马氏性、不确定性等特征，是一个非常复杂、异常庞大的超维系统，难以调控、预测。交通态势的预测与调控将创造一些新理论、新方法，为复杂交通巨系统的预测与控制提供有效支持。

二　城市交通大数据的应用处理技术

随着城市交通的迅猛发展，交通数据采集量成倍增长，形成规模庞大，具有动态性及实时性的交通大数据。所以，未来，对于智能交通来说，建立在大数据处理技术基础上的城市交通信息服务将成为主要增长点。具体来看，城市交通大数据处理涉及的大数据技术主要有以下几种。

1. 在 Hadoop 基础上形成的 MapReduce 模式技术

Hadoop 是一个软件框架，能对规模庞大的数据进行分布式处理，其核心计算模型——map/reduce 能对大规模数据集进行并行运算，将计算过程抽象到两个函数。Hadoop 能实现一个分布式文件系统（HDFS）。分布式文件系统具有高容错性，可以用在性能较差的硬件上，并能为应用程序数据的访问提供高传输率，适用于那些超大数据集的应用程序。

2. 数据仓库技术

数据仓库（Data Warehouse）是一个结构化的数据环境，能对如何从数据库中获取信息等问题进行研究、解决。数据仓库具有集成性、时变性、稳定性、面向主题等特征，其主要功能是对海量资料与资料存储架构进行系统分析，其中海量资料是组织经资讯系统的联机交易处理长期积累所得，资料存储架构是数据仓库理论所特有的。

通过对资料与资料存储架构的分析与整理，线上分析处理、数据挖掘等分析方法都能有序使用，为各种系统（比如决策支持系统、主管资讯系统等）的创建提供支持，为决策者从海量数据资料中挖掘有价值的信息提供助力，以对外界环境变动做出快速响应，从而完成商业智能的构建。

3. 中央数据登记簿技术

平台数据的统一管理、综合交通信息服务都要以中央数据登记簿系统为基础，该系统包含的内容非常丰富，比如交通信息相关数据的表示与交互，交通信息服务，可以在综合交通环境中使用的数据字典与消息模板，交通数据项的定义、注册与管理机制等。

4. 平台 GIS – T 应用技术

交通地理信息系统要以平台 GIS – T 应用技术为支撑，可提供高效的信息查询与存储功能来作用于交通信息服务，可为用户提供优质的 WebGIS 引擎服务，让用户享受交通信息服务。

5. 基于非序列性数据操作技术

基于非序列性数据操作技术有两种：一是虚拟化环境；二是流数据处理技术，在互联网的作用下对服务器的内存空间进行整合，形成一个超大的虚拟内存，再在上面配置数据，以提升现有设备资源的使用效率，增强对即时性数据实时反馈的能力。

6. 视频大数据处理技术

目前，视频监控系统都具有专用性的特点，视频大数据处理就是对这些视频监控系统进行有机整合，实现视频资源的统一接入、转码、分发、管理、运营。视频大数据处理技术可对交通视频、高速公路视频、站台视频、客运站视频等多种视频资源进行整合，使视频监控效率得以有效提升，并在视频监控的基础上创造更多增值性的应用，使视频监控系统效用实现最大化。

7. 大数据预处理技术

大数据预处理技术指的是按照具体的业务规则对接入平台的数据进行深度处理，包括对其进行有效性检验，对大数据进行清洗等。大数据标准化处理技术将清洗后的数据从数据中取出，按照业务规则对数据格式进行转化，使转化后的数据格式与平台定义的标准相符。

8. 大数据融合处理技术

大数据融合处理技术指的是借助多源交通信息融合的方法，与神经网络、贝叶斯网络等特征融合技术，自适应噪声模型等目标机动信息处理技术，多目标跟踪的信息融合技术相结合，使信息系统的可靠性得以切实提升。

多源交通大数据的信息融合可划分为三个等级：

第一级是数据级融合，其主要任务是对数据进行预处理，完成数据的简单关联；

第二级是特征级融合，其主要任务是以现有数据的特征为依据对交通参数进行预测；

第三级是状态级融合，其主要任务是以当前的交通流信息为依据对交通状态进行判断。

具体来看，交通流信息融合要经过多源信息提取、信息的融合处理、信息预处理、目标参数获取、状态估计等步骤才能完成。

9. 实时数据分发订阅技术

交通大数据的数据量庞大、更新快、时效性高，其业务逻辑需要来自其他系统的实时数据的支撑，这些数据大多来自其他系统的共享，比如当下城市道路的路况分析、收费站的排队监控分析、营运车辆安全监管系统等系统共享的数据。

10. 大数据挖掘技术

交通大数据的来源非常广，所以这类大数据的挖掘非常复杂，需要经过很多步骤。具体来看，交通大数据的挖掘需要经过四大基本阶段，分别是问题定义阶段、数据准备阶段、数据分析阶段、模式评估阶段。

三　数据内容采集与云计算支撑平台

（一）交通大数据采集内容

城市交通大数据有两种类型：一是静态大数据；二是动态大数据。

1. 静态交通大数据

静态交通大数据包含的主要内容有：地标模型、高清正射影像等基层空间数据，城市路网、城市基层交通设施信息、交叉口布局等城市及周边基础地理信息，道路等级、道路长度、收费信息等道路交通网络基础信息，客运班线、市区公交信息、客运企业信息、车站线路辐射图、交通换乘点等道路交通客运信息，航班信息，列车信息，船次、开船时间等水运信息，停车场位置、总泊位数、空闲车位数、开闭状态等停车场信息，警区界限、警力分布、安全界限、交通岗位、检测场、车管所、过境检查站、考试场等交通管理信息，交通抽样调查数据等。

2. 动态大数据

动态交通大数据具有来源广、形态多的特点，其主要内容有：通过各种遥感手段获取的数据，比如通过卫星遥感、地面测量车、航空摄影测量等方式获取的数据；地面智能交通系统中通过各种传感设备（手机、视频、地感线圈等）和移动终端获取的人、车、路等交通数据。

从人这个交通要素采集到的数据包括驾驶行为数据、出行行为数据、付费行为数据；从车这个交通要素采集到的数据包括车辆信息数据、公交车运营数据、车辆实时位置数据、众包路况数据、出租车运营数据；从路这个交通要素采集到的数据包括卫星影像数据、道路基础设施数据、航空影像数据。

（二）交通大数据云计算支撑平台

城市交通大数据及相关业务服务的实现需要以云计算技术为支撑，借助云计算技术为一体化的交通大数据提供支撑，根据需要提供自助管理虚拟基础架构形成高效池，将资源转化为服务供其使用。

具体来看，云计算支撑平台包括三大部分：一是数据中心的物理资源管理；二是数据中心的逻辑资源；三是数据中心运营平台与维护。

城市交通云计算支撑平台涵盖了很多能为其提供稳定的信息、监控、管理服务的子系统。保证智能交通能一天 24 小时，一周 7 天地为用户服务，保证服务的稳定性与高效性，可接入云计算虚拟化平台。借助虚拟化技术将应用系统与物理机分离，降低因物理环境导致的系统中断服务的发生频率，以不影响用户为前提。

交通大数据的智能应用系统是在交通大数据中心、交通云计算支撑平台的基础上构建起来的，该系统应用的模式有两种：一是中心数据存储与处理模式；二是本地服务应用模式，从海量数据中对实时数据进行抓取，对历史数据进行挖掘分析，以历史数据为基础对未来的智能交通发展情况进行判断，以为相关部门决策提供科学的意见与建议。

交通大数据智能应用系统可根据服务对象有针对性地为其提供智能交通信息服务。

对于政府部门来说，该系统能为其提供精细地理信息服务、应急响应服务、公共交通监管服务、路边车位监管服务等，以为交通行政监管提供支持。

对于公众来说，该系统可以以手机应用为基础为其提供交通信息服务，还可以通过交通信息服务对公众的日常出行数据进行采集。具体来看，该系统可为公众提供的服务有精细地理信息服务、精准交通信息服务、精准实时路况服务、实时车辆信息服务、停车诱导信息服务、交通诱导信息服务等。

对于企业来说，该系统可以为其提供交通信息增值服务，主要包括精细地理信息服务、商业数据分析服务、公交车车辆调度及辅助决策服务等。

对于这些行业数据、个性化情报分析结果、计算资源，不同的用户可以共享。该系统在共享数据、对海量数据进行实时处理与分析、帮企业处理应对突发事件方面有很大的优势，除此之外能有效地节约系统资源，降低成本，提升效率。

交通大数据智能应用系统的构建采用的技术非常多，比如 ZigBee 无线传感器网络技术、以决策树——支持向量机为基础的多源异构交通信息融合技术、建立在机器学习基础上的行程时间预测、建立在位置服务基础上的行人交通信息服务技术、建立在移动互联网基础上的交通信息应用服务设计、建立在 SOA 基础上的交通信息基础数据服务设计等。

四　基于大数据的智能交通体系模型

（一）智能交通建立的框架

智能交通框架主要包括物理感知层、软件应用平台以及优化管理应用。物理感知层是负责及时感知和采集各类交通运行数据；软件应用平台是将各个感知终端传输过来的交通信息进行转换、处理和分析，从而做出更合理的决策或及时进行相关预警，如对交通事故多发地段的实时监控、对主要交通干线的规划等；优化管理应用则是基于大数据分析预测结果对交通运行进行合理有效指导，如智能停车引导。

构建智能交通系统，要在城市各主要道路中安装高清摄像头，并不断更新视频监控、智能识别和信息技术手段，实现空间广度、时间深度和范围精度等多维度的交通管理与运行。智能交通系统的构成上，主要包括信息综合应用平台、信号控制系统、视频监控系统、智能卡口系统、电子警察系统以及信息采集与发布系统。

随着越来越多城市建立智能交通系统，视频监控数据、路况信息等各种交通大数据的规模呈现爆炸式增长。通过不同城市智能交通系统的互联互通和共享协同，大数据应用将超出城市内部范围，拓展到更广泛的区域交通乃至全国交通系统。

（二）智能交通数据处理体系的构成

智能交通数据处理体系指交通数据的存储、处理和检索，如数据输入、车辆信息、道路承载能力等。其中，数据输入包括静态数据和动态数据，数据处理针对的是实时交通数据，数据存储主要是对每天收集到的海量交通数据进行存储，数据查询检索则是基于数据规划从海量数据中快速找到需要的有价值数据。

（三）基于大数据的智能交通体系的构建

1. 数据采集与预处理

通过对交通各领域数据的全面采集和处理，为城市交通建设、管理和运行决策提供科学客观的数据支持。具体来看，主要是通过采集车辆实时通行数据，对城市道路状况进行实时监控、事前预测和及时预警，从而更合理有效地实现道路网流量的调配控制。数据采集通过安装在道路中的传感器完成，并通过智能识别技术对获取的交通数据进行辨析、转换、筛选和提取。

2. 数据存储与管理

将采集到的巨量数据存放到储存器中，建立相应的交通大数据库，如关系数据库。基于数据库建立交通运行数据分析模型，通过简单的数据模型，以及对元数据和应用数据的分离，实现交通大数据的有效管理和调用。

3. 数据分析与挖掘

即从文本、图片、音频、视频等复杂多样的海量数据中挖掘和提取出隐藏的、人们事先未知的有价值的信息和数据。数据分析与挖掘技术是大数据应用的核心，可以自动地从海量数据中抽取模式、关联、变化、异常和有意义的结构，并通过建立预测模型、仿真模拟系统和机器智能学习等满足高级别的数据分析诉求。

4. 数据展现与应用

即数据技术可以从每天产生的海量数据中快速筛选出有价值的数据，进而通过对这些数据的分析应用提高相关领域的运行效率和管理水平。

大数据时代，依托大数据技术打造城市智能交通生态系统，可以在额外增加交通基础设施资源投入的情况下，通过对智能交通信息资源的优化配置，大幅提高现有交通资源的利用效率，降低交通管理成本，提高管理水平，从而改善城市整体交通状况，为突破城市交通困境提供有效解决方案。

比如，对车主来说，可以基于城市交通大数据分析结果及时获取各路段的交通状况，规划更合理的出行路线，并针对各种可能问题提前制定解决方案，从而节省时间与开支，获得更好的行车出行体验；对城市交通管理部门而言，则可以利用大数据分析系统合理配置有限的警力、设备等资源，提高交通调度管理效率和水平。此外，基于大数据分析的智能交通资源优化配置对刑事案件侦查也有重要价值。

当前来看，国内越来越多的城市开始将智能交通作为突破交通困境的最佳路径，积极布局大数据智能交通，将其作为打造智慧城市的重要一环。不过，从实践结果来看，不论是城市内部的大数据智能交通系统还是城市互联互通的区域性乃至全国性的智能交通生态建设，都还面临着诸多问题，大数据在城市智能交通中的应用仍需持续创新、优化和沉淀。

第二节　城市交通大数据智能系统的典型应用

一　大数据公交行政监管与科学决策

基于城市交通大数据的公交行政监管与科学决策支持系统的构建需分三步实现。

第一步：对站台、道路、线路、活动场所采集到的交通数据进行集成处理，以 MapReduce 为框架对交通流融合与预测算法进行研发，针对难以预测的交通系统行为，对简单对象的随机性与主动性进行充分考虑，从行为生成角度切入对城市公共交通系统进行"等价"描述。

第二步：以满足城市公共交通运营与管理需求为目的，在计算实验与涌现观察的作用下生成各种交通场景，包括正常的交通场景与异常的交通场景，其中异常的交通场景包括交通事故、突发事件、恶劣天气下的交通场景等。

第三步：在人工交通系统与实际交通系统的交互作用下，对城市公共交通运行数据进行分析，对调度方案进行演练，为交通管理者与出行者提供交通服务信息。

大数据可以为公共交通规划决策的制定提供辅助。在传统方式下，OD 调查、收集数据需要大量人力。现如今，借助一卡通，数据可以在决策者面前全面展示出来，决策者可以精确掌握流量数据，再将其与车辆拥堵时间与拥堵路段的大数据分析结果相结合，就能针对公交线路的调整做出科学的决策。

1. 城市公共交通云计算服务平台

城市公共交通云计算服务平台由应用层、平台层、统一资源层、物理层构成。在云计算服务平台的作用下，公共交通管理形成了一个开放式的可扩展系统。在不更换现场硬件设备的情况下，新的交通管理方法就能有效实施。借助交通管理云提供的服务，控制中心能不断地优化交通控制代理的运行情况，提升整个系统的性能，使多个城市的交通控制系统与交通管理云连接，将数据集中在一起，让数据与服务实现共享。

2. 在海量交通检测数据基础上形成的融合与预测

借助云计算技术构建一体化的交通大数据，根据需要提供自主管理虚拟基础架构，对其进行汇总形成高效池，将资源以服务的形式提供给用户。具体来看，云计算支撑平台包含三部分，分别是数据中心物理资源管理，数据中心运营平台与维护，数据中心逻辑资源。

在对交通进行预测时，要以交通流检测数据为依据构建科学的交通流模型。利用混合高斯模型，使用期望最大化算法（EM 算法）对模型参数求解。在 MapReduce 架构下对期望最大化算法进行并行处理，借助云计算平台让算法实现分布式运行，来对海量交通数据进行处理，使模型参数的学习速度得以切实提升。根据 MapReduce 模型对交通流进行预测，对分布式模型学习算法进行研究，形成合理的、有效的数据处理算法，加快模型参数的学习速度，对模型进行合并，构建出各个路口的交通流预测模型，得到最终的预测结果。

3. 平行交通条件下的公共交通计算实验平台

以实际交通系统与人工交通系统的平行执行为基础，在平行交通系统上借助计算实验方法开展各种实验，分析、预测城市公共交通系统中的各种行为。借助模块与组件的形式，实际交通系统中的算法分析工具在平行交通系统实验平台上得以应用，这些工具包括各种学习策略与优化算法，对各种交通场景产生支持作用的专用算法，定量与定性计算实验评估算法，这些工具能对公共交通计算试验开展的过程与结果进行动态的分析、评估与优化，并与评价指标体系结合对评价结果进行实时更新。

4. 基于城市公共交通管理的应用需求构建"平行系统"

这里的"平行系统"包含了两部分：一是人工交通系统；二是实际交通系统，"平行"指的是这两大系统交互运行。

对当下城市公共交通的运行状态进行分析与评估，对未来的运行情况进行预测，提供一个良好的环境供公共交通管理方案演练实施。在平行交通系统框架下开展实验对城市交通管理进行评价，评价内容包括常规需求下、突发情况下、增强需求下的城市交通管理方案。将管理方案放在实际交通场景与人工交通场景中，观察各种方案的实施效果。为了对不同需求情况下交通管理方案的实施效果做出科学评价，还要建立综合评价指标体系，其内容要涵盖背景交通影响程度、交通疏散任务完成效果等要素。

5. 综合利用各种媒体为用户提供公共交通服务信息

利用公交电视、手机 APP、电子站牌、Web 网站、监控客户端等媒介为企业、政府、公众提供他们需要的服务，比如为企业提供运营调度服务，为公众提供出行服务，为政府提供行业监管服务等，以改善城市公交状态，让城市公交变得越来越好。

二　公交精细化调度平台与管理系统

整合 GPS、GIS、3G 通信等技术对城市交通道路上的车辆进行监控，并在此基础上形成公交车智能调度策略，该策略的实施能使公交车的利用率得以大幅提升，同时还能在一定程度上解决城市道路的拥堵问题。

在城市交通大数据基础上形成的公交精细化调度与管理系统在公交站台、公交车等场所广泛布置了一系列物联网设备，比如公交要素标识标签、车载 RSU（公交车载信息中心）等，用来对公交车状态、行驶状况、公交站点、客流等信息进行采集。

同时，构建公交大数据处理分析平台，利用大数据技术对上面的数据进行采集、分析，通过数据集成、数据计算形成各种应用，为政府、企业、公众提供各种类型的服务，比如公交调度服务、公交行业监管服务、公交个性化信息服务等，将公交站点智能维护、车距监管、精准报站、班次与客流匹配等问题进行有效解决，以促使城市公交服务水平得以切实提升。

具体来看，在城市交通大数据基础上形成的公交精细化调度与管理系统包含三个层面的内容。

第一层：城市公交状态感知层。借助交通要素标识标签、司机信息显示屏、公交车载信息中心、智能手机等物联网技术及设备对公交数据进行采集、共享，对城市公交状态进行智能化感知，对来自信息服务层的信息与数据进行接收处理。

第二层：城市公交大数据处理层。对第一层提供的数据进行接收，利用大数据技术对数据进行分析、集成与计算，形成各种数据应用，为第三层信息服务层提供数据服务。

第三层：城市公交信息服务层。借手机 APP、公交电视、网站、电子站牌等媒介为企业、政府、公交乘客提供针对性的服务，改善城市公交状态。

三　基于大数据交通的个性服务平台

围绕交通大数据处理，对城市交通各行业的数据资源进行整合，利用大数据处理技术对数据进行存储、清洗、融合与挖掘，为城市交通部门管理、企业决策、公众出行提供个性化的服务。在城市交通大数据基础上构建的个性化服务平台包括三部分，分别是基础信息综合平台、海量数据处理平台和交通决策服务平台。

其中，基础信息综合平台的主要任务是对交通行业的数据进行采集、整合；海量数据处理平台的主要任务是对数据进行分析处理；交通决策服务平台的主要任务是为政府提供决策支持，为公众提供信息服务。

1. 基础信息综合平台

对于个性化服务平台来说，基础信息综合平台是基础，是实时交通信息数据的来源，主要任务是收集、处理交通信息数据。按照编码规则与预先设定好的格式对各个子系统中的交通数据进行采集，将其转换为具体可用的综合交通信息。

也就是说，在整个智能交通信息组织的过程中，基础信息综合平台是信息中转站，是交通信息数据的来源，能收集、处理交通信息数据，并提供数据规范与标准接口来接入外部数据，实现数据的对外分发。

基础信息综合平台对来源不同的数据进行处理，将其导入数据管理层。数据管理层能对数据进行长久存储，并能与其他层进行交互。为了做好数据存储、存取访问、访问控制、共享等工作，要选用性能较高的数据库。对上述各层间的数据通信问题进行处理，包括各层间的数据传输问题。

基础信息综合平台涵盖的系统非常多，比如浮动车信息采集系统、出租车综合管理系统、停车场行业管理系统、资源整合系统、智能交通监控调度系统、客车联网售票系统、仿真基础数据采集系统等。不同的采集环境要使用与之相对的检测技术，所以，仿真基础数据采集处理又包含三大系统：一是视频交通流检测系统；二是微波检测系统；三是移动式地磁检测系统。

2. 海量数据处理平台

大数据处理要与交通系统的实际情况相结合，面向综合交通，对其模型体系进行研究，针对其信息制定数据规范与接口规范，并以此为基础对综合交通大数据的接入与融合技术、大数据处理与挖掘技术、大数据安全与有效管理技术进行研究、验证，完成市区综合交通信息中心的构建，为交通管理部门的智能决策提供有效支持。

3. 交通决策服务平台

交通大数据经基础信息综合平台、海量数据处理平台处理之后形成交通信息，这些信息就会通过交通决策服务平台反映出来，为公众出行提供服务。具体来看，交通信息服务平台经常借助手机 APP、传统网站、电子站牌、公共信息亭、广播电视、诱导屏、导航仪等媒介为公众提供交通信息服务，针对不同的信息发布渠道，该平台还将为其提供相应的软件配套支持。具体分析如下：

（1）借助移动互联网提供的信息服务：凭借移动互联网技术，不仅可以采集用户位置信息，为其提供丰富的位置服务，还可以利用手机终端对交通信息服务进行快速访问。具体来看，借助移动互联网能为用户提供的信息服务包括路况信息、实时公交、停车服务、地铁信息、客运信息、航班信息、驾培信息、的士查询、交通资讯等。

（2）借助传统互联网提供的信息服务：借助传统互联网采集、分析、挖掘、发布交通信息，打造一个全方位的交通信息服务发布平台，为用户提供各种交通信息服务，比如实时路况、实时公交、网上车票查询与预定、航班与列车动态信息查询、地铁信息、交通资讯等，为用户实时掌握城市交通动态提供方便，并为其提供科学的出行方案。

（3）电子站牌：电子站牌可为用户提供公交信息，比如公交车路线信息、到站信息等。

（4）交通情报板：借助停车诱导屏可为用户提供停车诱导服务。

（5）广播电视：广播电视节目可为用户推送综合交通服务信息，比如航班动态信息、实时路况信息等。

（6）公共信息亭：公共信息亭配置了触摸屏，用户可以通过触摸与其交互，获得综合交通信息服务。公共信息亭服务的对象多为旅游人员，借助公共交通出行的人员。

（7）真三维动态导航与智能预警服务：在智能交通导航系统中，传统的二维虚拟导航将被真三维导航取代。并不是将二维导航地图以3D的方式显示出来就是三维导航地图，三维导航地图指的是在获取了三维空间数据之后，使用信息通信技术对其进行处理，对其他的地理信息进行包容，突破二维地图对形式的限制，对现实世界进行深入洞察，做出更深刻的理解。

在真三维智能交通中，要以实地采集的实景资料为依据做好细节处理，比如色彩、灯光、材质等，在导航仪上将三维道路实景以极其逼真的方式展现出来。在十字路口、拐弯区等交通事故多发区，要将高清影像与几何模型结合在一起进行计算，得出车辆转弯的死角范围，将其与车身长度、车辆性能等因素综合在一起进行评价，将评价结果实时显示出来，让司机知晓。另外，真三维实景导航还能将导航过程中易发生事故的危险区域显示出来，并发出警示，以更有效地保证驾驶员安全，减少交通事故。

四　交通数据的提取与驾驶行为分析

借助实时更新的遥感影像来获取城市道路的变化情况，一旦城市道路有所改变，交通大数据中心的数据库就会自动更新，路网数据就会随之更新，用户就能获取更加准确的道路信息。具体来看，其过程如下：

首先，利用高分辨率的影像获取道路路面、环岛、绿化带、大型车辆转弯死角带等要素信息，利用航空影像与斜视影像获取路灯、路牌、井盖等要素信息；

其次，以自动或半自动的方式，通过道路边的行道树、形状指数、植被指数、数学形态学知识获取道路线信息，并利用 GIS 技术对道路面积进行计算；

再次，借助面向对象的遥感影像的分类方法分割遥感影像，一边减少噪声干扰，一边获得同质化的对象；

最后，借助尺度选择与转换构建影像对象层次，对不同道路的特征做出深入认识，构建道路知识库，提取道路信息。

对获取的数据进行分组分类处理，可一天 24 小时对移动车辆进行实时监控、调度、指挥、报警；将电子地图配置 GPS，或将电子地图与中国北斗卫星导航系统相结合，获取车辆位置、时间等信息，对车辆的运行位置与状态进行监测，并将车辆运行轨迹在 GIS 上显示出来，对车辆进行跟踪；通过对车辆历史运行数据的记录、统计与分析，帮助管理人员更好地制定管理决策。

使用一些统计分析方法对行车数据与驾驶行为数据进行分析，可以针对驾驶行为进行数据建模，对驾驶人员的出行习惯进行深入分析，并以此为基础从路线到行为对驾驶人员进行评估，并将评估结果送往交通管理部门及运输企业，进而在各行各业中得以广泛应用。比如用于车主行车行为自诊断系统的研发等。

结合交通大数据可对群体的出行态势、出行时间、出行路线、出行方式进行预测，帮助公交公司做好城市车辆调度决策。同时，这些预测结果也将反作用于个人的出行行为，为其提供更加精准的服务，帮助个人做好出行决策，让个人在最短的时间内，经过最短的路程到达目的地。

在城市交通系统中，遥感空间、舆情、各类感知、交通视频等数据都是分散获取、单独使用的。从总体来看，这些数据的规模庞大，但由于各类数据的应用比较单一，深度不足，使得数据价值难以得到充分挖掘。以这些数据为基础构建城市智能交通大数据平台，可以从尺度、时相、精度等角度出发保证数据能实时更新，以完成更精细、更及时的动态监测服务数据体系的构建。

以云计算平台与高速网络传输为基础构建的城市智能交通大数据平台为智能交通服务提供了有效支撑，使移动端数据采集、大数据挖掘、智能推送等信息实现了高速传输，并以实时数据为基础为用户提供了更加精准的导航服务与停车服务，完成了新型实时互联交通服务模式的构建。

目前，在城市交通管理方面存在一些行政壁垒，借助物联网、大数据、云计算等手段有望消除这些壁垒，全面采集城市交通大数据，推动这些大数据实现有机整合，将为政府、企业与公众提供交通行政监管服务、交通信息服务等工作合并在一个平台上实现，以促使城市交通运营管理水平及综合服务水平得以切实提升。

第三节　基于大数据的城市交通管理发展路径

一　大数据时代下的交通管理路径

随着社会经济快速发展，城市机动车数量猛增，城镇化速度越来越快，使得城市道路系统的均衡状态被打破，居民的交通需求越来越复杂，传统的交通管理信息系统难以令其得到满足，交通拥堵成了一大难题。由长尾理论可知，在大数据的作用下，海量数据被聚合，离散的数据需求被整合，形成了数据长尾，使传统交通管理信息系统难以满足的需求得到了满足，比如交通需求。

也就是说，在某个交通路段，虽然个体的特定信息需求较少，但在聚合效应的作用下，数据长尾被加长，在数据长尾的作用下，这些个体的需求数据形成了一个庞大的需求市场，为个体需求的满足及个性化服务的实现奠定了坚实的数据基础。

由此可见，用大数据对交通进行管理是交通管理模式的一大变革，同时也是公共交通市场管理内涵的一大变革。借助大数据，制约传统交通的关键问题能得以有效解决，其原因有以下几点：

1. 跨越行政区域限制

为了更好地对国家进行管理，政府对行政区域进行了划分。行政区域的划分虽然实现了各个行政区域的自治，提升了管理效率与质量，但也使各地方政府为了维护自己辖区的利益，对各行政区域交接地带的公共交通基础设施建设相互推诿，置之不理。借助交通大数据，该问题能得以有效解决。交通大数据的虚拟性有利于信息实现跨区域管理，只要多方遵守信息共享原则，就能将跨区域管理问题解决在自己的辖区范围内。

2. 具有信息集成优势和组合效率

在我国很多城市，各类交通运输管理任务由不同的主管部门负责，表现出了条块分割的特点。该情况使公共交通管理碎片化，出现了交通信息分散、内容单一等诸多问题。

在大数据的帮助下,综合性立体交通信息体系得以有效构建,该系统容纳了用户能用到的各种交通数据,完成了公共交通信息集成利用模式的构建,使整体性交通功能得以充分发挥。通过在大数据中集成检索、分析利用将相关信息提取出来,使各种需求得到了满足,使实时交通障碍得以有效解决。

3. 优化交通信息资源配置

传统交通部门权责不明,专业分工细化,使公共交通管理部门的职能重叠,在运营方面造成了人力、物力的极大浪费。在大数据的帮助下,相关部门能制定出更加科学的统筹与协调方案,让交通职能在各个交通部门间实现合理配置,面向道路问题实现信息资源的优化配置。

4. 推动公共交通均衡发展

以传统思维来解决交通拥堵问题,常见的做法就是加大基础设施投入,也就是增加道路宽度,延长道路里程,以此来提升道路的通行能力。但是这种做法往往会受到土地资源的限制,难以实现交通发展、土地利用发展、城市空间发展的整合。大数据解决方案将技术决定论与制度理论结合在一起,推动信息技术在公共交通中得以有效应用,使信息资本利用率得以大幅提升,大大降低了对外部资源的依赖。

二　大数据交通管理的四个主要优势

1. 提高交通运转效率

改善公共交通是一项大工程,涉及的工程量非常大,借助大数据的大体积特性,该问题能得以有效解决。在大数据领域,数据库容纳的数据越多,其计算工作量就越少。也就是说,在配置公共交通车辆的过程中,随着大数据聚合度越来越高,车辆配置成本会越来越小。通过公共交通车辆的高效配置,车辆的有效路段里程能有所增加,交通运输效率能有所提高。举个例子来说,美国洛杉矶研究所经研究发现,以车辆运输效率提高为前提,如果将车辆运输减少46%—84%,就能为用户提供同等水平或更高水平的运输服务。

借助大数据，伦敦有效地缩短了交通拥堵时间，提高了交通运转效率。在伦敦，在车辆即将进入拥堵路段之前，传感器就会为司机提供最合适的解决方案，比如帮司机在最短时间内找到免费的停车位，以降低行车成本。

2. 促进交通的智能化管理

大数据具有实时性，该特点使闲置的数据一旦需要被利用时就能立即实现智能化处理，供人使用。同时，在那些智能软件应用程序的作用下，复杂的数据能被转化为图形，有效地降低理解难度。

具体来看，公共交通的智能化管理主要表现在两个方面：一方面，如果某路段发生问题，就能迅速地从大数据中调出有用信息，使交通更加连贯、有序；另一方面，大数据拥有较强的预测能力，能减少误报、漏报等情况的发生，能对公共交通进行实时监控。

所以，在驾驶人员无法预测交通拥堵情况发生的概率时，大数据可以帮其做出预测。比如，在开始行车之前，大数据管理系统会根据造成交通拥堵的原因，比如天气原因，判断出备用线路，并指导驾驶者避开这些线路，顺利行车。

3. 节约资金

在美国，居民在交通运输方面的支出仅次于房屋。一年之中，美国司机开车的时间只有4%，却要为车辆支付8000美元。在智能交通管理下，虽然引入超级计算机对大数据进行处理需要支付一大笔资金，每年还要在计算机维护方面支付一大笔费用，但从长远来看，它能产生更大的经济效益。

以新泽西州为例，在引入大数据之前，新泽西州仅靠交通摄录机与路边传感器解决交通拥堵问题，但是这些设备只能覆盖该地区5%的道路，信息准确率非常低。在引入INRIX大数据管理系统之后，虽然新泽西州每年要为该系统支付45万美元，但这个系统的覆盖范围较广，信息的准确度较高，能帮助人们节约大量的时间成本。

在中国，为了解决交通拥堵问题，各城市每年至少要在扩建道路、修建停车场等工程上投入数百万资金，如果资金有限，交通拥堵问题就难以有效解决。在引入大数据管理系统之后，不仅管理成本有所下降，管理效果有了明显提升，而且城市交通管理也更加规范、有序。

4. 适于海量数据处理

智能交通管理系统在处理大数据方面有先天优势，该系统是在云计算、云管理、云操作系统的基础上建立起来的，不仅能对海量数据进行实时分析与处理，还能对所有网络进行全天候覆盖，对交通拥堵进行检测、报警，实现跨区域的信息共享。对于关键性交通问题的解决来说，这种数据处理能力为其提供了强有力的支持。现阶段，IBM公司正在筹划创建一种能进行交通预测的智能管理系统，对相关信息进行分析，并针对事故回应及其他异常现象的处理提供最佳的解决方案。

现如今，人们已经掌握了大数据管理系统使用的基础。在硬件方面，移动手机与无线设备的快速普及为大数据系统对数据进行开发、存储、分析提供了方便；在软件方面，一些能在某方面解决交通问题的应用程序受到了广泛关注，获得了极高的认可，比如 Android 平台上的谷歌地图的下载量达到了 5000 万次。

除此之外，政府、高校、企业关于大数据在交通领域应用的研究也产生了重要的引导作用。比如，IBM 研究中心、加利福尼亚运输部、加利福尼亚大学伯克利分校的 CCIT 就围绕交通大数据管理这一课题展开了合作，以期能对上班族的交通条件进行预测；另外，谷歌、苹果等企业也在尝试使用大数据为交通问题提供解决方案。

三　大数据交通管理应用基础与问题

（一）应用大数据解决交通问题的基础

1. 高速连接

在大数据时代，人、设备的连接都必须依靠数字网络完成，在全球经济发展及创新方面，数据是非常重要的推动力。在交通领域，人们可以通过两大途径来获取公共交通数据，一是免费连接 Wi－Fi，二是付费连接蜂窝数据。数据获取途径是通过车辆联网对数据进行上传或下载，或在车辆间进行数据共享。要想顺利地获取公共交通数据，必须提升整个地区的网络速度及数据传送速度，减少车辆的宽带费用。除此之外，还有一种解决方案，就是在车中放置 Wi-Fi，这样一来，车辆不仅可以从广播中获取数据，车辆之间还能对数据进行共享。

2. 大数据管理

大数据管理系统是一种大型的数据库软件，可以对大数据进行管理与操控，可以用来创建数据库，对数据库进行维护、管理与控制，为数据库的安全性与完整性提供有效的保障，可以为多个应用程序及用户采用不同的方法同时或不同时对数据库进行随时访问提供方便。但是仅凭技术难以解决问题，带来高效益。必须借助高效的管理方式，让管理系统对相关数据进行连续采集、实时采集，然后对这些数据进行整合，将其纳入大数据管理系统，以对其进行科学分析，将分析结果转交给用户，将用户、交通线路、导致拥堵产生的原因聚合在一起，形成一个智能化、物联化的交通运输体系。

3. 开放数据

在维基百科对开放数据的描述中，开放数据有这样一种思维：任何人都能按照自己的意愿对某些数据进行免费使用及发布，不受版权、专利及其他条件的限制。开放数据倡导数据公开，倡导将可公开的数据公开，以使其作用充分发挥出来。只有将与交通相关的数据公开，才能引导大数据管理系统对问题进行科学分析，提供的数据越多越及时，所得到的结论就越准确。如果没有与交通有关的信息公开，大数据管理就无从谈起。

（二）利用大数据进行交通管理带来的问题

1. 如何开放公共交通数据

对于智能交通来说，开放公共交通数据是最大的驱动力。但是在国外，很多城市的交通数据、运输数据的管理都是在私人数据库中完成的，并且系统性能的监视与改善工作只能交由市政工作人员负责。这种封闭式的数据管理无法使信息增值，要想让交通数据的价值充分发挥出来，开放数据是唯一的方法。因为对于政府来说，开放数据能提升其公信力与合法性；对于企业来说，开放数据能为其带来巨大的商业利益；对于公众来说，开放数据能帮助其参与决策。所以，要想将交通数据的价值充分发挥出来，开放数据至为关键。

2. 个人隐私问题

对于信息产品来说，数据是基础，能催生出新的应用程序与信息服务，带来巨大的商业利益与社会效益。但是大数据也造成了数据泛滥，使个人隐私受到了严重的威胁。过去，借助匿名、秘钥编码等方法个人信息就能得到有效保护。但是，现如今，大数据使得信息范围不断扩大，信息传递与共享速度不断提升。如果不对其进行严格控制，隐藏在其中的私密信息就很有可能泄露出去，比如个人的位置信息、出行习惯等。如果用户发现自己的隐私信息被泄露，就会对大数据系统产生强烈的抵触情绪。

3. 交通数据的存取方式

各地交通部门都有交通数据，并且这些数据都能被大数据管理系统所用，但很多车辆技术数据都以 PDF 等静态格式存储，除了人力之外，这些系统具备的计数特性无法被有效检索出来，这种传统的"人—物"的连接方式与物联网"物—物"的特性不符。交通数据的物联网化指的是借助智能手机、机载车辆、传感器等硬件对各种移动数据进行持续收集与处理，这些移动数据包括天气状况、交通条件等。

四　构建大数据交通管理的对策建议

1. 广泛开放公共交通数据

虽然大数据包含的信息非常丰富，但是大数据的利用率却不是很高，比如交通部门收集了很多数据、信息，却不知道如何对其进行筛选、利用。通过公共交通数据的开放能让交通主管部门与私营机构建立良好的合作关系，前者可以借用后者的专业信息技术知识，在专业开发人员与第三方应用程序开发者的帮助下使交通信息服务得以完善，按需为用户提供个性化的交通服务。

所以，为了使交通数据得以进一步开放，交通主管部门要建立交通运输数据开放网站，以 XML、XLS、Feeds 等多种格式让交通数据开放，使机器的可读性得以切实提升。同时，还要将数据挖掘与抽取工具配置在门户网站上，让用户以个人喜好为依据来获取数据。除此之外，政府要在明确数据开放原则，明晰知识产权规则的情况下，制定一套奖励措施来推动交通数据实现共享，使交通信息得以开放、整合。如此一来，在交通主管部门与私营机构的合作下就能形成双赢局面，开放人员能在信息领域占据较大的市场份额，城市则能对创造力进行进一步挖掘，使城市化进程加快。

2. 保护个人私密信息

为了保护个人私密信息，政府要制定数据隐私法，明确什么是个人数据，针对数据的发布范围、发布原则、利用范畴等内容做出明确规定。交通主管部门要严格遵守这部法律，对可公开的交通信息进行细化处理，并对相关人员及用户开展数据隐私、数据安全等方面的教育，让用户对隐私规则有深入了解。

为了做好个人私密数据的保护工作，政府要加强法律监管，交通主管部门也要在数据公开方面秉持一定的原则：数据的商业开发与公益性利用不能侵犯个人的隐私权，政府在赋予企业数据使用权的同时，也要保护好公民的隐私，消除其对数据安全的担忧。

为了将这一原则落地，交通主管部门可采取如下做法：让公民个人掌握数据开发权，由公民个人决定这些个人数据能否被开发利用。在这种模式下，数据开发商将不再主动为消费者提供信息，将在取得当事人同意的情况下，以消费者的个性化信息需求为依据被动地为其提供信息服务，简单来说就是从开始的"推"模式转变为后来的"拉"模式。

3. 提高交通数据存取的多样性

交通部门要加快对交通信息进行数字化改造，并以动态的方式主动为其提供存取服务，减少将数据输入交通数据中心所消耗的人力与物力。所以，为了满足用户对特定数据结构的需求，交通部门必须对各种交通数据进行整合，在提高对数字化交通数据重视度的同时，还要以纸质的方式对核心交通数据进行保存，通过资源共享使整个智能交通的数据长尾得以丰富。另外，为了让智能化的公共交通成为现实，还可以让交通数据中心实现高度自动化，让用户对交通数据进行自动收发。

4. 提高交通数据质量

不同的交通机构使用的数据格式有很大的不同，数据的完整性与质量也有很大的差异。为了提高交通数据质量，交通数据中心必须做好以下几项工作：

（1）交通数据中心要制定一个数据质量标准，构建一个透明的信息发布环境将原始数据呈现出来，使数据的精确性、客观性、完整性得以大幅提升，将用户对数据的担忧降到最低。

（2）交通数据中心要制定一套数据质量控制体系，通过内部检查、外部评估对信息进行管理，也就是说数据中心要对采集到的数据进行检查，查看其是否与职能行使及公共利益的实现相关。如果发现某些数据涉及隐私与安全问题，就要将其交给外部专家进行评审。

（3）要面向数据发布建立一套用户反馈机制。交通数据中心要赋予用户一定的权利来维护数据质量，凭借这些权利，用户可以要求信息发布机构更改错误信息，如果相关机构没有按时做出回应或回应效果不佳，用户可以投诉。

总而言之，交通部门要有提高数据质量意识，倾听用户需求，实时更新数据，保证数据的有用性。如果政府无法做好数据采集及处理工作，政府要将这些工作外包给数据提供商，自己只需对数据质量进行评估即可。

在大数据时代，大数据带来的不仅有巨大的商业价值，还有巨大的社会价值。在信息通讯技术迅猛发展的时代，交通运输产生的数据越来越多，要想让大数据在公共交通中得以有效应用，交通部门首先要解决一个关键问题，就是如何按照用户需求在这规模庞大的数据中提取有效数据。

由此可见，对于交通机构来说，大数据管理是一项挑战，不仅要按照用户需求及时提取数据，还要处理好数据的潜在价值与个人隐私之间的关系，使二者保持平衡。为了应对这项挑战，让大数据在公共交通中得以有效应用，除了明确大数据在解决公共交通问题中的优势之外，还要借助大数据完成一体化公共交通管理体制的构建，有序地对大数据进行采集、处理，做好智能交通系统的构建，对用户界面进行完善。

第二篇　智慧交通篇

第三章 大数据环境下智慧交通系统的应用研究

第一节 大数据在智慧交通领域的应用与发展

一 大数据在智慧交通中的应用现状

近几年，随着国内城市人口的快速增长，我国交通基础设施建设相对落后及管理水平较低的短板日益凸显，再加上人们出行需求越发多元化，导致各种交通问题层出不穷。在城市土地资源已经相当紧张的局面下，对交通基础设施进行大规模改建及扩建显然不再适用，而随着大数据技术在交通领域应用的不断深入，其为解决当前我国面临的诸多交通问题提供了新的途径。

在现有局面下，一方面我国需要对城市空间结构进行不断优化完善、提升交通管理及运营水平、优先发展公共交通；另一方面应该积极引入大数据、云计算、物联网等新一代信息技术，发展智慧交通，充分利用现有资源，缓解城市交通压力，为人们提供安全、便捷、高效的出行服务。

智慧交通在提高交通运行效率方面具有明显优势，是推进智慧城市战略落地的重要组成部分。大数据技术是打造智慧交通系统的核心技术之一，它能够整合海量的交通数据资源，并通过对其进行深入分析，找到交通问题出现的根源，对路况进行竞争预测，为人们提供便捷高效的出行解决方案，有效提升交通管理水平。

随着各地政府部门以及相关企业的积极探索，大数据技术在交通引导、物流调度优化及公共交通服务等方面的巨大价值正在被深度发掘。目前，在国家交通部的积极引导下，多个城市的交通部门都在积极引入大数据技术。

比如：江苏省交通运输厅和互联网巨头百度达成合作，双方将在交通运输信息化服务领域进行资源共享。据了解，此次合作将重点围绕交通大数据分析服务建设、优化完善江苏交通出行信息服务系统、交通出行相关数据资源的共享交换、交通信息化项目的合作研究四大方向展开。

事实上，美国、德国、日本等发达国家，通过将大数据技术应用至交通领域，以便提高交通运行效率，促进民众安全便捷出行等方面的实践，已经取得了相当良好的效果，比如：美国商用铁路通过运用大数据分析技术，使运输时效性得到了有效提升等。

近几年，技术在智慧交通产品及服务中的定位发生了明显变化，这种变化主要体现在以下两个方面：

（1）智能前置。以抓拍设备为例，位于前端的抓拍单元能够完成智能分析、交通行为实时抓拍等多种功能，而几年前，抓拍设备仅能完成抓拍功能，智能分析主要是通过后端设备及路口工控机实现。

（2）建设规模大幅度增加。目前，中小城市配备卡口及电警设备的道路就已经达到了千条级别，获取的图片、视频等数据规模非常庞大，交管部门在分析及应用这些数据时遇到了极高的挑战。

智慧交通的成功落地，必须要有大数据、云计算等新一代信息技术提供强有力的支撑。对于大数据在智慧交通领域的发展及应用，我们可以从以下三个角度进行思考：

首先，从应用成熟度来看，在对图像及视频数据进行结构化及语义化处理领域，卡口电警及视频监控可谓是应用最为广泛且最为成熟的市场。而且在诸多新兴业态中，智慧交通可能会成为最先突破大数据应用阻碍的行业。

其次，从技术发展来看，以大数据、云计算、物联网为代表的技术构架，在智慧交通行业的应用率先取得实质性突破，未来，智慧交通将为其他智慧城市子模块的发展起到良好的带动作用。

最后，从用户体验来看，智慧交通的实现，将给人们的出行以及企业的物流配送带来颠覆性变革，使整个社会的信息及资源流通效率得到大幅度提升，破解诸多交通问题的同时，创造巨大的社会价值。

二　大数据在智慧交通中的价值体现

随着整体经济和民众收入水平的快速提高，越来越多的居民有了购买汽车的意愿和能力，从而导致我国汽车保有量呈持续增加态势，一些大城市的机动车保有量增速甚至超过10%，汽车逐渐成为越来越多民众的日常代步工具。同时，其他交通方式如公交、地铁、BRT、出租车等的不断优化完善，也为人们日常出行提供了多元化的选择方案。

不过，个体角度的合理选择却导致了集体的"囚徒困境"。私车保有量的大规模增加不仅对城市道路带来更大压力，缩短了道路使用寿命，还加重了交通拥堵、停车位紧张、空气污染、不文明行驶、违法停车、交通事故增多等诸多问题。

大数据时代，如何利用大数据技术突破城市交通困局、改善城市交通状况，最终建立起信息化、网络化、智慧化的智慧交通生态系统，已成为当前交通业关注和探索的主要议题。

从交通领域来看，大数据技术是解决我国日益严峻的交通拥堵问题、提高城市交通基础设施利用效率、构建智慧交通系统的关键支撑。

城市化建设的快速推进以及大量农村人口涌入城市，导致我国城市交通面临着越来越大的压力和问题，主要表现为：

（1）城市机动车保有量持续快速增长，但很多城市的主次交通干道通行量趋于饱和，道路交通压力不断增大；

（2）城市道路基础设施规划不合理，供给失衡，导致城市道路的交通运营能力差；

（3）城市停车位严重不足，很多机动车被迫占据道路，影响了道路通行效率；

（4）公交等城市公共交通出行系统有待完善，公交车对私家车的替代率不高；

（5）城市道路基础设施建设受制于土地、商业规划等多种因素，难以大规模拓展；

（6）公众素质不高，各种不遵守交通规则的行为在很大程度上影响了道路通行效率。

大数据时代，依托大数据技术的智慧交通模式已成为解决城市交通困境、改善城市交通状况的"利器"。

比如：实时全面采集各种交通运行数据。城市机动车数量的快速增加产生了大量交通运行数据，对这些数据信息进行采集、整理和大数据分析，既可以帮助相关部门更合理有效地规划城市道路交通，如限定某条道路为单行线，从而提高道路通行效率；也能够让车辆驾驶员实时获取各路段的交通拥堵状况，及时调整行车路线，获得更顺畅的出行体验。

再如，根据对主干道交通运行状况的大数据分析，及时调整交通调度信号灯，提高道路通行效率，降低交通事故发生概率，并实现道路交通管理运行工作的降本增效。对车辆驾驶人员来说，可以通过大数据系统实时获取相关路段的交通状况和停车位信息，从而更合理地规划行车路线。

总体来看，大数据应用在智慧交通中的价值主要体现在三个方面：

1. 提高交通运营能力

大数据技术可以对各种交通通行需求进行有效分析与科学调控，从而提高道路交通基础设施的通行效率，增强交通运营能力。

通过交通基础设施建设提高交通运营能力，不仅工程量大、投入多，还会受到多方面因素制约。与此不同，大数据则是通过最大限度地发挥现有交通基础设施效能的方式解决各种交通运行问题。

比如，依托大数据技术，通过传感器等设备及时告知车辆驾驶员各路段的拥堵情况，帮助他们避开拥堵地段，提供更合理的路线方案，从而大大节约交通出行的时间与经济成本；同时，借助大数据的实时性特点，对闲置静态的交通数据进行智能化处理，提高交通运行方案的可行性与合理性。

2. 提高交通安全水平

大数据的实时性和快速处理能力，有利于增强交通安全系统的数据信息分析能力，从而准确预测可能存在的各种交通风险，提高交通安全水平。

比如，利用大数据技术对驾驶员的状态进行实时监测，通过相关车载装置检测驾驶员是否处于疲劳驾驶或其他异常驾驶状态；车载装置还可以与道路中的探测传感设备进行信息交互，从而通过分析车辆运行轨迹判断驾驶员的状态。同时，通过对各个传感器采集到的车辆交通数据进行快速分析处理，建立安全模型，对车辆行驶的安全性水平进行实时有效评估，从而及时预测、预警和规避可能的交通事故。

3. 进行环境监测

依托大数据技术，可以构建区域交通排放的监测和预测模型，推动交通运行与环境数据信息的互联互通，进而借助共享试验系统准确分析和预测交通运行对环境的影响。同时，大数据分析技术还能为降低交通延误、减少排放等交通信号智能化控制的相关决策提供科学合理的依据，并帮助相关部门构建低排放交通信号控制原型系统和车辆排放对环境影响的仿真模拟系统。

三　大数据在智慧交通中的应用挑战

随着智慧交通建设进程不断加快，大数据技术作为打造交通数据平台、构建智慧交通系统的重要手段，而受到社会各界的广泛关注。在智慧交通中，通过运用大数据技术，可以实现跨区域、跨平台的数据资源共享，充分发挥其组合效率及信息集成优势，打造出综合而完善的交通信息服务体系。

此外，通过大数据技术强大的数据处理能力，能够更加高效地配置交通资源，灵活应对各种突发性交通问题。在我们为大数据在交通领域的价值得到全面释放而感到兴奋的同时，也应该充分认识到大数据技术应用过程中所面临的一些挑战：

1. 行业标准不统一

各地区在推进智慧交通系统项目落地过程中，缺乏可以参照的行业统一标准，各城市智慧交通系统无法对接，难以协同配合。要想将大数据应用到智慧交通领域，需要采用大量前端传感器来搜集各种交通数据，但这些前端传感器通常是由多个企业提供的，而且各企业间并没有统一的行业标准，从而使数据获取及处理的成本大幅度增加，对大数据技术在智慧交通领域的应用带来了巨大阻力。

2. 难以确保智慧交通系统基础设施的稳定性与可靠性

目前，智慧交通系统所包含的子模块越来越多，复杂程度越来越高，但其稳定性与可靠性却没有得到有效提升，整个系统面临着较高的信息安全风险。智慧交通系统主要有卡口、交通诱导、信号控制、电子警察、交通流量采集等子系统构成，并且需要海量前端设备及服务器提供支持，还要与上下级交通管理平台、公安业务集成平台等系统实现数据共享。

从实际情况来看，智慧交通系统具有客户端分散、业务系统众多、流程复杂等特征，对于交通系统这种国家级基础设施而言，保证其稳定性与可靠性无疑具有十分关键的作用。但由于智慧交通系统越来越复杂，前端设备及服务器大幅度增加，出现故障的概率自然会明显提高，从而给交通管理工作带来较大的负面影响。

此外，在智慧交通系统传输数据过程中，硬件设备落后或老化问题会导致数据传输效率明显下滑，而且很容易出现数据丢失甚至是泄露的风险。

3. 难以确保数据源的质量

数据质量主要体现在数据真实性及有效性方面。智慧交通中所使用的海量交通数据主要是通过前端传感器搜集而来，确保数据质量是大数据技术能够充分发挥其价值的基础，而目前的前端传感器等设备尚不具备较高的稳定性与可靠性，从而使大数据在智慧交通领域的应用受到明显限制。

以交通诱导和交通信号控制子系统为例，为了能够精准判断交通运行状态，并进行交通预测，必须能够实时提供高质量的交通流量数据，但因为前端设备缺乏稳定与可靠性，导致交通诱导及信号控制子系统很难充分发挥其价值，从而造成了严重的资源浪费。

4. 增加隐私泄露风险

由于交通数据中包含了一些私密性的个人信息，如果不能充分保证这些信息的安全性，很容易带来财产损失甚至危害人身安全。在智慧交通中，需要搜集海量的数据信息，才能确保分析结果的有效性与精准性，但这会导致隐私泄露风险明显提高。

与此同时，由于我国智慧交通建设仍处于初级阶段，大数据技术的商业化应用也尚处于探索期，国家并未出台有关政策明确部分隐私数据的所有权及使用权，而且很多企业在应用大数据技术的过程中也没有考虑可能会引发的用户隐私数据泄露问题。

5. 增加信息安全风险

大数据技术应用到智慧交通领域，主要是通过安装在道路及车辆等载体中的前端传感器设备搜集交通数据，然后对这些数据进行分析及处理，筛选出具有较高价值的信息。而数据的搜集、传输、存储、分析及应用，都需要借助互联网及云端平台实现，在这些环节中容易发生信息安全问题。

由于交通数据较为敏感，具有较高的价值，对不法分子会有较高的诱惑。与此同时，智慧交通系统中的数据涉及的人数众多，当黑客成功截取后，会引发大规模数据泄露问题，带来严重的负面影响。更为关键的是，智慧交通系统对数据的过度集中，导致黑客成功入侵后，会同时获得大量数据，与入侵普通系统相比，明显更具性价比。

由于智慧交通系统需要借助大量服务器及前端传感器设备搜集相关数据，当不法分子在某个设备中安装搜集数据的病毒后，很容易掌握大量的个人隐私数据，从而对个人位置进行实时追踪，分析出个人的生活规律等，这对广大民众的人身安全以及社会稳定性十分不利。

6. 威胁现有的存储和安防措施

智慧交通系统在应用大数据的过程中，需要对前端设备搜集到的海量交通数据进行存储，而为了充分确保数据的安全性，必须对交通系统中的数据中心进行改造升级。但目前各部门对数据中心的重视程度相对较低，对数据中心的改造升级方面缺乏积极性。

庞大的数据规模，对安防系统提出了较高的挑战，随着交通数据规模的不断扩大，安防系统也需要进行不断优化完善，从而与不断增长的数据规模相匹配。但目前的实际情况是，安防系统的性能升级远滞后于数据规模的增长。也就是说，智慧交通系统中存在着较高的数据安防漏洞。

智慧交通系统的复杂性，决定了在应用大数据技术的过程中要考虑到各子系统的协同配合能力，这需要政府部门、科研组织及相关企业开展深入合作。大数据使用的海量交通数据中存在着非结构化数据，为了确保敏感信息的安全性，较为理想的方案是让每位用户仅能访问特定的信息子集，当然，为此必须设计出全新的数据加密方案。

四　大数据在智慧交通中的应对策略

为了有效应对大数据在智慧交通应用过程中遇到的各种问题，必须采取以下几种应对措施：

（一）加强交通平台资源整合，推进数据标准化

交通系统涉及的领域十分广泛，而且系统复杂性极高，针对我国大数据在智慧交通系统应用过程中缺乏统一行业标准的问题，有关部门应该积极出台相关标准，引导企业组建产业联盟，并制定行业标准，对各交通平台进行统一化、规范化、标准化，使交通系统物流层的硬件设施接口、软件层的信息系统接口能够相互兼容，确保交通信息化体系不断走向成熟。

在此基础上，可以打造出为大数据应用在智慧交通领域提供强有力支撑的资源共享平台。需要注意的是，要想各部门、各区域的交通数据资源能够高效流通并实时共享，除在软硬件基础设施方面做好相关布局外，还需要推进交通数据的标准化，为大数据交通打造完善的数据标准化体系。

（二）加强交通大数据应用基础设施建设

毋庸置疑的是，交通大数据应用基础设施建设具有十分关键的作用，在大数据应用实践过程中，因为基础设施建设不完善，不但会导致搜集到的数据较为单一，造成严重的资源浪费，甚至会引发敏感数据泄露问题，对社会的稳定性带来严重危害。所以，我们需要在智慧交通大数据应用基础设施方面投入大量的资源与精力，充分确保其能

够稳定运行。

　　具体来看，完善智慧交通大数据应用基础设施，需要做到对传感器、监控等前端硬件设备的定期维护及及时更新，充分确保智慧交通系统信息传输的效率及稳定性，减少因为基础设施不完善而导致的敏感数据泄露、丢失等方面的问题。与此同时，应该建立应急机制，当出现突发状况时，可以在最短时间内采取有效措施，充分保障信息安全。

　　（三）严格控制智慧交通中的数据真实度

　　大数据技术确实非常强大，它能够通过对数据进行深度挖掘，来寻找有价值的信息，从而为决策提供强有力的数据支撑。但我们应该认识到大数据对数据本身有着较高的依赖性，它需要的是高质量的真实性数据，如果智慧交通系统中的数据搜集环节出现问题，利用大数据技术得到的分析及预测结果，不但难以达到预期目标，反而会导致决策失误，带来财产损失甚至威胁人身安全。

　　因此，我们需要对智慧交通系统的数据采集环节进行严格控制，并通过必要的技术手段对数据质量进行检验并筛选。发现虚假数据后及时处理，并通过机器学习、自然语言处理等人工智能技术，识别不法分子植入的恶意数据。此外，为了充分保证智慧交通系统采集数据的客观性与全面性，以及传输稳定性等，需要尽可能地减少人为干预。

　　（四）加强智慧交通系统中的大数据管理

　　在智慧交通系统运行过程中，一方面要通过技术手段来提高大数据应用的效率与质量；另一方面要建立相应的安全管理体制机制，充分确保智慧交通系统在应用大数据过程中的信息安全。科学合理的管理方式，是挖掘海量交通数据资源潜在价值的重要基础，它会直接影响智慧交通系统的运行效率及稳定性。具体来看，为了有效提升智慧交通系统的大数据管理水平，必须做好以下四个方面：

　　1. 完善智慧交通中的大数据资产管理

　　事实上，交通数据资源作为智慧交通系统的一大核心资产，很多问题的根源就出现在交通数据管理环节。所以，进行大数据资产管理时，需要对以格式、别名、其他数据特征标识等数据元素有清晰的认识。在描述数据元素过程中，需要给出其来源信息及关联数据元素信息。而在对数据元素使用信息进行记录并存储时，应该给出数据元素的来源、修改信息、安全与访问控制信息、历史访问记录等。

2. 建立数据的安全系统

智慧交通系统的数据中心应该具备完善的安全系统，该系统主要由防火墙、网络防病毒系统、安全审计、抵抗拒绝服务攻击、入侵检测系统、流量整形及控制等诸多模块构成。与此同时，数据中心应该引入加密技术、识别管理技术等安全管理技术，来对交通数据的传输、访问、存储、修改等环节进行控制及防护。

3. 做好智慧交通中的大数据信息安全风险评估

智慧交通系统中的数据类型十分多元化，数据类型的差异化对应着风险等级的不同。为了提高智慧交通系统大数据应用的信息安全，应该对数据中心的数据进行严格分类，并为其贴上相应等级的安全风险标识，这样可以有效提高安防的针对性，有效控制隐私数据泄露风险。

4. 提高智慧交通系统的职员信息安全意识

虽然智慧交通系统对先进技术及设备有较高的依赖性，但要想确保智慧交通系统的稳定运营，各部门职员的协同配合同样十分关键。以数据中心平台管理人员为例，管理人员需要具备较高的数据安全威胁分析及识别能力，对自身管理的各种类型的数据有何价值、对应何种安全防护等级等，应有清晰的认识。这就要求相关部门在应用大数据技术的过程中，对职工进行严格培训，提高员工的专业技能及信息安全意识。

综上，为了解决大数据在智慧交通应用过程中遇到的一系列问题，我们需要强化智慧交通大数据资产管理、做好基础设施的建设及维护工作、充分保证交通数据质量、提高管理人员的管理水平。

大数据技术在智慧交通领域的应用，在为我国提供解决诸多交通问题的有效途径的同时，也引发了一系列问题。而大数据作为一种新技术，在应用过程中遇到各种问题是十分正常的事情。要想解决这些问题，需要政府部门、高等院校、相关企业等各方的广泛参与，充分整合优质资源，来促进大数据技术在智慧交通领域的应用不断走向成熟，使广大民众能够安全、高效、便捷出行。

第二节　大数据背景下智慧交通系统发展综述

一　大数据时代的智慧交通系统架构

以谷歌为代表的科技巨头已经充分证明了大数据应用至智慧交通领域后的巨大潜在价值，随着我国城市化进程的不断加快，各种交通问题大量涌现，在给人们的出行体验带来极大负面影响的同时，更阻碍了社会的发展与进步。

融合了先进技术与设备的智慧交通，成为解决我国交通问题的有效手段，而智慧交通的成功落地，需要高效精准地获取海量实时交通数据，并打造出交通数据处理模型，这种背景下，将大数据技术应用至智慧交通领域的大数据交通便应运而生。

智慧交通整体框架主要由以下三部分构成：

（1）物理感知层。其功能是对各类交通数据感知并搜集。

（2）软件应用平台。其功能是对物理感知层提供的交通数据进行整合并处理，从而为打造分析预测及优化管理应用系统提供数据支撑。

（3）分析预测及优化管理应用。它由交通监控、交通规划、智能停车、智能诱导等多种应用系统构成。

智慧交通系统通过运用智能识别、视频监控等先进技术，有效提升了交通管理的精度、广度及深度。该系统包含智能卡口系统、电子警察系统、信息采集及发布系统、信息综合应用平台、信号控制系统、视频监控系统等子系统，在提高路网通行效率、治理违章事件、减少交通事故、提供个性化出行信息服务等方面具有明显领先优势。

对海量交通数据的搜集、分析及应用，是智慧交通系统能够稳定高效运转的关键所在，长期以来，未能得到充分利用的交通数据资源，将最大限度地释放其价值。

大数据技术的应用，使得可搜集的交通数据广度及深度得到了极大的拓展，预测精准性得到充分保障。对企业而言，通过对用户交通数据进行分析，可以更加有针对性地对目标群体开展定制营销，提高营销精准性，减少广告资源浪费。对于交管部门来说，通过分析交通数据，可以有效疏导交通、提高路网通行能力、减少交通事故等。

在万物互联的物联网时代，虚拟与现实的界限越发模糊，网络化、数字化、智能化成为主流发展趋势，数据规模以前所未有的增速保持飞速增长，由知名国际数据公司 IDC 发布的数据显示，互联网数据平均每两年就增长一倍。智慧交通数据同样在保持高速增长，随着智慧交通基础设施的不断完善，再加上各种新型传感设备的应用，未来交通数据增速将会进一步提升，海量的交通数据为发展大数据交通提供了强有力支撑。

1. 大数据采集

目前，随着各大城市智慧交通发展速度的日渐加快，视频监控、路况信息、管控信息、营运信息、卡口电警、GPS 定位信息等数据的规模越来越大，日均产生的交通数据量已经达到 PB 级别。

2. 大数据增值应用

通过对交通数据进行挖掘，可以建立道路流量、车辆行驶轨迹等大数据模型，从而开发出轨迹碰撞、舆情分析、人脸对比、智能跟车分析等增值应用，为智慧交通及公安部门的执法办案提供有力支持。

3. 海量数据计算

结合分布式计算系统云计算集群，可以对海量交通数据进行高效处理，云计算集群建立在 M/S 基础架构之上，其中"M"是"Master"（调度管理服务器）的缩写，主要功能是对计算任务进行拆分并调度，统一管理计算资源等；"S"是"Slave"（由庞大的计算服务器集群构成）的缩写，主要功能是处理 Master 安排的计算任务。

4. 海量数据检索

根据交通行业的数据特征，开发定制搜索引擎，从而实现高效精准的数据检索。目前，由专业机构开发出的定制搜索引擎，可以实现百亿记录的秒级查询。

5. 海量数据存储

HBase 分布式存储系统能够对海量数据实时存储，和传统的关系型数据库相比，其具有访问高效、数据格式丰富、应用价值较高、横向扩展能力极强等方面的优势。与此同时，HBase 分布式存储系统可以实现无缝容量扩展，能够提供完善的海量数据存储解决方案。

二　世界各国智慧交通系统发展历程

虽然"智慧交通系统"（Intelligent Traffic System，ITS）一词直到 1994 年才正式出现，不过在多年前，很多国家都在研究相关技术及产品，只不过使用的名称存在一定的差异。

比如：美国将其称为"智能车辆道路系统"（Intelligent Vehicle Highway System，IVHS），欧盟将其命名为"道路交通信息技术"（Road Traffic Information Technology，RIT）等。国际标准化组织为 ITS 设立了 ISO/TC – 204 专项，并采用了"交通运输信息与控制系统"（TICS）概念。

1. 美国智慧交通系统发展历程

20 世纪 60 年代末，美国开始研究电子导行系统（Electronic Route Guidance System，ERGS）。1989 年，美国政府制定了 IVHS 发展战略，并于 3 年后的 1992 年，出台了新一期 IVHS 发展战略。1994 年，随着 ITS 概念得到国际市场的认可，美国将"IVHS"更名为"ITS"，为日后对 ITS 进行深入研究拓展打下了坚实基础。

2014 年，美国政府出台 ITS 2015—2019 战略规划，对未来 5 年内的智慧交通发展方向进行了明确，汽车的网联化、智能化是该战略规划的核心内容，在美国未来破解交通拥堵、交通事故频发等交通问题方面，被给予了高度期望。

2. 日本智慧交通系统发展历程

1991 年时，日本警察厅、建设省及邮电省积极响应日本政府号召，三方通过开展战略合作共同研发道路交通信息通信系统（Vehicle Information and Communication System，VICS），该系统于 1994 年在日本东京成功试运行。除了 VICS 之外，目前日本 ITS 核心研究方向还包括 ETC（不停车收费系统）与 AHS（先进道路支援系统）等。

由日本警察厅等 5 个部门共同研发的"21 世纪交通管理系统"（UTMS21）是日本 ITS 关键组成部分之一，该系统由 ITCS（智慧交通控制系统，是 UTMS21 的核心部分）以及车辆信息系统、公交优先系统等 8 大子系统构成。

3. 欧洲智慧交通系统发展历程

德国、英国、法国相继在 20 世纪 80 年代开始研究与 ITS 相关的技术及应用。在 ITS 发展初期，欧盟的相关战略规划主要包括由欧盟（当时称为欧洲共同体）提出的 DRIVE 计划与 14 家欧洲汽车制造商共同提出的 PROMETHEUS 计划。

DRIVE 计划主要是为了解决行车安全问题，据了解，20 世纪 80 年代后期，在欧洲共同体的 12 个成员国中，每年由于交通事故所带来的直接经济损失高达 60 亿欧元。而 PROMETHEUS 计划则是于 1986 年被提出，它也是欧洲 EUREKA 联合开发项目的组成部分，主要目的是为了明确开展 ITS 研究项目的必要性，并制定出详细的研究计划。

进入 21 世纪后，欧盟对 ITS 的研究进入新的阶段，并制定了包括合作车辆基础设施系统（Cooperative Vehicle Infrastructure Systems，CVIS）在内的诸多研究项目，以 CVIS 项目为例，该项目的核心目标是打造出能够有效提升交通管理水平的车辆信息共享平台。

汽车导航软件开发商 NAVTEQ 和德国航空航天中心达成进行战略合作，共同为欧洲 CVIS 项目开发用于解决交通通信问题的定位平台。此外，欧盟信息社会技术署还资助了 PReVENT 综合项目，该项目耗资 5500 万欧元，主要目的是有效提高道路上的司机、乘客及行人安全。

4. 中国智慧交通系统发展历程

1999 年，我国先后成立了全国智慧交通系统协调指导小组及办公室、全国智慧交通运输系统专家咨询委员会、国家 ITS 中心。现阶段，我国在安全辅助驾驶、智能公路磁诱导、车辆自动保持车道控制等智慧交通领域，具备了一定的技术领先优势，国家 ITS 中心正在积极研发并制定智能标识、道路灾害信息、环境感知、智能道路等诸多细分领域的相关技术及行业标准。

三 基于大数据的智慧交通系统建设

1. 增强城市交通智能化水平，打造完善的交通数据感知体系

当前，我国城市的智慧交通建设仍处于初级发展阶段，在环境智能感知、车辆与路网信息交互、车辆实时状态信息搜集等方面，仍面临一定的技术壁垒。未来，我国需要加大投资力度，建立并完善全路网智能监控体系，促进交管、气象、消防、交通、治安反恐等部门之间的信息共享。

2. 制定交通数据描述规范，整合现有数据资源

在数据类型越发多元化、数据规模呈指数级增长的背景下，我国亟须建立一套完善的数据描述规范。具体到交通领域，数据描述规范需要明确交通数据接口的规范性，能够清晰而标准化地描述多维语义内容，打造出适用于多维数据的本体描述框架。

在制定交通数据描述规范的过程中，尤其需要重视建立数据应用安全制度，充分确保个体及组织的隐私数据安全。加强对现有交通数据资源的整合力度，打造智慧交通数据共享平台，提高交通数据资源的利用效率，推进智慧交通的快速稳定发展。

3. 创新交通大数据应用，对传统智慧交通信息服务系统进行改造升级，从而实现高效集中控制管理

引入基于图像识别的检索技术、分布式智能全文检索技术、关联网络可视化分析技术等，提高智慧交通系统的响应速度及整体服务能力，充分满足用户的个性化服务需求。通过大数据技术对多源渠道数据进行分析，筛选出有较高价值的关联性信息。将人工智能、物联网、云计算等新一代信息技术融入交通控制系统中，实现对交通管理的高效协同及集中控制。

4. 加快交通信息服务产业化进程

出台相关扶持政策，引导相关企业成立智慧交通产业联盟，鼓励企业、高校及有关部门之间的交流合作，在培养优秀人才的同时，研发新技术及先进设备，为加快我国交通信息服务产业化进程提供强大推力。

第三节　构建交通运输信息资源交换共享平台

一　我国交通运输信息化现状与问题

随着我国交通运输信息化建设进程日渐加快，各种类型的业务应用系统层出不穷，为我国交通运输管理水平的提升带来了十分积极的影响。但交通部门在信息化项目推进过程中，往往以某种单一业务为导向，是为了解决某种具体的问题，而没有采用统一的数据标准，缺乏有效的全局规划，从而造成了各部门、各地区之间存在严重的沟通壁垒，数据资源无法高度共享。

交通运输部门的信息孤岛问题，使大量的数据资源无法得到高效利用，难以为相关业务开展、公共交通信息服务以及治理交通污染等提供有效支持。在发达国家，交通运输信息化所具有的经济效益与社会效益已经得到充分证明，而我国却由于交通运输信息传播受阻，信息孤岛问题的存在等，导致交通运输信息化建设发展明显受阻。

为了打破信息孤岛，提高交通信息化水平，必须打造交通运输信息资源交换共享平台，整合交通运输数据资源，提高其利用效率，实现跨地区、跨部门之间的协同管理，为公众提供实时精准的出行信息服务，充分释放信息资源的潜在价值。

1. 现状

交通作为支撑国家持续稳定发展的重要基础，其信息化水平对我国的长期发展具有十分关键的影响。改革开放以来，国家对交通运输信息化建设向来十分重视，不仅积极出台相关政策引导各地区加强交通基础设施的建设，更投入大量资源引进先进技术及设备，推动交通运输信息化水平的快速提高，打造出了以水运、民航、公路建设、路网管理为代表的业务应用系统，以及海事卫星、COSPAS/SARSAT（国际搜救卫星）、江海岸 VHF 电台、高速公路光纤网等通信系统，为我国构建了安全、可靠、稳定的信息通信网络。

与此同时，部省道路运输联网试点日渐增加，国家高速公路网管理及应用处置中心建设也日趋完善，以"公众出行交通信息服务系统"、"省级公路交通信息资源整合工程"、"区域性道路客运综合信息服务系统"为代表的交通信息化示范工程取得了良好的实践效果。此外，省级交通信息资源整合程度日渐加深，为交通管理部门的管理决策、公共出行、企业物流等提供了有效支持，各地交通管理部门的管理水平得到明显提升。

2. 问题

虽然交通运输信息化取得了相当良好的成果，但与此同时，我们也应该认识到目前国内的交通运输信息化水平和发达国家仍存在较大的差距，尤其是一、二线城市的交通拥堵、交通事故频发、交通污染等问题十分严重，距离满足现代化交通运输需求仍存在较大的改善空间，而目前我国交通运输信息化建设过程中存在的最为严重的问题在于，交通运输信息资源难以实现共享，服务应用较为单一。具体可以概括为以下三点：

（1）缺乏统一的信息交换技术体系，跨地区、跨部门之间的数据共享存在较大阻力，各交通部门之间难以实现协同管理，对我国区域交通一体化战略的落地带来了较大阻力。

（2）信息质量及时效性较差，信息获取渠道较为单一，而且存在滞后性问题，这使交通运输服务长期处于较低水平，难以充分满足国内快速增长的交通运输服务需求。

（3）信息共享服务机制缺失，未能制定有效的长期发展战略，造成了重复建设、资源浪费等诸多方面的问题。

二　信息交换共享数据的特点与要求

1. 交换共享数据特点

交通运输信息交换共享平台的作用是：确保交通数据各部门与行业相关企业之间能够对交通运输信息进行实时共享，从而有效应对日益复杂化、多元化的交通运输管理决策及服务需求。交换共享数据的特征主要表现在以下几个方面：

（1）分布式。交通数据资源广泛分布在不同部门、企业的数据中心或相关设备中，并且不同组织的应用及管理系统的结构存在明显的差异化，而交换共享平台需要对这些离散分布的数据资源进行高度整合。

（2）异构性。毋庸置疑的是，在各部门及企业分享的交通信息资源中，不但存在处理难度较低的结构化数据，同样存在处理难度较高的非结构化数据；既有接口类资源，也有普通的数据资源。

（3）多种协议。从数据交互协议方面来看，支撑交换共享平台的信息系统并非采用统一的信息交互协议，现实中往往是 TCP/IP 协议、数据库访问协议、Web Service 协议、接口类协议等诸多协议共存的局面。

（4）平台多样性。数据库平台、接口组件平台、操作系统平台、数据传输及接口协议平台、数据交换共享平台等诸多平台共同为数据交换共享平台提供服务，这也决定了数据共享必须确保平台兼容性。

（5）跨不同子网。交通信息系统有着相对复杂的网络结构，数据交换共享平台获取信息时，必须同时连接 Internet 网络、内部办公网等各种网络，同时跨越诸多类型的子网，才能确保获取足够规模的高质量数据。

2. 交换共享要求

高效低成本的信息交换是建立在有足够的技术基础之上，信息安全、信息格式、信息解码、信息封装、信息语义识别等都是数据交换共享时需要重点考虑的问题。具体来看，数据交换共享要求主要体现在以下四个方面：

（1）信息交换的语义识别。应该使用有效的数据语法、数据格式等描述信息；在对信息进行传输、解读、分析及应用时，不能产生二义性；内容的格式应该符合交通部门的业务需求。

（2）传输要求。数据应该能够低成本、高效率地传输，并在各信息系统及业务系统之间进行同步或异步交换。与此同时，传输技术应该同时兼容各种类型的通信网络。

（3）安全性要求。能够根据信息系统及业务系统所采用的标准，对交换共享的内容进行测试，在数据格式、数据质量、数据传输及接入等方面建立安全防护机制。

（4）非功能性要求。数据格式应该具备足够的稳定性，易于进行管理，能够对其进一步拓展，并且有利于交通部门控制管理及运营成本。

三　信息交换共享数据的模型与方式

1. 交换共享模型

数据交换共享需要借助网络来实现，在国际市场中，用于网络数据共享交换的模型主要就是 OSI（Open System Interconnection）参考模型，在国内也被称为"七层模型"，由应用层、表示层、会话层、网络层、传输层、物理层、数据链路层构成。不过在实践中，信息系统及业务系统的数据交换共享往往更加侧重于应用层及表示层，而且系统之间的通信遵循应用层协议，在系统内部通过各种接口来提供服务。

要想系统可以有效识别信息传输要求，需要为传输方及接收方提供某种通用的网络协议。在设计交通运输信息资源交换共享模型的过程中，表示层采用"内容管理层 + 数据交换层"的基础架构，这有利于提高交换共享平台的稳定性。

（1）内容管理层。其功能主要是对内容进行描述、操作及授权等，通常情况下，数据交换及整合系统提供的服务主要包括两种：其一是整合遗留业务系统（legacy system）数据，以便为信息资源的交换共享提供有力支撑；其二是采用标准化的方式为业务系统访问数据提供支持。当然，数据交换与共享应用系统需要采用统一的数据描述标准。

（2）数据交换层。数据交换层需要对数据进行定位及封装，为数据交换节点之间的数据传输提供支持。对数据封装及解装，是体现数据交换与共享应用系统完善性的重要考核指标。在数据交换共享节点之间传输数据时，必须采用标准的格式描述数据，这样才能确保传输效率与质量，否则很容易因为物理基础层的差异性，而导致数据传输受阻、数据丢失等各种问题。

要想打造出完善的信息服务机制，需要做到：确保信息传输稳定性及效率；对信息进行统一封装，实现信息打包及书写的一致性；对信息传输全流程进行实时监管，比如：进行会话管理、设定传输优先级、分析流量负荷、自动保存日志等；对数据进行统一编址，采用操作简单、便于管理、支持扩展的一套地址编码体系。

2. 交换共享方式

交通运输信息系统及业务系统十分多元化，而且广泛分布于各地区、各部门及企业中，随着互联网及移动互联网的快速发展，目前在网络层面上已经初步实现互联互通。从这一角度来看，进行信息交换共享时，各系统应该符合网络分布式系统信息交换共享的特征。分布式系统进行信息交换的方式主要有以下几种：

（1）集中交换。将用于交换共享的信息存储到同一个数据中心，信息传输方与接收方可以通过访问该数据中心来进行数据交换共享。集中交换方式尤其适合信息高度共享以及数据标准一致的应用。

（2）分布交换。将用于交换共享的信息存储到不同的数据中心，信息传输方与接收方采用统一的信息交换协议进行数据交换共享。分布交换方式在具有明确的信息需求的应用中被广泛采用。

（3）混合方式。将上述两种方式进行结合，虽然提高了信息交换共享的复杂性，但对于跨部门、跨区域之间的信息交换共享具有良好的效果。

具体到交通运输信息资源交换共享平台领域，采用混合方式明显具备更高的可行性，一方面可以利用共同的数据中心进行数据交换共享，让数据传输方及接收方访问数据中心来方便快捷地进行数据交换共享；另一方面，数据传输方和接收方可以通过访问交换节点，来对存储在各种信息系统及业务系统中的信息进行实时交换及定向传输。

四　交通运输信息资源共享平台架构

交通运输信息资源交换共享平台是实现交通运输信息化以及推进交通运输现代化发展的重要基础，它需要交通运输通信网络基础设施及信息安全保障体系提供强有力支撑，能够实现跨地区、跨部门的交通运输信息资源交换及共享。平台架构主要包括信息资源、交换系统、服务模式、技术标准及管理机制，下面将分别对其进行详细分析：

1. 信息资源

信息内容包含道路运输、路网属性信息、海事、港航、救捞、科技项目、政策法规、基础空间信息等，而且这些数据库广泛分布在各地区、各层级的交通部门及相关企业中。被用于交换及共享的信息资源将被整合到基础数据库、业务数据库、主题数据库及交换数据库等各种数据库中，从而为交通运输部门的管理决策、民众出行以及企业物流提供优质服务。

2. 交换系统

交换系统由计算机软硬件基础设施构成，其主要功能有数据传输、流程管理、身份认证、数据适配、数据装载、数据抽取、数据存储等，是信息系统及业务系统之间进行数据交换及共享的关键所在。

3. 服务模式

服务模式是信息资源交换系统实现跨地区、跨部门业务协同的有效方式，其提供的服务模式主要有资源共享、业务协同、公共服务及分析决策等。其中，资源共享服务模式能够为多个部门之间的信息资源交换及共享提供有力支持，它能够明确信息源，从而解决信息资源渠道差异化问题，为多部门信息交换共享奠定基础。

业务协同服务模式，能够让多个部门实现业务协同，整合优质资源共同进行管理决策，为公共提供优质出行服务。在工作流等技术的支撑下，不同地区、层级的业务部门将会被纳入一个统一的业务流程之中，通过工作流技术对业务信息按流程分配，各部门可以在处理自身业务的同时，协助其他部门处理相关业务。公共服务模式将通过专业的网站、应用等，为广大民众或企业提供公共交通信息服务。

分析决策服务模式能够为交通部门、企业管理人员进行管理决策提供有力支持，整合跨渠道、跨平台的多源信息，并进行实时高效处理，提高管理决策的科学性及有效性。

4. 技术标准

技术标准由两大类构成：其一是信息资源方面的信息编码、信息分类、共享指标等标准，具体包括信息编码、数据标准等国家及国际标准；其二是对技术平台进行相关操作时的有关标准，以及应用接入平台所使用的有关标准，具体包括通信协议、业务描述方法、业务格式标准等国家及国际标准。

5. 管理机制

管理机制是交换体系可以稳定、高效运行的重要保证，它包括各种操作规范、评估机制及管理要求等。具体来看，管理机制可以分为以下四种类型：

（1）信息资源维护管理机制。为了确保信息收集的效率、质量、全面性、时效性，确保信息传输、信息存储、信息备份、信息应用等诸多环节得以顺利完成，对信息指标登记及变更进行有效规范等，都需要设置一定的管理机制。

（2）技术平台运行维护机制。在技术平台系统维护、运行状态监测、设备维修等方面，需要设立相应的标准规范。

（3）业务服务管理规范。为了确保信息服务申请、服务配置、服务供给、服务注销等业务服务环节的稳定高效运行，必须设置一定的管理规范。

（4）岗位职责管理规范。以标准规范的形式对岗位职责进行明确，是充分发挥组织成员潜能的重要基础。

在充分理解上述交换共享平台架构的基础上，结合我国交通运输产业的发展状况，可以在全国范围内打造出一个信息资源交换共享平台，当然这需要政府部门、高等院校、科研组织及相关企业的积极参与，制定出完善的数据组织规范、数据采集、交换及共享体系，推动跨区域、跨部门之间的合作交流，实现交通运输资源的高效配置。

当交通运输信息资源交换共享平台真正落地后，道路运输数据（道路运政稽查、重点时段客运等）、公路管理数据（执法、超载检测、道路维护等）、水路运输数据（港口安保信息、船舶信息、航线信息、水路运输执法等）、交通财会数据等各种交通运输信息资源将实现高效、自由流通，极大地提高交通运输信息资源的利用效率，为发展现代化交通运输打下坚实的基础。

毋庸置疑的是，交通运输信息资源交换共享平台的建设绝不是一件简单的事情，它需要长期投入大量的资源与精力，在系统集成、资源整合、通信网络及信息安全等方面不断优化调整，完善基础配套设施建设。需要注意的是，该平台的打造应该与我国当前的交通运输产业发展水平相契合，不应该盲目性地追求国际顶尖水平，而是确保充分发挥其价值，更加侧重于实用性、稳定性、安全性，否则不但无法取得预期效果，而且会带来严重的资源浪费。

随着交通运输信息化水平的不断提升，交通运输信息资源交换共享平台将会不断完善，我国交通运输管理过程中的各自为政、效率低下、资源浪费问题将得到有效解决，在交通运输信息资源高效、低成本地交换及共享的支撑下，管理部门的决策水平与服务能力将得到大幅度提升，创造出巨大的经济效益与社会效益。

五　数据交换系统的逻辑结构与功能

数据交换系统能够对现有系统的相关数据进行搜集及整合，并对这些数据进行分析及再加工，通过及时响应应用系统发出的有关指令，提供各种信息服务。

（一）数据交换系统的逻辑结构

数据交换系统需要同时为多个系统提供信息服务，使系统之间能够进行信息资源交换及共享，这就意味着其必定会拥有相对复杂的系统逻辑结构。

数据交换系统包括数据交换、应用代理、终端接入、数据中心以及各业务子系统等诸多模块，系统内部存在服务网关以及数据接入网关。其他系统需要借助统一的通信协议和该系统对接，才能进行数据交换及共享。

基于 XML 的信息封装方式是数据交换系统实施数据交换的关键所在，它将采用多种格式的各部门、企业的交通运输信息资源，整合成为规范的 XML 格式信息资源，并将其存储到数据中心，从而使各系统之间的信息资源交换与共享具备了落地基础。

XML 格式的数据可以使用统一的接口及标准进行描述并交换，离散地分布在各信息系统及业务系统中的数据将被封装到多个 XML 数据包中。标准化的数据包头是 XML 数据包和外部进行数据传输的保障，数据包头中通常包含处理参数，以及安全防护及业务开展所需要的特殊字段描述等内容。

Envelope 数据单元（信息信封）是指 iSMI 数据包内的信息头部，代表了参与交换及共享的信息资源自身的属性。对信息资源进行交换共享时，交换系统将通过对 Envelope 数据单元进行解读，明确信息来源以及目标，从而实施具体的交换共享操作。

业务数据描述，在信息交换系统内部，服务对象和服务系统需要由不同的业务数据提供支持，与此同时，不同的应用业务在 XML 中将对应差异化的业务数据单元。在实践过程中，为了更加方便地对交换系统的功能进行拓展，可以对业务数据标记进行定义，想要拓展新功能时，只需要在系统中加入该功能的业务标记定义即可。

基于 XML 的数据交换系统是交通运输信息资源交换共享平台搜集数据的关键模块，它使得在处理资源整合以及业务系统需求的过程中，能够用统一的 XML 信息格式开展信息交换共享，从而打破了各信息系统及业务系统的对接难题，为实现跨平台、跨部门的信息交换及共享打下了坚实的基础。

（二）数据交换系统的实现功能

数据交换系统需要对各信息系统及业务系统中的结构化及非结构化数据进行交换，从功能视角来看，数据交换系统必须拥有节点管理（源数据库及目的数据库）、交换任务管理、数据装载及抽取等多个模块。考虑到交通运输行业的信息资源交换共享需求特性，数据交通系统应该具备以下功能：

1. 数据交换节点注册管理

交换节点必须注册后，才能真正接入到数据交换系统之中。交换服务端需要具备以下两种功能：

（1）交换节点管理。在交换服务端建立交换节点相关信息，比如，ID、账号及密码等。新建交换节点的状态会显示为"未注册"。

（2）交换节点注册服务接口。交换服务端将为交换节点提供注册接口，从而使其可以接入交换系统，并完成注册，此时，交换节点的状态会变更为"已注册"。此外，交换节点注册服务接口还应该提供登录、注销及修改密码等服务。

2. 数据目录管理

数据交换服务接口能够整合交换节点传输的各种数据源结构定义文件（采用数据目录描述方式），并将这些文件存储到数据交换服务备案库中。需要注意的是，在传输数据源结构定义文件时，各交换节点必须使用相应的账号及密码。

在对交通运输行业中的信息资源进行整体分析后，可以描绘出数据资源整合数据视图，从而对行业数据进行有效规范，为整合交通运输信息资源提供有效支撑。在信息资源交换共享项目落地过程中，数据交换系统应该在符合行业数据规范及标准的基础上，对数据目录进行有效管理，为数据装载、抽取以及转换映射提供有力支撑。

在数据目录中，参与交换共享的交通运输信息资源将以树状结构的形式分为字段、表、子集、集及类等多个组织层次。

3. 交换服务支持

交换服务支持包括路由支持、消息服务、其他服务等。

（1）路由支持。交换共享流程开始后，将会按照一定的层次在交换节点间执行相关指令，目标节点的通信传输地址等信息将被提交到交换系统中。需要注意的是，交换节点的地址会发生动态变化。交换任务将以工作流的形式展开，交换服务会对工作流运转时的流程控制及管理提供有效支撑。

（2）消息服务。一方面，交换节点间可以使用端对端的方式直接进行数据交换及共享；另一方面，也可以利用交换服务端具有的消息服务功能进行数据交换及共享，其优势在于能够使交换节点之间建立一种松耦合架构，减少了服务与客户端之间的相互影响，提高整个交换的稳定性。消息服务能够为交换节点提供后台调度控制支持，比如：对消息包进行解析、存储、转发以及失败重发等。

（3）其他服务。随着交换服务支持研究的逐渐深入，其提供的服务类型越发多元化，包括资源下载、交换节点间的信息共享等诸多服务得到了广泛应用。

4. 数据抽取和装载

交换节点能够对源数据进行装载、转换、抽取（如过滤、清洗等），需要注意的是，交换节点在使用前应该在交换服务系统中注册。一个进行交换的数据源通常对应一个数据交换节点，由该节点负责对数据源进行抽取及装载，而且可以同时开展多个抽取及装载任务。

5. 数据转换

交换节点的数据转换功能具有十分关键的作用，而且支持对该功能进行进一步拓展。大数据时代背景下，数据规模迎来爆发式增长，数据形式日益多元化，这就对交换节点的数据转换功能提出了更高的挑战。

开发业务系统通常需要经历一段较长的周期，同种数据可能会使用不同的格式存储到数据中心，与此同时，进行数据交换时，信息系统及业务系统可能无法直接提供交换节点所需要的数据，必须经过一系列复杂的运算才能得到想要的数据。所以，交换节点必须对获取的数据进行拆分、整合、筛选、计算等一系列数据转换操作。

6. 交换任务设计和整合部署

交换任务设计与整合部署具有以下诸多模块：

（1）交换任务元描述。比如，提供任务编号、类型、描述以及版本号等信息。

（2）引用源表结构和目标表结构。在表结构库内引用目标表结构的同时，调用与之匹配的多种源表结构等。

（3）根据源表结构，对数据抽取规则进行定义。比如针对某个或多个数据库 Schema，设置过滤条件、关联字段、映射规则、增量抽取规则等，从而帮助交换节点使用相应的 SQL 语句进行数据抽取。

（4）对中间转换步骤进行定义。首先根据系统匹配的转换步骤类型，对转换步骤及相关参数进行定义，然后将各个步骤进行连接。

（5）根据目标表结构，对数据装载规则进行定义，从而帮助交换节点使用有效的 SQL 语句对数据进行装载。

（6）对交换参数进行定义。部分应用场景中，交换节点承担的任务可能需要涉及传输某些参数，此时需要对交换参数进行定义。

（7）对任务触发模式进行定义。常见的任务触发模式主要有事件触发、手动触发及定时触发等。

（8）任务激活设置。该任务是否处于启动状态，在任务启动后，与任务相关的信息才会传输到交换节点端。

（9）对交换任务进行规范化及标准化，这将为该任务的共享及重复利用提供有力支持，能够减少大量重复性工作，减少人力成本及系统能耗。

（10）交换任务整合部署。完成交换任务的规划后，还应该实施整合部署，明确交换任务参与主体，对执行交换任务各个步骤的交换节点进行具体化。

第四章 车联网：大数据重新定义未来汽车产业

第一节 车联网：大数据时代的汽车制造新蓝图

一 车联网：开启智能汽车新时代

在科幻题材的影视剧中，我们可以看到这样的场景：人们开车疲惫时，汽车将进入自动驾驶模式，并自动播放调整音乐，让车主更好地休息；驾驶过程中，汽车自动提供实时资讯以及路况信息；驾车前往一个新城市后，汽车会及时提供酒店、商超、旅游景点等本地化生活信息。而随着车联网及大数据技术的快速发展，这些场景都将成为可能。

很多人认为车联网就是在驾驶或乘车场景中，能够接入互联网，从而利用互联网获取相关信息及服务。这种理解是相当片面的，在4G 网络覆盖率不断扩大的当下，人们只需要携带手机就能接入互联网，而不需要耗费大量资源与精力来研究车联网。作为物联网在汽车领域的应用，车联网是通过接入互联网，来实时获取海量的数据信息，从而实现人、车、路之间的实时互动。

在车上看视频、刷朋友圈并非是车联网，车联网的应用主要体现在提高出行效率及安全性、减少环境污染、给人们带来更为优质的出行体验等方面，而不是在车上上网。

大数据、云计算、物联网、物联网等新一代信息技术的快速发展，是车联网崛起的重要基础。车联网的价值不仅体现在经济效益方面，它还具有巨大的社会效益，是绿色交通及智能交通战略落地的关键所在。

车联网的应用，将会使交通运输产业的发展迎来质的飞跃。在以车联网为中心构造的智能交通管理系统中，管理单元将具体到汽车，能够对每一个路段的实时信息进行监测，确保城市交通运输的运行效率，提高广大民众的出行体验。

不少人将苹果推出的 CarPlay、百度推出的 CarNet 视作为车联网，但事实上，二者已经脱离了汽车应用及交通运输应用的范畴，并不能被视作车联网。市场中还出现了路宝盒子、公车管家、行翼通、宝马 ConnectedDrive 等产品。

有的产品是侧重于对汽车进行管理，比如，行翼通是对校车进行管理；公车管家是用于国家政府机关和企事业单位对公车进行管理。有的的产品则是侧重于为车主服务，比如，宝马 ConnectedDrive 提供离车导航、新闻资讯、微博、远程车辆控制等服务；路宝盒子可以提供智能导航、全车体检、故障解读、油耗提醒等服务。

未来真正的车联网，将提供汽车信息记录、电子标志牌、红绿灯通知、路面异常警告、车道偏移警告、超视距信息传递、变道超车辅助系统等安全应用，以及包括出行路线规划、时间精准预测、本地生活信息服务在内的出行应用。

近几年，在汽车厂商与互联网巨头的推动下，车联网发展势头十分迅猛，与之相关的产品及服务解决方案层出不穷。从基础架构来看，车联网主要由三个层级：一是感知层，该层级的任务主要是搜集海量的实时数据信息；二是互联互通，使人、车、路实现无缝对接；三是借助大数据技术对车辆进行高效、精准控制。利用大数据技术对海量的多源数据进行分析，是车联网落地的重要基础。

当消费者在汽车内搜索目的地时，控制系统可以调用数据库中的相关数据以及网络中的数据，为消费者推荐符合其个性化需求的酒店、餐厅、服装店等，接入车联网的商家也将提供各类优惠券，当然，这需要商家与掌握各种用户数据的平台进行合作。

车联网提供的丰富交通数据使智慧交通的实现成为可能，车辆运行状态信息、路况信息、天气、车主驾驶行为、汽车传感系统搜集的信息等都是车联网涉及的交通数据。通过对这些交通数据进行分析，不但可以帮助交通运输管理部门更好地管理城市交通，而且能够使商家掌握用户在驾车及乘车场景中的需求特征，从而为之提供个性化的车联网服务。

车联网与智能汽车在打造大数据时代的智能交通系统中将扮演十分关键的角色。车联网产业的快速发展能够有效提高广大民众的出行效率及安全性，对人们的生活带来颠覆性变革。

车联网技术涉及智能技术、网络技术、控制技术、传感技术等诸多技术，能够实时感知道路中的各种信息，确保交通运输网络的通行效率，降低人们的出行成本，减少环境污染与交通事故，造福整个人类社会。

在车联网的支撑下，智能交通系统能够指导驾驶人员及时调整出行路线，绕开交通拥堵路段。与此同时，智能交通系统还可以对汽车行驶速度进行优化调整，减少能耗、降低环境污染。从公布的数据来看，智能交通系统应用后能够使短途运输效率提高70%，交通运输网络通行能力提升2—3倍，交通拥堵降低近60%，大幅度提升交通运输管理部门的管理效率及质量。

二 车联网面临的"瓶颈"与未来方向

1. 发展遇到的主要"瓶颈"

以谷歌、苹果、百度、腾讯为代表的互联网巨头，以及宝马、奔驰、本田、福特为代表的传统车企都在积极抢占车联网市场，由于技术、人才等方面的限制，车联网应用在短时间内可能很难取得实质性突破。当然，很多创业者也在积极涌入这一领域，不过由于资金、技术相对不足，推出的产品多以失败而告终。整体来看，车联网要想得到全面应用，必须克服以下几个方面的痛点：

（1）培养用户的使用习惯。从地推人员反馈的信息来看，很多车主对车联网的概念缺乏足够的认识，对车联网并没有太多的期待，认为开车时能够使用导航、听新闻即可。

（2）缺乏现象级产品。很多车联网企业只不过是在炒作概念，当用户体验产品后会产生极大的心理落差，从而对车联网应用产生了负面认识，给车联网的发展带来了极大的阻力。从智能手机、平板电脑等诸多行业的发展实践来看，没有现象级产品所带来的强烈冲击，一个新领域很难成功崛起。

（3）现有交互方式缺乏安全性与便捷性。驾车尤其是在车水马龙的城市驾车场景中，司机必须要集中注意力，随时应对可能出现的紧急状况，如何确保用户驾车安全性的同时，方便快捷地享受各种车联网服务是车联网企业需要重点解决的问题。

（4）驾车及乘车场景中的联网技术尚未成熟。车联网必然需要移动互联网提供强有力支撑，但要确保汽车在行驶过程中高效流畅地接入移动互联网，并且有效控制其成本，是一件颇为困难的事情。

（5）缺乏清晰的业务模式。车联网产业链涉及的环节众多，传统车企、开发机构、联网方案供应商、车联网设备生产商等多个主体都会参与其中，面对这个前景广阔的新兴领域，没有谁愿意放弃主导权，这需要在车联网产业发展过程中，各方通过不断谈判，平衡利益分配，最终形成一个完善的业务模式。

2. 未来车联网的发展方向

（1）车载信息系统打造车联网生态。我们看到市场中已经出现了能够将智能手机与车载信息对接的应用，不过这些应用是围绕智能手机开发而来，车载系统在其中扮演的角色相对有限。所以，未来需要围绕车载信息系统打造出车载操作与控制平台，使司机与乘客能够通过该平台享受到开发商提供的各种服务。

需要注意的是，开发商开发的各种车联网应用，必须经过深度定制，从而使其能够满足车载场景中的安全性、稳定性等需求，给用户带来优质而完善的应用体验。

（2）车载交互系统硬件市场迎来爆发。当前市场中的车载交互系统硬件相对落后，远未达到智能手机的水平。当然之所以会出现这种情况，很大程度上是因为当前的车载交互系统功能较少，而且仅有中高档轿车才会配置车载交互系统，汽车厂商缺乏对车载交互硬件升级的积极性。

而当人们充分享受到了智能手机所提供的优质体验后，再使用汽车的车载交互系统时，自然很容易对其产生不满。在用户需求以及车联网发展的驱动下，未来，车载交互系统硬件市场将会迎来爆发式增长期。

（3）汽车保险将迎来转型升级。2017年6月，保监会决定进一步提高保险公司的自主定价权，降低商业车险费率浮动系数下限，有效控制商业车险费率水平，降低广大车主的保费成本。事实上，在2015年时，保监会就进行了商业车险费率改革，仅两年的时间便又一次启动改革，充分显示出了我国对车联网保险业务的扶持态度。

当然，保险公司参与车联网保险时，更多地需要和提供车联网产品及服务的企业进行合作，从而借助后者来获取车主及车辆的相关数据，对车主等级进行精准评估，制定出更为个性化的投保方案。而车联网企业也可以借助保险公司网罗更多的用户群体，在激烈的车联网市场竞争中获得主动权。

（4）打造更为精准的驾驶地图。对于无人驾驶汽车而言，市场中的地图开发商推出的地图产品很难充分满足其需求，无人驾驶需要更为精细化，达到厘米甚至毫米级的地图，国内还没有企业能够提供这种地图产品。此外，驾驶地图还必须能够为无人驾驶汽车提供实时路况数据、对路况进行精准预测等。

三　大数据车联网时代的商业路径

大数据对人类思维产生了非常重要的影响。过去，人们对出行的了解仅限于为用户提供导航与娱乐服务，并未对出行前——路途上——停车后这个出行过程进行深度分析。这个过程涉及了很多与车联网相关的服务，并且每个阶段都与熟人社会密切相关，都能产生大数据，都能通过大数据延伸出诸多增值服务。

如果企业仅依靠服务提供商来打造精准化的服务内容，那么服务商势必要为之投入巨大的人力、物力与时间，这种方法不适用。该问题最好的解决方法就是让车主与社会网站互动，只有这样才能在最短的时间内获取顾客的兴趣点。当然，要想完成这个过程必须进行大数据分析。

在车厂和汽车销售商眼中，客户信息至为关键，是影响生死存亡的重要因素。事实上，对于车厂与汽车销售商来说，现有的客户信息毫无用处，根本无法从这些信息中延伸出增值服务。也就是说，这些信息根本无法产生"顾客终生价值"（顾客在未来可能为企业带来的总收益）。

顾客对企业利润的贡献可分为四个时期，分别是导入期、快速增长期、成熟期与衰退期。但是，现阶段，无论是产品形态还是企业的信息化水平，既无法完成大数据挖掘，也缺少专业化的分析工具。车联网的出现为这一切提供了广阔的想象空间与无限可能。

未来的车联网将表现出两个方面的发展趋势：其一是通过语音输入来实现与车载终端之间的互动将得到进一步完善，考虑到驾驶安全性与便利性，语音输入具有绝对领先优势；其二是车载导航系统更为人性化及智能化，动态导航将取代静态导航，在线导航、实景导航及3D导航将成为未来的主流发展趋势。

车联网所涉及的范围十分广泛，其广阔的发展前景已经受到了世界各国的高度重视。而我国作为全球最大的汽车生产及消费国，更是为车联网的发展提供了几乎没有天花板的想象空间。车联网的应用使汽车从传统的代步工具升级成为提供多元服务的移动终端，为企业提供了一条与消费者无缝对接的绝佳途径。

当前，车联网在整个世界范围内的研究及应用尚属初级阶段，除了技术阻力外，汽车厂商使用的汽车设计及生产标准不统一，也是阻碍车联网发展的一大问题，在车联网掀起的巨大变革浪潮中，广大汽车厂商应该携手合作，建立统一的行业标准，以互惠共赢的心态参与市场竞争。此外，我国政府部门也需要出台相关政策对车联网的发展及应用进行规范及引导，推动国内车联网产业走向成熟。

部分企业对车联网的认识，仍简单地认为其只不过是车载信息服务，而忽略了车联网在提高汽车行驶安全性、降低环境污染、优化民众出行方案等方面的巨大潜在价值。可以预见的是，随着车联网技术研究及应用的不断深入，其强大的爆发力将会深刻改变整个人类社会，为智能交通以及智慧城市的落地注入源源不断的活力与发展动力。

随着人工智能技术的不断发展及应用，无人驾驶汽车将走入我们的生活，整个汽车行业将因此而发生颠覆性革新。汽车不用司机手动驾驶，车主输入目的地后，汽车的自动控制系统便会自动将人送到目的地。

汽车运行智能监控系统是实现自动驾驶的重要保证，虽然无人汽车目前仍存在技术、安全性等方面的问题，但这些问题的解决只不过是时间问题。在谷歌及百度发布的无人驾驶汽车测试视频中，无人驾驶汽车在躲避路障、规范驾驶等方面的表现甚至已经超过手动驾驶。

以谷歌发布的无人驾驶汽车宣传视频为例，我们可以看到一辆没有驾驶人的汽车行驶在城市公路中，根据路况信息，汽车的方向盘左右滑动，出现红灯时可以自动刹车，遇到障碍时可以及时躲避。可以预见的是，在谷歌、百度等人工智能巨头的积极探索下，无人驾驶汽车将会在不远的未来成功进入商业化阶段。

无人驾驶汽车的背后，是大数据提供的强有力支撑，汽车想要在车水马龙的城市街道上安全行驶，必须通过实时获取路况信息来让控制系统做出正确的指令。在自动驾驶技术方面拥有绝对领先优势的谷歌与百度无一不是大数据巨头。

第二节　车联网：大数据在智慧交通领域的应用

一　车联网：大数据环境下的智慧交通

每辆行驶中的汽车无时无刻不在产生着庞大的数据，据谷歌官方公布的数据显示，谷歌无人驾驶汽车平均每秒能够产生 1G 数据，这些数据能够反映出汽车的运行状态、周边路况及地理位置等各种信息。

在万物互联的移动互联网时代，数据成为宝贵的无形资产，掌握了用户数据的商家能够分析出用户需求，并对自身的产品及服务进行优化完善，从而在市场竞争中取得领先优势。在与数据相关的各种新兴领域中，车联网无疑是社会各界广泛关注的焦点之一，就像微信、微博等新媒体打破了传统媒体所建立的行业标准及规则一般，车联网正在颠覆传统汽车厂商所建立的行业标准与规则，汽车产业开始步入全新的数据控制时代。

虽然人们对于车联网的概念并不陌生，但大众对车联网的认识较为模糊，认为车联网就是汽车的 IT 化；在企业看来，车联网则是为它们提供了和消费者进行对接的新渠道，可以更为方便地为消费者提供产品及服务。这些观点显然没有充分认识到车联网将给人们生活及工作带来的巨大变革，事实上，车联网最深层次的意义在于，它能够为智能交通乃至智慧城市落地提供强大推力，从而惠及亿万民众。

随着城镇化进程的日渐加快，交通拥堵、污染严重、交通事故频发等问题越发突出，发展绿色交通、智能交通被提到了新的高度。而车联网的出现，将为发展绿色交通、智能交通奠定坚实基础，使人、车、路之间更好地进行交互。

车联网作为汽车智能应用聚合平台，是物联网技术在汽车领域发展的具体体现，由于其具有的开放性，以及对优质资源的强大整合能力，而被诸多业内人士给予高度评价，包括传统汽车厂商以及互联网巨头在内的各路玩家都在积极进入车联网领域，试图在即将迎来爆发的车联网市场中分一杯羹。那么，当车联网遇上大数据时代，又会给我国的交通运输产业带来怎样的改变呢？

车联网可以应用在以下领域：

（1）借助电子路牌、红绿灯警告、碰撞预警、网上车辆诊断、道路湿滑检测等为驾车人员提供实时警报，提高行车安全性，保障人们的出行安全。

（2）借助路径规划、城市交通管理、路况预测、公共交通管理等，提高人们的出行效率，缓解城市交通拥堵问题。

（3）为人们实时提供拼车、餐饮、加油站等本地化生活信息，使人们拥有更为优质的生活体验。

（4）车联网本身作为一种开放性的综合平台，可以让商家通过接入其中来为广大消费者提供优质而完善的产品及服务。

车联网的存在，可以帮助交通运输管理部门打造一个高效、完善的交通综合控制及管理系统，实现对车辆运行状态的实时监测，并为之提供个性化及多元化的优质服务，有效降低交通事故发生的概率。在事故发生后，及时采取有效应对措施，将事故带来的危害降至最低。

驾驶人员可以利用车载显示屏实时了解路况信息，并利用后台系统提供路线规划服务，科学合理制定出行方案，实现高效低成本出行。在融入了人工智能技术后，基于车联网为汽车控制系统的海量数据信息，汽车能够实现自动驾驶，在保证人们出行安全的同时，能够通过控制行驶速度、减少急刹车等方式降低能耗，提升汽车的使用寿命。

车联网可以让汽车厂商及零售商对汽车的实时数据进行搜集，然后利用大数据分析技术检测出汽车可能出现问题的配件，从而帮助用户排除潜在的驾驶风险，为用户带来优质的产品体验。

当车联网得到全面应用后，每辆汽车都能将实时路况信息实时反馈给交通管理部门，这将有效提升交通信息的精准性与覆盖率，借助大数据技术对数据进行分析后，可以帮助交通管理部门更为科学合理地制定管理决策，为公众提供优质而完善的出行信息服务。

二　大数据车联网在商用车中的应用

在互联网迅猛发展的背景下，大数据成了一个热门话题，吸引了社会各界的广泛关注与热议。车联网是移动互联网不断发展的产物，无论是车辆接入、服务内容的选择，还是为用户提供精准的服务，都离不开大数据的支持。

车辆上传的每组数据都必须包含位置信息与时间信息，通过这些信息海量数据能轻而易举地形成。一方面，如果完整与混杂是大数据的特征，那么完整与精准就是车联网大数据的特征。比如车辆相关数据都有一个明确的 ID，通过这个 ID 能与相应的、精准的车主信息形成关联。另一方面，车联网与驾驶人的消费习惯、兴趣爱好等大数据具有完整性与部分精确性。所以，对车联网大数据进行研究具有重大意义。

现如今，在商用车领域，大数据形成了很多应用。比如公交运营排班管理、出租车领域的浮动车数据、大物流等。

1. 大数据在公交运输领域的应用

现如今，公交行业面临着三大问题：一是如何减少运力，缩短车辆行驶距离，缩短驾驶员的工作时间？二是如何对不同时间段、不同站点的客流分布情况进行分析？三是如何实现安全智能化运营，如何进行智能化运营排班？

这三大问题通过车联网大数据都能得以有效解决。以各时段、各站点的客流量，线路运行车辆，驾驶人员，线路长度，车辆运行速度等大数据为依据，可对一条线路各时段的配车数量与发车时间间隔做出合理规划，以达到减少运力配备，缩短车辆行驶距离，缩短驾驶员的工作时间的目标。

以客流量、自然灾害、历史同期数据、节气气候、道路状况、车况事故、居民小区、售票方式等因素为基础构建计划模型，从而对这些可能影响运营计划的因素做出快速反应，比如增加车辆、司机、运行线路等，制订合理的公交运营计划。同时，通过大数据还能对运营排班进行精准管理，优化行车作业计划，快速优化、调整运行线路。

2. 大数据在物流运输领域的应用

自菜鸟网络公司诞生之后，大物流引起了业界人士的广泛关注。那么什么是大物流呢？具体来讲，大物流指的就是企业自有物流系统与第三方物流企业共享信息与资源，使资源得以充分利用，使物流总支出及运营成本有效减少。

现如今，物流行业的业务不断扩大，物流运输车辆不断增加，车辆型号也不断增多。很多企业以人工、手工的方式管理车辆，不仅工作量巨大，还增加了车辆运营数据统计分析的难度，数据统计结果滞后，对公司的决策管理产生不良影响。同时，采用手工方式管理车辆，无法在车辆行驶过程中对其进行全程监控，无法对司乘人员的违规行为及时预警，也无法对司乘人员的求助做出及时响应。

另外，现阶段，无论是自营物流、第三方物流还是合营物流，在其成本中隐性成本都占了很大的比例。这些隐性成本包括返程或起程空车行驶、车辆装载不满行驶等，这些运输方式都不合理，都会形成较大的隐性成本。

具体来看，目前，物流行业面临着以下难题：如何改进物流企业的管理方式，提升服务质量及准时率，降低物流成本及货损率？如何让物流行业的运行信息进行及时反馈，降低运营成本及车辆的空驶率，消除司机作弊给货物及车辆带来的安全隐患？如何高效地为用户提供可靠的物流服务？如何通过运力资源的合理使用提升业务运营效率？

借助车联网这些问题都能得以有效解决。借助透明的运输过程管理对车辆进行合理调度，以车辆行驶大数据为依据预测线路的通畅情况，对车辆行驶路线进行合理规划，缩短因交通拥堵形成的在途等待时间。

以车辆运行大数据为依据，物流企业可对相同线路的车辆油耗情况做出快速分析，对事故多发路段做出提前预警，对车辆行程做出精准分析与计算，使企业信息化水平得以大幅提升，对货物运输进行全程监控，实时掌握货物运行状态，对货物运输过程进行了透明化管理，使企业运行管理实现智能化，提升企业运行管理的可预见性。

同时，借助车辆运行大数据，物流企业对各级道路的路况进行实时掌握，分析驾驶人员的驾驶规律，为相关基础设施建设（如加油站建设、车辆维修站建设、服务站建设等）提供有效参考。

最后，在物流成本中，仓储成本占据了较大的比例。借助车联网技术对海量数据进行管理，通过车辆合理调度使车辆的空驶率大幅下降。同时，通过将行驶过程中的每辆车当作流动仓库，能使仓储空间的周转率得以大幅提升，使企业的仓储成本大幅下降。

三 大数据车联网在乘用车中的应用

在乘用车领域，保险与主动安全是大数据应用得比较成熟的两大领域，未来，CRM 与呼叫中心领域将吸引更多企业前来寻找业务增长点。

2011 年 8 月，State Farm 与 Hughes 结盟，一个是北美最大的汽车保险公司，另一个是车联网服务提供商，两者的联合催生了世界上首个由保险公司主导的车联网商业模式。从此，在业内，关于保险模式的车联网就成了热议话题。

State Farm 保险公司主导的车联网商业模式有以下几大特点：与保险公司的业务绑定；提高保险费率，保险费率与驾驶安全度紧密结合；与车联网服务提供商合作；提供差异化服务，规避与前装车厂主导的车联网产品与导航产品进行较量。

借助大数据对驾驶人员的总行驶里程、日行驶时间、急刹车次数、急加速次数等数据与行为进行分析，能帮助保险公司对驾驶人员的驾驶习惯与行为做出全面了解，能为保险公司发展优质客户，打造种类不一的保险产品提供有力支持。

现阶段，车联网提供的主动安全措施大体包括胎压监测、碰撞报警、故障预警、紧急救援、安全气囊弹出报警。对于车辆来说，主动安全设备只能算是一个节点，没有真正地与大数据实现关联。

通过大数据，平台可实时对行驶过程中的汽车轮胎气压进行自动监测，针对轮胎漏气、低气压等情况发出预警，为行车安全提供有效保障。胎压监测有两种方式：一是直接监测；二是间接监测，直接监测只需通过传感器直接监测胎压即可，间接监测则是通过观察轮胎的滚动半径与转速来监测胎压。因为当轮胎胎压降低时，在车辆的作用下轮胎的滚动半径会越来越小，其转动速度会比其他的轮胎快。

实际上，间接式轮胎报警系统是以轮胎滚动半径为依据来监测胎内气压。这种胎压监测方式需要将 OBD 信息上传到云端，云端对其进行大数据分析来判断轮胎的气压是否正常，并及时提醒司机保障行车安全。

至于乘用车企业的呼叫中心，很多企业只将其视为简单的服务部门，事实上，呼叫中心不仅是客服，还是售前服务人员。通过呼叫中心，企业可对有潜在消费需求的客户进行快速定位，做到成功营销。

在大数据时代，TSP、4S 店、汽车经销商的业务结构都会有所改变，客服部门也会从以成本为中心逐渐朝以利润为中心转变。

　　具体来看，呼叫中心的大数据包含三类，分别是使用情况、客户兴趣爱好和用户的生活习惯。通过呼叫中心，企业可以掌握车辆的使用情况，获取车联网系统的客户体验效果，获得一些有关车辆本身的咨询。通过这些信息，主机厂能开展市场跟踪反馈，相关部门也能在最短的时间内对质量问题进行改进。

　　另外，企业还可以通过呼叫中心对车主的消费习惯、活动范围、生活习惯、商旅情况、消费心理等情况进行全面掌握。比如车主在日常消费过程中的心理活动规律与个性化心理等。无论是消费需求问题，还是消费时间与习惯问题，抑或是物质消费与精神消费问题，利用大数据分析，企业都能有针对性地制定出营销策略。

第三节　大数据在车辆能耗排放统计监测中的应用

一　大数据对车辆能耗排放统计监测带来的机遇

　　利用大数据技术充分挖掘我国交通运输行业与车辆能耗排放相关的数据资源潜力，能够实现数据规模、质量和应用水平同步提升，更好发挥数据资源的战略作用，有效提升政府服务和监管能力。

　　1. 大数据使全面监测成为可能，利于规律挖掘

　　大数据应用能够揭示传统技术方式难以展现的关联关系，极大地提升政府整体数据分析能力，为有效处理复杂社会问题提供了新的手段。在车辆能耗统计监测领域，大数据的产生离不开科技的发展。科技的进步尤其是车联网、互联网技术的日益创新，使得对车辆运行状态、车辆能源消费等全方位情况的实时监测成为可能。通过终端设备以及传感器可以获取大量数据参数并上传至平台，彻底改变了过去对车辆实际运行状态不可计量、存储、分析和共享的状态。基于车辆运行时所采集的全面数据、完整数据和系统数据，不仅使车辆运行与车辆能耗间关系的研究成为可能，而且为发现和挖掘与车辆能耗更多的相关细节和规律成为可能。

2. 易得性使全样本成为可能，提高准确性

一方面，随着检测器、传感器、传输媒介、服务器、云计算等信息采集、传输、存储、分享手段的成本降低以及互联网行业的快速发展，车辆能耗消费相关数据采集的成本逐步降低。通过加装更多车载监测设备，获取更多车辆数据接入能耗统计监测平台，可以扩宽数据采集范围，甚至实现全样本采集。另一方面，除政府机构、相关行业管理部门外，数据化设备成本的降低，使得利用新技术、新设备采集车辆能耗及相关车辆运行情况的机构越来越多，获得车辆能源消费情况的途径越来越广泛。为避免重复建设，政府与企业间应建立数据共享机制，降低数据采集成本，扩大数据采集范围，避免因样本量不足、数据范围的局限性，导致分析片面。通过高效采集、有效整合、深化应用政府数据和社会数据，可以拓宽获取车辆能耗数据途径，让更多的样本数据纳入统计监测范畴，提高数据的精确性。

3. 多样性使融合产生价值，提高服务能力

一是采集方式多样。对车辆能耗而言，直接采集车辆能源消费情况的设备有油浮子、发动机喷油嘴、OBD 设备等。不同设备的适用条件、采集频率和服务对象不尽相同。多种数据来源的组合应用，可以有效提高行业能源消费统计监测能力。

二是采集主体多样。车辆使用者、营运车辆经营者、车辆生产者、行业管理者等都与车辆能耗直接相关。通过对多渠道、多主体采集的车辆能耗相关数据进行融合分析，能够显著提升行业能源消费统计监测能力。

三是采集数据多样。车辆能耗排放及运行的相关数据，具有复杂多变的特征。引导鼓励企业和社会机构开展创新应用研究，能够推动车辆能耗、车辆运行情况等多种数据间的融合，创新大数据及其技术在车辆能耗排放统计监测中的服务与应用。

4. 实时性推动更高效管理，提升治理能力

大数据技术具有实时性。对车辆能耗监测而言，实时数据的传输和处理，可被用于更及时的管理，做出更准确的预测，提高行业决策能力。充分运用大数据，一方面，不断提升车辆能耗排放及相关交通

领域数据资源的获取和利用能力，丰富统计数据来源，提高车辆能耗统计监测的准确性；另一方面，建立"用数据说话、用数据决策、用数据管理、用数据创新"的管理机制，通过对车辆能源消费更准确的监测、分析、预测、预警，提高决策的针对性、科学性、时效性和预见性，提高政府决策水平，推动行业管理精准化和治理模式现代化。

二　大数据对车辆能耗排放统计监测带来的挑战

大数据时代的到来为车辆能耗与排放统计监测工作带来了前所未有的机遇，提供了强大的工具，引发了巨大的思维变革。与此同时，日益庞杂的海量数据、不断更新的技术手段、层出不穷的新业态与新模式，以及能源节约和环境保护关注度的提高，也对车辆能耗排放统计监测工作提出了新的挑战。

1. 对能耗排放统计监测体系提出了新挑战

大数据时代的到来，对行业现有的能耗统计监测制度提出了严峻的挑战。一是需要加快推进车辆能耗排放统计监测相关的基础设施设备建设，为大数据技术的应用提供良好的硬件基础。二是需要加强交通大数据行业标准规范体系建设，尽快建立数据存储规范标准和统计标准体系，以方便数据共享及综合利用，降低数据融合成本。三是需要加强制度创新，设计适应大数据时代下能耗统计监测工作的新机制，推进大数据技术在全行业节能减排工作中的应用，支撑行业绿色交通发展。

2. 对数据分析挖掘技术提出了新方向

在实践过程中，不同数据来源的数据格式、可靠性、存储形式不同，一方面，亟待加强基于大数据的统计监测模型研发，建立适用于不同发展水平和数据基础，满足不同层次需求的能耗和排放的统计监测模型，以充分挖掘数据潜力，为相关的政策评估与制定提供数据支持。另一方面，急需加强海量数据存储、数据清洗、数据分析发掘、数据可视化、信息安全与隐私保护等领域的关键技术攻关，做好顶层设计，实施试点示范，促进新技术的推广和快速应用。

3. 对数据质量与公开性提出了新标准

推动政府数据开放共享，促进数据融合和资源整合已是大势所趋。国务院印发的《促进大数据发展行动纲要》中明确提出："要推动政府数据开放共享，打破数据壁垒，让信息孤岛释放聚合效益，2018 年底前建成国家政府数据统一开放平台。"

从国际层面上看，车辆能耗作为交通运输行业能源消费的重要组成部分，公开我国车辆能耗及碳排放领域相关数据将受到国内外广泛关注。据有关机构研究，交通运输车辆能耗排放总量在今后一段时期内仍将继续增加，2030 年尚未达到峰值。这与我国在国际社会上承诺的"2030 年左右中国碳排放有望达到峰值"的总体论调不符，极易引起国际社会的关注，带来国际谈判工作的压力。

从国内来看，有序公开政府相关数据已成社会共识。一方面，公开车辆能耗排放相关数据便于研究机构、第三方组织等对车辆能耗排放总量的测算和趋势研究，在一定程度上促进了大数据增值性、公益性开发和创新应用，但与此同时，由于方法的不同，数据来源的不同，测算方法的不同，使最终统计监测分析结果与行业管理部门对外发布的数据产生差异，影响了行业管理部门的权威性。这将形成倒逼机制，迫使行业急需采用最新的大数据技术，提高统计监测工作的精度与广度，满足新形势的要求。

4. 对数据信息安全提出了新要求

随着公共数据互联开放共享与政府信息平台整合，势必将对信息安全与隐私保护带来巨大挑战。一方面，数据量的增加会带来新的网络安全问题，需要加强大数据网络安全技术研究，落实信息安全等级保护、风险评估等网络安全制度，建立健全大数据安全保障体系。另一方面，与大数据应用相关的法律法规建设滞后，涉及国家利益、公共安全、商业秘密、个人隐私等存在信息泄露的风险，需要科学规范利用大数据，在释放技术红利、制度红利和创新红利的同时，保护数据安全与隐私。

三　基于大数据的车辆能耗统计与监测技术框架

在系统整理分析与车辆能耗排放相关的交通运输基础数据基础上，建立多维度交通数据库，构建车辆综合性能耗排放统计监测模型，立足宏观、中观、微观三个层面实现多层次统计与监测，为行业管理监督、辅助决策、科学研究提供支撑，推进绿色交通发展。

按照"数据—模型—统计与监测—决策服务"的总体思路，系统构建基于大数据的车辆能耗统计与监测技术框架。总体包括四个部分，即多维度交通基础数据、演进式一体化模型体系、多层次统计与监测系统、多功能管理与决策支持平台。其中，多维度交通基础数据是系统基础，演进式一体化模型体系是核心技术，多层次统计与监测系统是主要功能，多功能管理与决策支持平台是最终应用。

（一）数据框架

大数据车辆能耗统计与监测技术体系的基础是多维度交通基础数据。其主要数据来源包括以下类别：实时交通出行数据库、动态路网运行数据库、驾驶行为分析数据库、能耗排放数据库等。数据的来源将综合政府部门与企业及个人数据，数据的获取方式将综合传统监测统计数据与移动终端实时上传数据，做好与交通运输行业数据中心的数据对接和融合工作，并加强与交管、环保、统计、国土等横向部门的相关数据共享和整合。

通过创新工作机制，在行业内外充分沟通和协调的基础上，重点应用大数据技术解决不同来源、不同口径、不同结构的数据整合问题，综合利用多维度的交通基础数据，形成多元融合的车辆能耗排放监测基础数据库。多维度的交通基础数据库，不仅是车辆能耗排放统计监测技术体系的数据基础，同时也是整个交通部门的监测统计数据库的一部分。在建设的初期，可重点采集和整合与能耗监测直接相关的数据，但从整体架构看，需要做好顶层设计，将其作为行业智能交通建设的重要组成部分予以统筹考虑。

这一层级的核心技术是大数据采集、清洗与存储技术。做好海量数据的采集与清洗，实现多来源、多维度、多结构大数据的有效融合，不仅需要完成数据的采集、传输、清洗、存储、安全等共性标准的制定，还需要不断优化数据库整体架构，建立有效的数据质量检测、存储备份等工作机制。

（二）模型

大数据车辆能耗统计与监测技术体系的核心技术是能耗与排放核

算模型。目前我国的能耗排放测算方法无论从宏观还是微观层面大多采用单线程统计分析的方法，即通过单一手段推算能耗与排放情况。宏观层面主要依靠各级交通运输主管部门按照职责和分工统计上报，并没有进行数据内容的辅助校正。微观层面主要表现为数据转化或样本扩样的形式：数据转化指相关职责部门通过统计不同类型车辆运行里程等数据，将其折算成油耗与排放数据，实现统计分析；样本扩样指发展部分不同类型车辆样本，直接采集能耗与排放数据，再通过样本扩样的方式实现能耗与排放的测算。但现有统计分析模型局限性较大，且准确性和信服度都较低，我国应该研究开发适合于自身实际情况的车辆综合能耗排放分析模型。本书主要参考目前美国采用的MOVES 模型与欧盟采用的 COPERT 模型，基于大数据技术的实时能耗与排放监测，结合我国交通相关数据的实际基础，设计主体模型为中国综合移动源排放模型（Chinese Motor Vehicle Emission Simulator，CMOVES）。

CMOVES 模型的基础是多维交通基础数据库，综合利用采集的大样本的交通参数（包括速度、加速度、流量、车型等信息）确定不同口径的综合能耗水平，并结合行业相关部门的研究成果和监测数据建立能耗排放因子模型推断综合能耗排放总量。系统建立覆盖微观、宏观和大区域等多层次的一体化能耗与排放模型体系。

1. 宏观模型

各地方企业、研究机构以及相关部门按照不同层级的职责要求定期上报相关统计数据，同时，行业主管部门基于各地上报的数据信息进行统计分析，并在各个部门之间建立数据交流渠道，加强数据处理与管理。在一个统计期内，各级部门分三个阶段对数据进行质量控制：第一阶段，数据初始检查；第二阶段，单独地区数据质量检查；第三阶段，地区之间数据检查。

2. 微观模型

（1）能耗监测模型。车辆能耗监测模型通过建立不同运行工况下的能耗因子数据库，结合车辆实际运行工况，实现车辆能耗的统计监测。建立能耗数据库需要收集来自交通运输部、国家能源局、国家统计局、环保部等部门以及科研机构的大量数据，具体包括速度、加速度、流量、车型信息、天气、能耗总量、道路条件等数据。当然，车辆的能耗会随着车辆运行工况的不同而发生变化，通过将该类数据输入到能耗数据库中并进行不同工况下的能耗计算，可以对比得到车辆能耗受各种工况的影响。车辆在相同工况下的能耗大小也会因为天气等条件出现略微变化，通过将各工况下的能耗情况结合天气、道路条件等进行对比计算分析，可以得到各种条件下的能耗调整因子表。完成以上过程后，得到的能耗数据库中包含各种工况下的能耗速率情况和各种条件下的调整因子表等两个主要部分。

在实际计算中，各地交通管理部门以及科研机构输入各种车辆基础数据以及运行工况数据，形成车队及行驶特征数据集，从数据库中可以导出车队的总行驶特征、运行工况分布和能耗 bin 分布。把总行驶特征和运行工况分布两项与能耗数据库中的相关内容结合分析，得到该车队的能耗速率。能耗 bin 分布模块信息对应能耗数据库的调整因子 ID，得到该车队运行条件下的调整因子。最后根据公式可以输出总能耗，完成能耗量的计算。

该模型根据实际情况建立能耗数据库后，可广泛适用于各种条件下的车辆能耗的监测与统计，为相关部门以及社会公众提供更为精确的数据支持。

（2）排放监测模型。排放监测模型根据各地研究机构以及国家相关部门收集的数据建立排放速率数据库，然后将各地交通运输主管部门及相关机构收集的实时数据输入到模型中，根据公式可以计算出相关结果。虽然排放监测模型的运行模式与能耗监测模型大体相同，但是使用的基础数据存在一定差异，需要补充燃油信息、排放标准等相关数据内容，且排放率数据库的建设需要大量排放数据的直接采集，难度较大，因此需要在车辆能耗监测模型逐步完善的基础上，加以研究开发。

（三）统计与监测

基于大数据的车辆能耗统计与监测技术体系的主要应用是多层次统计与监测系统设计。基于上述整体架构设计，输入基础数据后，通过演进式一体化模型体系的计算，可以输出市级、省级和全国等不同范围和层次的统计和监测结果，为不同层级的行业管理部门行使监管职责提供数据支持。

在宏观层次，可实现车辆排放清单的编制；在中观层次，可对不同时段不同区域的车辆能耗与排放水平进行统计与评估；在微观层次，可对车辆的能耗与排放实现实时监测。

这一层级的核心技术是大数据校验与整合技术。将来自不同层级的数据经过汇总和计算后，进行多方面的校验和整合，包括在不限于与根据自上而下估算值的校验、与根据高精度小样本计算而来的推算值校验，分析处理异常结果等精细工作，确保统计与监测工作的可靠性。

（四）决策应用

大数据车辆能耗统计与监测技术体系的最终应用是多功能管理与决策支持平台，为行业在车辆能耗排放统计监测方面的管理监督、辅助决策、科学研究提供强有力的支撑。从远期看，该平台还具备与环保部门进行工作对接的功能，通过构建综合排放因子数据库，可拓展为包含综合排放统计监测的统一平台。

这一平台首先可为各级交通运输管理部门节能减排工作，提供大范围、高精度的数据支持，推进车辆能耗排放工作的精细化管理监督，实现车辆能耗排放的预估预警等功能。同时还可为交通运输行业加强行业管理、制定评估"限行""限号""拥堵收费"等节能减排政策、协助环保部门进行环境监测等决策工作提供数据支持。还可为研究人员在车辆能耗与排放水平、温室气体排放、大气污染治理等领域的科学研究提供技术支持。最后可为公众获取车辆能耗、排放因子等信息，了解节能减排和城市空气治理等工作成效提供翔实可信的来源和渠道。

这一层级的核心技术是大数据分析与应用技术，培养熟悉交通运输领域的数据分析师和研究人员，充分应用新工具与新方法，深入挖掘数据背后的意义与规律是做好决策支持和政策研究的关键。

这一平台的建设将为提高交通运输行业节能减排工作管理水平，

实现科学规划和决策提供有力支持，为交通能耗和环境治理研究提供广泛可获取的数据基础，并能扩大公众在车辆能耗和排放方面的知情权，引导全民参与绿色交通建设，形成绿色交通发展的长效机制。

四　基于大数据的车辆能耗统计与监测实施体系

1. 完善现有的车辆能耗排放统计监测体系

基于大数据的车辆能耗统计与监测技术体系的组织机构，分为全国、省级和城市三个层级。

在数据方面，自下而上实行上报和汇集。由城市行业管理部门，建立市级车辆能耗排放统计监测系统，该系统作为市级交通运输能耗与排放统计监测平台的一部分，主要采集公交企业、出租企业、客运企业、货运企业、轨道交通以及远期的社会车辆等来源的能耗与排放数据，同时通过对接市级交通运输数据中心，获取本市的交通基础设施数据、来自交管部门的路网数据等其他数据。通过模型测算，得到本市的车辆能耗与排放数据，并将基础数据和能耗与排放数据向省级平台上报。省级平台汇总来自各地市的数据，对接来自省级交通运输数据中心的综合数据，进行数据的初级校验和整合工作，确定本省的车辆能耗与排放水平，实行行业管理和政策督导，并将数据向部级车辆能耗与排放监测系统上报。部级平台汇总各省级行政区上报的数据，对接部级交通运输数据中心的综合数据，实施数据的二次整体校验和整合，综合评估全国的车辆能耗与排放水平，从而确定交通运输行业的整体能耗与排放情况，实施行业监督管理与政策制定。

在技术层面上，实行自上而下的监督指导。在部级层面，发挥交通运输部、部属科研院所及一流技术企业的人才优势，进行演进式一体化模型体系的综合研发与优化工作，做好整体技术体系的顶层设计，制定相关技术标准和工作机制，并为省市两级具体工作提供技术支持。在省级层面，主要进行选择切合本省发展水平的模型，实施模型本地化等工作，设计相应的工作机制确保工作推进，并对市级层面的数据质量和模型应用等情况进行检查指导。在市级层面，应用切合本地实际的模型，采集相应数据并进行初步应用等。

2. 基于大数据车辆能耗排放统计监测结构

我们在借鉴九五智驾现有的车辆能耗排放统计监测技术的框架上，设计全国层面的基于大数据技术的车辆能耗排放统计监测技术结构，主要思路是：通过对覆盖全国的样本车辆加装 OBD 等油耗采集设备，数据通过通信网关和相应协议传输到大数据中心，形成原始数据库，基于原始数据通过相应的统计方法可以得到数据统计库，再经过数据的分析处理建立数据分析库，进而形成由业务数据库、油耗统计库、排放统计库组成的节能减排数据中心数据库。关于样本的选取，以省为单位，每个省选取一定比例样本。所有的样本数据都接入大数据云平台，样本量随着技术手段的进步和条件的成熟逐步扩大。

对于目前的能耗监测研究进展来看，完全建立基于交通特征与车辆能耗排放监测模型关系，对于微观层面一定的区域和路段较为适用。要建立全国层面的大数据环境下车辆能耗排放监测体系，由于各省份、各区域的气候条件、运行工况等差异较大，直接使用统计监测模型推算难度较大。为充分掌握全国层面的车辆能耗排放总量情况，应建立基于 OBD 等能耗采集设备的车辆能耗排放监测体系，通过不断扩大样本，逐步提高样本覆盖率及统计监测数据的质量，利用大数据技术实现自下而上的车辆能耗排放数据的全面采集与监测。

3. 健全交通大数据架构体系

一是加强行业顶层设计和规划。从顶层设计上，研究并制定相应的政策法规，面向部、省、市、县各级交通运输主管部门及相关企业，将与车辆能耗排放相关的数据采集、整合的责任与义务进行明确规定，明确哪些能耗统计监测工作该哪级机构做，该哪些部门做，同时明确行业统计主管部门在能耗数据采集与监测中的地位并给予相应的监察、评定的权利，对行业企业明确能耗统计平台建设与数据采集方面的社会责任。同时，对与车辆能耗排放相关数据进行全面的梳理，按照数据保密性与应用价值进行分级，对数据的采集与应用进行立法，明确不同级别的管理机构可以对哪些数据自行进行分析和利用，哪些数据可以开放给社会或企业使用，充分挖掘大数据的应用价值。二是健全能耗排放统计监测体系。进一步健全行业能耗统计体系。针对城市公交、班线客运、专业货运等，依托部综合规划司"交通运输能耗统计监测报表制度"，结合省车船路港千家企业等重点统计对象，确定重点监测企业名录，结合相应的管理手段，不断扩充统计范围，改进监测手段，完善监测指标，建立健全城市公交、班线客运、专业货运等能耗统计体系。进一步推进能耗监测体系建设。针对出租及其他有条件的行业，采用与企业管理信息系统相对接的方式，采集企业已有的生产运营信息化数据，直接获取或通过构建模型获取运输生产能源消耗情况。针对公路普通营运货车，参照交通运输部制定的能耗在线监测工作组织方案，选取若干样本营运货车，结合能耗在线监测技术要求，完成样本车辆在线监测设备选型、安装、调试和运行，进一步完善能耗在线监测平台，并将数据交换至能耗在线监测平台。

4. 整合信息资源以强化交通大数据应用

（1）推动数据资源整合、共享和开放。一要推动行业信息系统和公共数据互联共享，消除信息孤岛，加快整合各类行业信息平台，避免重复建设和数据"打架"。要求行业主管部门更好地利用互联网思维，推动信息公开、数据开放。由于相关法律法规和政策环境不够完善，政府和垄断部门信息共享和开放程度不够，众多"信息孤岛"造成需要使用车辆能耗排放的数据资源不够丰富，而企业拥有的大数据技术和计算能力常常无用武之地，陷入"巧妇难为无米之炊"的状态。这要求实现交通运输行业各部门数据资源"统筹存储、统筹规范、统筹交换、统筹安全"，为数据交易规则、安全控制标准、商业运行模式等积极探路。二要整合数据源，推动政府数据资源的开放与共享。数据增值的关键在于整合，但自由整合的前提是数据的开放。车辆能耗排放数据的开放主要包含两个方面：行业或部门内部数据的开放与共享；行业或部门对外的信息开放。开放不一定代表免费，可在交通领域实现有层次的开放，即分别针对交通相关管理部门、高校和专业研究机构以及社会公众设置不同的开放权限。

（2）加强数据全过程质量控制和校验。为了提高数据质量和准确性，交通运输行业车辆能耗排放统计监测体系需要形成一套严格的数据质量控制流程，确定一个数据质量标准，确保以透明的信息发布环境来呈现原始数据，提高数据的精确性、完整性、客观性，同时各级填报使用部门要被赋予维护数据质量的权力，使其能要求信息发布机构对错误的信息进行更正。同时，对于数据的发布要形成良好反馈机制。任何行业或个人对数据结果有异议，都可以通过公开渠道进行投诉或反馈，交通运输主管部门应予以确认和更新，并承担相应的责任。在数据采集和处理方面，交通运输主管部门也可以进行公共服务市场化，将这项服务外包给数据提供商，政府自身担当数据质量评估角色。

5. 重视模型研发以提升交通大数据决策支持效能

欧美发达国家已经普遍推广使用 MOVES、COPERT 等能耗排放模型，其中 MOVES 模型方法具有前沿性，不同于以往车辆能耗排放模型在计算层次上的单一性，MOVES 模型综合了宏观、中观和微观于一体，使得车辆能耗排放计算更加灵活。在数据收集、算法和运行层次上都对我国开发自己的车辆能耗排放模型有着重要的借鉴意义。然而这些模型在中国的应用还只是刚刚起步，目前国内主要停留在理论研究层面，MOVES 模型应用到中国还有许多参数需进行调整，需要大量的实验和历史数据的累计分析才能得到。作为行业主管部门，应加大对车辆能耗排放模型研发投入的重视力度，逐步打造一个完全适用于中国自身的能耗排放模型。基于大数据车辆能耗排放统计监测模型的研发与建设，可以很好地强化数据的资源利用和信息服务，充分挖掘数据价值，为交通运输行业能耗统计监测提供决策支持。同时通过对模型的不断完善与创新，充分运用大数据分析技术，进行交通运行数据分析、能耗与排放因子测算、车辆能耗排放统计监测等分析工作，量化节能减排成效，提高政府科学决策水平和行业治理能力。

6. 建立交通大数据发展市场合作机制

一是加大多方资金筹措力度。积极争取中央财政资金，加大对交通运输行业能耗排放统计监测平台建设的投入力度，根据财政资金落实情况，重点支持部省联动建设、全国联网运行的能耗统计监测项目，以及推进新技术、新领域的试点示范项目。针对全国地区间的差异和信息化发展程度，不同地区采用差异化的补助政策。各省交通运输主管部门应积极与相关部门沟通，争取各级政府财政性资金、专项资金等用于交通运输能耗统计监测信息化建设，切实保障建设资金的落实。二是引入政企合作的市场机制。充分发挥市场主体作用，引导交通运输能耗统计监测体系领域产学研合作，进一步完善政企合作机制，通过政府采购、服务外包、社会众包等方式，构建政府、市场、社会等多元主体参与的数据融合开放与开发应用新机制。积极探索公私合作（PPP）模式在交通运输行业能耗统计监测建设中的推广应用，吸纳社会力量参与。三是加强行业相关数据的公开。为进一步激发高校、科研院所、民间机构等积极参与到车辆能耗排放监测模型研发中来，除了政府层面的支持外，还需要激发公众社会参与性，这就需要交通运输主管部门在政策允许的范围内，向社会及时公开全国路网运行数据、车辆车型数据、实时交通流数据等，在做好有关涉密数据保护的前提下，推进产学研合作，特别是加强与高校以及百度、高德和滴滴等互联网公司的深度交流，积极搭建政企合作平台，构建互惠互利格局，推进政府、企业和社会多方共同参与到车辆能耗排放统计监测工作中来，为科学研究提供强大的数据支撑。

第四节　从产品到战略：BAT 的车联网布局路径

一　BAT 车联网解决方案的发展与布局

近几年，三大互联网巨头 BAT 在车联网领域展开了一场激烈的争夺。一向在国内市场中披荆斩棘的 BAT，在车联网领域又会擦出怎样的火花，在他们加快布局车联网领域的背后又隐藏着什么样的玄机？

阿里拥有 YunOS，百度则有 CarLife，腾讯则有其合作伙伴的趣驾 WeDrive 3.0。趣驾 WeDrive 3.0 作为腾讯布局车联网的重要底牌，它致力于打造覆盖全产业链的前后装一体化车联网解决方案，并以开放、共享的姿态，携手广大车企、后装车机企业及应用开放商等车联网价值创造参与者，为广大消费者带来更为优质的驾车体验。

以 QQ 成名的腾讯在社交与娱乐领域，在国内市场中无人能出其右。腾讯在车联网领域的布局最早可以追溯到 2014 年其推出的 "路宝盒子"，在当时腾讯将其定为智能汽车的 "可穿戴设备"。四维图新作为国内数字地图领域巨头在汽车行业有着十分丰富的运营经验。

趣驾 WeDrive 3.0 拥有车机方案趣驾 WeCar、手机车机互联方案 WeLink、车机系统趣驾 OS，业务范围涉及汽车前装以及后装市场，目前趣驾 WeDrive 3.0 已经与国内多家汽车前装及后装商家达成密切合作关系。

2015 年年初推出的百度 CarLife 迅速成为业内关注的热点。在其线下产品尚未正式落地时，就已经与现代、通信等著名的车企达成了合作，这正展示出了百度在车联网领域中强大的品牌影响力。

从产品本身来说，可以将百度 CarLife 归为一种手机车机互联方案，目前搭载这一产品的就有五款车型，分别为：起亚 K5，北京现代全新途胜、比亚迪宋、现代名图、长安 CS35。

从功能角度来看，百度 CarLife 与腾讯的 WeLink 的定位都是手机车机互联方案。它们就像是苹果公司研发出的 CarPlay、谷歌公司开发的 Android Auto 等映射车载系统，企业不必花费大量的时间与精力去培养用户的使用习惯，用户可以直接通过手机进行操作。

WeLink 除了与百度 CarLife 一样同时支持 QNX、Linux、Android 系统外，还与 Wince 系统有着良好的兼容性。二者还都可以通过 USB、蓝牙、Wi-Fi 三种连接方式，使手机与车机实现互联互通，同时支持 Android 与 iOS 两款总覆盖率达 95% 的智能手机操作系统。随着通信技术与信息技术的发展，未来这些车联网产品必将为用户带来更为优质的服务体验，届时，车机很可能将成为一个升级版手机。

BAT 之中最早推出车联网解决方案的当属阿里，早在 2011 年 7 月阿里研发的智能操作系统 YunOS 就已正式上线。当前 YunOS 最新版本是 2015 年 6 月推出的 YunOS 航海版，它可以在多款智能终端设备完美运行，比如：智能手机、机顶盒、平板电脑等。此外，阿里巴巴还于 2015 年 12 月发布了其下一代 YunOS 产品 YunOS5 ATOM，在经过一段时间的测试后将会正式推出。

2015 年 3 月，阿里巴巴投资 10 亿元与上汽集团共同成立"互联网汽车基金"，未来两者将会组建合资公司，促进互联网汽车技术的发展及突破，争取打造全行业通用的互联网企业通用标准。阿里巴巴将会为互联网汽车提供全面技术支持，推进 YunOS 车载系统研发，最终使阿里品牌在车联网领域形成强大影响力。

未来，阿里巴巴 YunOS 将会整合自身拥有的多种丰富的 APP 应用资源，将 UC 浏览器、高德地图、虾米音乐、新浪微博等导入 Yu-nOS 系统。百度 CarLife 在引入自身拥有的 APP 应用资源的同时，还将邀请广大 APP 应用开发商加入。

腾讯系的趣驾 WeDrive3.0 也将整合自身拥有的微信、QQ 等 APP 应用，同时腾讯的发言人也公开表示，趣驾 WeDrive3.0 将以开放的态度欢迎所有 APP 加入，最终的使用权将完全归属于车企及广大消费者。作为互联网公司的 BAT 要在车联网领域发力，必然要走开放、合作的道路，尤其是在国产汽车明显不占优势的中国市场，只有形成战略合作、资源共享的联盟，才有可能在激烈竞争的车联网领域寻找到一线生机。

移动互联网时代的来临，使人们对车联网未来的发展前景给予了高度评价。未来的车联网，将建立起汽车、行人、公路之间信息实时沟通的大数据网络，打造出以无人驾驶为中心的智能交通及智慧交通。

简单来说，未来的车联网将在无人驾驶的基础之上，为消费者提供更为优质的全方位车生活体验。无论是与车有关的服务，还是与人有关的服务，都将得到最大程度上的满足。这也是人类社会的发展规律，人类所进行的一切活动，都是为了给人类生活提供更为优质的服务。

从 BAT 目前在车联网领域的一系列布局来看，阿里是想要通过车联网来扩大自己的电商版图，使消费场景从 PC 端及手机移动端扩展至车机端，从而实现车载系统与电商的无缝对接。

百度则一直尝试发挥自己在地图、导航等方面的巨大优势，将车主与百度及其合作商家提供的服务紧密连接，百度想要发展车联网电商的野心十分明显。

车联网电商对腾讯而言，似乎并不是其重点关注的领域，与阿里、百度相比其 O2O 布局有所欠缺，这也导致了其在电商场景的开发上受到一定的限制。有媒体表示，腾讯合作伙伴四维图新正在积极探索垂直车主 O2O 服务，通过大数据、云计算等技术，为车主提供汽车保养、检测、保险等多种服务。

如今 BAT 的车联网解决方案，更多的是侧重于以较为完善的全产业链，扫清车主在软硬件环境体验方面的阻碍。但 BAT 目前为消费者带来的体验，尚不具备太大影响力。与那些具备导航及电台功能的传统车机相比，并无太大优势。

2015 年，多家来自各个领域的企业巨头竞购诺基亚 Here 地图业务一事，成为了社会各界关注的焦点，其竞购方主要包括：百度、UBer、腾讯、微软、阿里、Facebook、苹果以及德国多家汽车制造商组成的财团等。最终，由宝马、奥迪和戴姆勒三大汽车厂商以 25 亿欧元的价格收购了 Here 地图。

收购在国际市场中拥有着强大品牌影响力的 Here 地图，对想要走车联网国际化道路的 BAT 而言，无疑具备极大的诱惑力。在国际市场中，Here 地图能让互联网公司与车企发挥出业务协同的效果，并为无人驾驶技术的研发提供重要技术支持。显然，这些财力雄厚的传统汽车厂商，不会甘心让跨界而来的互联网公司抢占自己的生存空间。

此外，车联网的跨越式发展，除了受到技术及硬件等客观条件方面的制约，在引导车主的消费需求方面同样是一大痛点。车联网能够给广大消费者创造何种价值？未来的车联网将会给人类社会带来怎样的转变？车主安装车联网产品后可以获得什么样的服务？等等。总结起来，无外乎商家要给消费者一个必须使用车联网产品的理由。就目前来看，BAT 在车联网领域还有很长的一段路要走。

二　百度：构建跨平台车联网解决方案

对国内的初创公司而言，涉足车联网相关的产品和服务是无法离开 BAT 的支持的，因为那些最优秀的地图提供商和资质商早已被这三大巨头所瓜分。

其实，对 BAT 三位互联网大佬来说，布局车联网主要是为了抢占他们更加看重的 O2O 和 LBS（基于位置服务）的消费入口。特别是在移动互联网时代，BAT 不会放过任何能与用户建立连接的场景入口。如果说 2015 年 BAT 的车联网布局还只是"牛刀小试"的话，那么 2016 年，BAT 在车联网领域的"车轮"已经开始高速运转。

早在 2013 年 8 月，百度就通过收购当时国内的第三大地图资质商瑞图万方获得了图层数据。而 2014 年与钛马公司合作推出的 Car-Net，则是百度布局车联网的开端。2015 年 1 月，百度将 CarNet 升级为 CarLife，加速车联网战略布局。

在 2015 年 9 月的百度世界大会上，百度向人们介绍了其车联网战略布局，即涵盖 CarLife、MyCar 车辆私有云、CoDriver 智能语音副驾驶和 CarGuard 汽车卫生四大 OEM 解决方案。

CarLife 适配 Linux、QNX、Android，在客户端支持 Android 和 iOS 系统。其操作流程也十分简便，只要通过数据线或 Wi－Fi 将手机接入车载系统，用户就可以在行车过程中使用。2015 年 6 月，CarLife 开放了第三方 SDK（软件开发工具包）。如此，CarLife 将为用户提供包括百度地图、喜马拉雅、百度音乐、考拉 FM、洗车、加油等更加丰富多元的服务。

MyCar 车辆私有云是为汽车厂商搭建的车辆云服务平台，不仅提供实时车辆检查、定位寻车、步行导航等功能，还能够及时发现汽车故障，并通过手机对车辆进行提前预热、关窗、开关灯等操作。2015 年 10 月，载有 MyCar 的比亚迪宋汽车正式发布。

CoDriver 智能语音副驾驶是一种语音识别控制系统，能够优化行车场景，让车主在驾驶过程中实现语音操作，从而更好地保障行车安全。目前，特斯拉汽车已经开始使用百度的部分语音识别技术。

CarGuard 汽车卫士主要为车企提供汽车软件安全方面的服务。车联网在为人们提供便利的同时，也带来了极大的安全隐患。比如，在 2015 年 7 月美国进行的一次汽车黑客实验中，两位网络工程师 Miller

和 Valasek 就借助笔记本电脑侵入了一辆 JeepCherokee 汽车的联网娱乐系统，从而远程控制了该车的行驶速度、空调、雨刮器、电台等设备。

另外，克莱斯勒公司曾因为黑客入侵而不得不召回 140 万辆汽车。可见，随着车联网的发展普及，汽车联网安全将越发受到人们的重视。

为了推动车联网布局顺利落地，百度已经与奔驰、宝马、奥迪、通用等车企，以及华阳、飞歌等车机厂达成了合作。不过，百度的 CoDriver 语音操控和 CarGuard 汽车卫士仍处于规划阶段，当前还没有正式产品问世。

除了构建 OEM 解决方案，百度在车联网布局上还有更大的野心：被普遍看好的无人驾驶汽车计划。在这方面，百度一直处于国内领先地位。早在 2014 年 4 月，百度就与宝马开始合作研发无人驾驶汽车。百度宣称，借助强大的智能综合控制平台，通过雷达、相机、卫星导航等智能设备，无人驾驶汽车将能够自动识别交通指示牌和行车信息。而车主只需在导航系统中输入想去的地方，汽车就可以自动行驶到目的地。

三　阿里巴巴：联手上汽打造"造车计划"

阿里巴巴的车联网布局也在紧锣密鼓地进行着：2014 年 2 月，阿里收购了高德地图；同年 7 月，与上汽公司达成战略合作，共同打造"互联网汽车"生态圈。2015 年 3 月，阿里与上汽投资 10 亿元组建合资公司，阿里负责为互联网汽车的研发提供技术支持。

2014 年天猫平台出售的整车数达到 12 万辆。基于快速增长的汽车业务，阿里在 2015 年 4 月组建了专门的汽车事业部，与近 50 个汽车品牌和国内 1 万家汽车经销商建立了合作关系，以便为车主提供更加优质的汽车生活服务。

上汽与阿里的"互联网汽车"合作并不是另起炉灶研发新车型，而是在上汽现有及未来产品的基础上，进行软硬件方面的互联网化改造升级：阿里负责车联网系统中核心软硬件技术的研发，上汽则负责车身、内饰和机械部分的设计适配，从而实现优势互补。

　　具体而言，就是上汽将在自主品牌新产品中载入阿里的"YunOS for Car"操作系统。该系统既整合了阿里集团的大数据、阿里通信、高德导航、云计算、虾米音乐等线上资源和服务，又涵盖了上汽集团的整车与零部件开发、汽车服务贸易等线下实体服务，从而极大优化了车主的用车体验。据悉，阿里与上汽合作的首款互联网汽车将在2016年正式落地。

　　有意思的是，阿里内部并不使用"车联网"这一概念。在汽车事业部中，"YunOS 事业群"主要负责与上汽集团的联合造车；以往的淘宝汽车、天猫汽车和汽车 O2O 部门则合并重组，为车主提供选车、买车、用车、养车、置换车等汽车全生命周期的一体化服务，打造车生活价值闭环；高德地图则提供行车导航服务。

　　除了与上汽合作造车，阿里还借助"YunOS for Car"车载系统有效布局汽车后装市场。例如，通过与纽曼、华阳、飞歌、路畅等后装车机企业的合作，陆续推出了适配 YunOS 系统的车机产品。同时，打通支付宝账户，使车主可以通过支付宝账号登录车机，从而实现手机、车机和 PC 端的信息同步共享。

　　如此，阿里车联网便能够为用户提供个性化、多元化的车生活服务：用户既可以下载需要的 APP 应用，也可以通过 YunOS 系统实现驾驶过程的语音识别和操控，还可以通过高德地图满足导航需求。

四　腾讯：全方位打造车联网开放平台

　　腾讯的车联网布局也不落后于人：2014 年 5 月，腾讯推出了路宝盒子这一车联网硬件产品。用户将该产品插入汽车 OBD 接口，就可以在手机的腾讯路宝 APP 中接收到诸如车辆诊断、油耗分析等方面的服务信息；另外，腾讯还在当月巨额投资（11.73 亿元）了四维图新科技公司，成为其第二大股东，以进一步增强其在数字地图、车联网和动态交通信息等方面的服务能力。

　　2015 年 9 月，腾讯宣称要构建包括 MyCar 服务、车联 APP 和车联 ROM 的车联网开放平台。

　　MyCar 通过微信和手机 QQ 的强大连接功能帮助用户实现人车交互：车主只需扫描车内二维码，就可以通过微信或 QQ 将自己的汽车加为"好友"，实现与汽车的"沟通"。例如，将目的地发送到车机上，可以进行一键导航；通过手机实时查看车辆状况、油耗等多种信息。MyCar 是一种前装配置，首批载入者是奔驰。

与苹果 CarPlay、百度 CarLife 类似，腾讯的车联 APP 主要是针对未联网的车机，通过数据线或 Wi–Fi 将手机与车机连接起来，从而将手机 APP 的内容共享到车机上。即在手机和车机互联后，地图、信息和社交等内容就能够通过第三方渠道映射到车载屏幕上，用户可以通过车机或手机进行相关操作，实现多屏交互。腾讯车联 APP 的首批合作者包括博世、东软、福特和亿连。

车联 ROM 是基于 Android 系统研发的包含腾讯音乐和社交应用的车机设备，能够为用户提供实时联网导航、信息查询、娱乐和安全服务，其首批合作伙伴是华阳和路畅。

基于庞大的微信和 QQ 用户群，腾讯车联网采用"账号 + 社交"的模式：通过微信或 QQ 社交实现消息的发送和接收。同时，为了保障行车安全，腾讯车联网统一采用听觉接收到达的信息。

内容上，腾讯车联网能够为车主提供新闻、视频、体育、QQ 音乐、企鹅 FM 等十分丰富多元的内容。不过，问题的关键是：如何在不同的行车环境中提供恰当的内容，以及如何以最适宜的形态呈现这些内容。

2015 年 3 月，腾讯与富士康及和谐汽车达成战略合作协议，将共同开发"互联网 + 智能电动车"：作为特斯拉重要的零部件供应商，富士康将利用自身在汽车模具、线束、电池等方面的雄厚积累，负责电动车的整体设计与生产制造；作为国内第二大豪车经销商集团的和谐汽车，负责后续的汽车营销和服务；腾讯则基于互联网方面的技术优势，负责打造车联网开放平台。

整体来看，国内车联网包括"三极"：九五智驾、元征、钛马、博泰等 TSP 服务商（Telematics Service Provider）；京华、飞歌、路畅等车机硬件厂商；以及百度、阿里和腾讯三大互联网巨头。而不论是汽车互联网的前装市场还是后装市场，都无法避开这三极的参与协同。

就 BAT 来看，百度注重底层技术，其在汽车数据分析、人车语音交互、汽车软件系统安全等方面的车联网布局，秉承了一贯的技术思维；阿里巴巴则试图将车载系统与电子商务连接起来，将车机端纳入其 O2O 整体大布局中；而具有娱乐社交优势的腾讯，则重点思考如何将更多的优质内容呈现于车内。不过，BAT 的车联网布局虽然各有特点和侧重，但最终目的都是为了抢占车联网这一重要的场景入口。

第三篇　云计算交通篇

第五章 云计算技术及其在交通管理领域的实践

第一节 云计算技术的诞生、原理与应用发展

一 云计算思想的产生及其概念内涵

2006 年，谷歌高级工程师克里斯托夫·比希利亚向谷歌 CEO 埃里克·施密特提出了"云计算"的想法。在埃里克·施密特的大力支持下，谷歌推出了"Google 101 计划"及"云"的概念及相关理论。

不久后，包括 IBM、微软、雅虎、惠普、英特尔在内的互联网巨头都公布了"云计划"。与"云"相关的云存储、私有云、公共云、内部云等一系列概念开始大量涌现。那么到底何为云计算技术？下面将对云计算技术的产生、概念、原理、应用及前景进行详细分析。

传统模式中，互联网企业构建出一套完善的平台系统，需要购入相关硬件设备、开发或者购买软件、对系统进行安全维护等。随着企业规模的不断增长，业务量的大幅度增加迫使企业不得不对软硬件进行升级。

从企业角度上来说，它们并非真正需要软件产品及硬件设备，因为这些仅仅是企业完成某些工作、提升运营效率的工具。从个人的角度上看，我们平时使用的电脑需要安装各种各样的软件，而类似 Office、Photoshop 等软件是收费的，对于一些使用这类软件频率相对较低的用户而言，这类软件显然性价比不高。

于是我们不禁思考，是不是可以提供这样一种服务，当人们需要

使用软件时能以租赁的方式实时获取软件使用权。这种模式下，我们仅需要支付少量的租金，而不用以高昂的成本购买这种软件。

现实生活中，这种类似的服务其实早就存在。比如，我们每天需要用水，但人们不需要自己购入相关设备从地下取水，而是由专业的自来水厂、生产商等提供。在冬天时人们需要暖气，但人们不需要像以前一样自己烧煤炭，而是由供暖公司集中供给等，这有效节约了社会资源，并降低了人们的成本。

同理，在计算机资源方面，我们同样也可以像供水及供暖一样由专业公司集中供给，我们仅在有需求时，租赁其使用权，云计算由此应运而生。云计算的最终目标是将计算、服务及应用转变为一种公共基础设施，使人们可以像获取水、暖气等资源一样，使用标准化的计算机资源。

在云计算模式中，人们的计算机将变得更加便捷、成本更低。因为它不再需要安装较大的内存、硬盘及各种软件，只需要具备数据接收及向"云"发送相关指令的能力，人们可以实时使用云服务商提供的计算、存储及软件服务。

此时人们使用的计算机更像是一个简单的显示器，主机功能由云服务商提供。从实现的功能上看，人们如今使用的计算机所能提供的功能，显然与专业的云服务商建立的服务器集群存在巨大的差距。

在云计算模式中，人们的消费需求也会发生重大转变，人们不再是购买产品，而是购买云服务商提供的服务。因为展示在人们面前的将不再是复杂的软硬件产品，而是各种个性化及定制化的服务。企业不需要投入大量的资金购入软硬件产品，也不需要承担设备稳定运转的成本，只需要向云服务商以相对较低的成本购买服务。

作为近年来十分火热的新兴商业计算模型，云计算由网格计算（Grid Computing）、分布式计算（Distributed Computing）及并行处理（Parallel Computing）发展而来。虽然关于云计算的相关研究及应用在世界范围内相当火爆，但目前关于云计算并没有统一的定义。

国内云计算领域的专家刘鹏将云计算描述为："云计算是将计算机任务分布在大量计算机构成的资源池上，使各种应用系统能够根据需要获取计算力、存储空间和各种软件服务。"

狭义上的云计算主要是指云服务商借助于虚拟化技术及分布式计算技术打造数据中心或者是超级计算机，企业及开发者可以通过租赁的方式享受数据存储、分析及科学计算等优质服务。典型的代表是亚马逊向全球范围内的开发者及企业提供数据仓库出租服务。

而广义上的云计算则是指云服务商通过打造网络服务器集群，来为个人用户及企业级客户提供数据存储、计算分析、硬件租借及在线软件服务等各种类型的优质服务。与狭义云服务概念的最大差异就在于，它涵盖了更多类型的服务及商家。典型代表包括谷歌公司推出的"G Suite"、我国软件管理开发商推出的金蝶、用友等在线财务软件等。

简单来说，"云"是指网络服务器集群中的各种类型的软件及硬件资源。其中软件资源包括应用软件及集成开发环境等；而硬件资源主要包括处理器、服务器、存储器等。用户或者客户通过计算机向商家发送需求指令后，后者的网络服务器集群就会调用软硬件资源来提供各种服务，用户或者客户的计算机不用进行一系列复杂的工作，所有的任务都将由云服务商的网络服务器完成。

二　云计算的服务形式和典型应用

云计算仍处于初级发展阶段，各种类型的云服务商正在积极研发适用于不同领域的云计算服务。云计算的表现形式十分多元化，在目前的互联网环境中，一些相对比较简单的云服务的应用已经十分普遍，比如，QQ空间用户每天都在接触的线上 Flash 图片制作，谷歌公司推出的广受企业界客户青睐的 Google APPs 等。具体而言，云计算的服务形式主要包括以下三种：

1. 软件即服务（Software - as - a - Service，SaaS）

以谷歌为代表的提供 SaaS 服务的云服务商，将各种应用软件存储于自己的服务器中。消费者可以根据自身的个性化需求购买应用软件服务，支付的费用一般是根据应用软件服务的数量及使用时长等因素共同决定。通常人们需要通过浏览器来使用 SaaS 服务。

SaaS 服务模式完全由云服务商购入硬件基础设施、开发软件并维护服务器集群稳定运行，人们只需要使用接入了互联网的 PC 终端或者移动终端设备，即可享受各种类型的应用软件服务。

SaaS 服务模式中，企业自然不必像以前一样在设备购买、软件开发及系统维护等方面付出较高的成本，只需要在自己有需求时支付一定的租赁费用，即可获取云服务商提供的应用软件服务，这对于控制成本及提升效率无疑具有十分关键的作用。SaaS 服务模式尤其适合那些在资金及人才方面处于劣势地位的中小企业。

以企业管理软件为例，SaaS 服务模式的云 ERP 系统可以让企业根据使用的功能、数据存储规模、使用时长等因素来支付费用，不用购入服务器、软件使用权、项目定制开发及实施、系统维护等各方面的费用。

云 ERP 系统体现了开源 ERP 系统只需要让使用者支付使用费用，而不用支付许可费用的特征，是一种通过服务完成价值变现的 EPR 产品。客户关系管理（CRM）软件服务提供商 Salesforce. com 在该领域内具有较强的领先优势。

2. 平台即服务（Platform – as – a – Service，PaaS）

PaaS 服务模式最大的特征在于，它将开发环境作为一种服务提供给有需求的开发者或企业。PaaS 服务模式是一种分布式平台服务。以应用程序开发为例，该模式中，由云服务商提供硬件资源、服务器平台及开发环境，开发者及企业在云服务商搭建的平台上开发应用程序，并借助云服务商的网络服务器等工具为用户服务。除应用程序开发外，PaaS 提供的服务还包括实验、托管、应用、数据库、应用服务器等多种服务。

谷歌公司推出的 Google APP Engine、Salesforce. com 推出的 force. com 平台等都是 PaaS 产品的典型代表。以谷歌公司的 Google APP Engine 为例，该平台由 GFS、BigTable 数据库及 Python 应用服务器群共同搭建而成，开发者及企业可以通过该平台使用一体化主机服务器，体验能够自动升级的在线应用服务。

开发者及企业编写出可以在 Google 的基础架构上运行的应用程序后，就能为广大用户提供服务，而且应用程序运行及维护所耗费的平台资源完全由谷歌提供。

3. 基础设施即服务（Infrastructure as a Service，IaaS）

IaaS 服务模式将云服务商通过整合多台服务器打造出的"云端"基础设施，提供给有需求的个体及组织。该模式将内存、存储、计算及 I/O 设备等资源整合成为虚拟资源池，从而为客户提供存储资源、虚拟服务器等各种云计算基础设施服务，可以看作为一种典型的托管型硬件模式。IBM 推出的 Blue Cloud 就是一种典型的将云计算基础设施出租给个体及企业的 IaaS 云服务产品。

对企业而言，IaaS 的最大优势在于，只需要以极低的成本使用云服务商提供的顶级硬件产品，并根据自己的需求选择租用的硬件数量及使用时长。这让那些无力购买这些昂贵硬件设施的小型企业及创业公司也能够为用户提供优质的产品及服务。在 IsaS 服务模式领域，谷歌推出的 Google Docs、Google Sites 等 Google 云应用产品具有较强的品牌影响力。

Google Docs 是谷歌公司推出的最早的云计算应用产品。它和微软公司开发的 Office 在线办公软件有诸多相似之处，它能够让用户搜索并处理文档、表格及幻灯片，并借助于互联网将其共享给自己的好友、同事等。谷歌文件是一种在线文字处理、电子制表及演示程序，能够帮助企业员工提升工作效率，实现在线协同办公。

用户的计算机安装了能够使用谷歌文件的标准浏览器并接入互联网后，就能够实时在线创建并管理文档、表格及幻灯片。Google Docs 具备搜索并创建文件、实时协作、权限设置等多种功能，极大地提升了文件的共享及协同能力。

Google APPs 是谷歌开发的企业应用套件产品，它能让客户高效处理不断增长的数据量，与项目成员、合作伙伴等实现实时沟通、共享及协作。它整合了 Cmail、Google Sites、Google Docs、Google Talk 等诸多模块，能够提供通信、发布、协作及管理等多种服务。其成本相对较低，而且用户不需要承担平台的管理及维护任务。

从定位上看，Google Sites 是 Google APPs 的一个组件，其主要被应用在网站编辑方面，可以让团队成员共同参与网站的编辑工作，每个成员都可以将包括文档、图片、音频、视频等各种形式的文件分享给团队中的所有人。

2008 年 4 月，谷歌上线 Google APP Engine 平台，该平台的出现使得广大开发者及企业可以在基于谷歌构建的基础构架上开发并发布专属应用程序。据公布的数据显示，Google APP Engine 平台目前支持 Java 及 Python 两种语言，该平台为每个开发者及企业开发出的应用程序提供 500M 内存、能够承载月均超过 500 万浏览量的 CPU 及带宽。当然，随着用户数据的积累，CPU、带宽及存储空间都可以进行拓展。

为了帮助用户更加方便快捷地开发应用程序，谷歌还为 Google APP Engine 平台推出了专门的软件开发套件。用户可以将开发的应用程序与谷歌的应用程序集成，使用自己的计算机模拟 Google APP Engine 平台中的所有网络服务器应用程序。

三　云计算平台的五大关键性技术

云计算平台的运行涉及了多个领域的技术，而对其影响相对较大的技术主要包括以下五种：

1. 编程模型

完善的编程模型能够使开发者及企业在云计算环境中高效便捷地完成编程工作。谷歌开发的云计算编程模型被命名为"MapReduce"，该模型同时支持 C + +、Java 及 Python 三种语言，主要用于数据量超过 1TB 的大规模数据集的并行运算。

MapReduce 的工作原理主要是，将想要解决的问题划分为 Map（映射）与 Reduce（规约）两种工作模块，前者主要用户将数据分割成多种区块，并借助大量的计算机进行分布式运算，最后借助于 Reduce 模块对结果进行整理并输出。

2. 海量数据分布存储技术

云计算需要有大量的服务器提供支撑，覆盖的用户范围可以达到上亿人。因此，在数据存储方面，云计算系统使用了分布式存储技术，这在提升系统稳定性、缓解网络服务器压力的同时，更提升了系统的可拓展性。目前，谷歌的云计算系统中使用的数据存储系统是

GFS（Google File System，谷歌文件系统）。

GFS 是一个能够进行拓展的分布式文件系统，和传统文件系统不同的是，该系统主要用于处理大规模的数据及谷歌应用产品。GFS 对硬件要求相对较低，具备容错功能。可以让普通用户获取性价比极高的数据存储服务。

一般情况下，GFS 集群由主服务器与诸多块服务器构成，支持多个用户同时访问，主服务器的文件存储系统主要用于存储访问控制信息、文件到块的映射、块的当前位置等所有元数据。主服务器也能够有效控制包括块租约管理、块垃圾收集、块服务器之间的块转移等系统活动。

每隔一段时间后，主服务器就会与块服务器进行通信，即分配给后者工作任务并搜集其状态信息。GFS 中的文件将被划分为 64MB 的标准化块，并以冗余存储技术存储在系统中，每个标准化块的数据至少会在系统中保留 3 份备份。用户对主服务器进行的操作被限制在元数据操作范围，其他方面功能的实现依赖于块服务器实现。这在提升系统运行效率的同时，也能避免主服务器由于稳定量过大而导致系统崩溃。

3. 海量数据管理技术

云计算需要我们对海量的分布式数据进行搜集、分析及应用。所以，云计算所使用的数据管理技术，必须能够高效率地处理海量的数据。目前，云计算系统中主要采用的数据管理技术是谷歌开发出的 BigTable 数据管理技术与 Hadoop 团队创建的开源数据管理模块 HBase。

BigTable 是建立在 FGS、MapReduce、Lock Service 及 Scheduler 基础上的超级分布式数据库。它和普通的关系数据库存在明显的差异是，该数据库将所有的数据作为处理对象，通过构建一个规模十分庞大的表格，来对海量的结构化数据进行分布式存储。

谷歌旗下包括谷歌金融、谷歌地球及网页查询在内的诸多项目，都采用 BigTable 存储海量的数据。尽管不同项目对数据存储的要求存在明显的差异，但 BigTable 无疑都满足各种差异化需求。

4. 虚拟化技术

虚拟化技术能够将软件应用同底层硬件产品隔离开来，不但能实现将单个资源分割为多个虚拟资源，而且能够将多个资源整合为虚拟资源聚合模式。按照处理对象的差异，虚拟化技术可以被划分为存储、计算及网络的虚拟化，其中计算虚拟化又分为桌面虚拟化、应用级虚拟化及系统级虚拟化。

5. 云计算平台管理技术

云计算服务需要投入大量的软硬件资源，服务器规模庞大而且位于多种不同的地区，能够同时为海量的用户提供各种优质服务，这无疑会对云服务商的云计算平台管理技术提出极高的要求。云计算平台管理技术的核心是让大量的服务器实现协同工作，能够在短时间内找到并解决系统问题，通过自动化及智能化的管理使大规模系统保持高效稳定运营。

四 全球最典型的云计算平台介绍

在云计算平台开发方面，为了在未来取得较高的话语权，包括IBM、谷歌及亚马逊在内的企业巨头都在积极开发自身的云计算平台。

1. Google 的云计算平台

谷歌在云计算平台开发领域走在了世界前列，拥有超过3亿活跃用户的谷歌浏览器及广泛分布在世界各地的数据中心，为谷歌云计算平台的快速发展打下了坚实的基础。谷歌云计算平台主要由三部分构成：GFS、BigTable 及 MapReduce。

除这三种云计算平台核心模块外，谷歌还专门开发了领域描述语言 Sawzall 及分布式连锁服务 Chubby，前者是一种基于 MapReduce 的领域语言，可以高效低成本地对海量信息进行处理；后者提供应用范围十分广泛的分布式数据锁服务，当出现问题时，能够使用 Paxos 算法来对数据进行及时备份。

2. IBM "蓝云" 计算平台

IBM 云计算中心为企业级客户搭建了"蓝云"云计算服务解决方案。它能够将企业已有的基础性架构整合起来，并借助虚拟化及自动化技术，为企业打造专属云计算中心，从而对企业的软硬件资源进行集中管理。这可以有效解决应用过度占据企业软硬件资源的问题，让企业享受云计算技术所带来的便利。

整体来看，"蓝云"计算平台将互联网中使用的各种技术及手段应用至企业平台之中，为数据中心营造了类似于互联网的计算环境。该平台整合了 IBM 研发的软硬件系统、大规模计算技术，同时支持开放标准及源代码软件。

"蓝云"建立在 IBM Almaden 研究中心开发出的云基础构架之上，使用 Xen 与 PowerVM 两种虚拟化软件，Linux 操作系统映像及 Hadoop 软件。IBM 目前已经上线了支持 X86 芯片服务器系统的"蓝云"云计算服务解决方案。

蓝云计算平台包括一个数据中心、Tivoli provisioning manager 部署管理软件、IBM Tivoli monitoring 监控软件、IBM DB2 数据库、IBM WebSphere 应用服务器、开源虚拟化软件及信息处理软件等。

和 X86 服务器集群相类似的是，"蓝云"硬件平台环境为了提升计算密度，而采用了刀片式的布局方式；虚拟机使用及大规模数据处理软件 Apache Hadoop 的应用是"蓝云"软件平台的两大核心特征。以虚拟化技术为例，"蓝云"主要实施硬件及软件两个方面的虚拟化。

硬件虚化是对于 IBM 的 p 系列服务器实施虚拟化，从而获得多个逻辑分区。此时借助 IBM Enterprise Workload Manager 就可以对逻辑分区的 CPU 资源进行集中管理。硬件虚拟化使得资源配置更为优化，逻辑分区可以更加科学合理地获得与之工作内容相匹配的优质资源。据了解，目前 IBM 的 p 系列服务器最小的逻辑分区仅有 1/10 个 CPU。

软件虚拟化典型代表就是 Xen，它可以使用户在 Linux 系统中运行另外一个系统。虚拟机是一种十分特殊的软件，它可以模拟硬件运行，用户也不用对想要搭载的操作系统进行修改。虚拟机技术的使用，赋予了平台以下四个方面的优势：

（1）云计算管理平台不用终止正处于运行状态中的应用程序，就可以将计算平台定位到工作任务的物理节点中；

（2）减少以电能为代表的诸多成本投入，它将一定规模的虚拟机计算节点整合到物理节点中，关闭大量闲置物流节点，从而有效降低了成本；

（3）借助于将虚拟机在不同物理节点上的转移，改变了整个虚拟运营环境，从而摆脱了负载平衡性能对应用资源的依赖；

（4）部署更为便捷、高效，人们可以直接将虚拟机部署至物理计算平台。由于虚拟机本身就可以搭载操作系统及各种类型的应用软件，用户通过复制的形式就可以将虚拟机部署到多个物理节点。

"蓝云"计算平台的存储体系结构和 GFS 采用的集群文件系统、通过块设备构建的存储区域网络 SAN 存在着诸多相似之处。对一个强大的云计算平台而言，存储体系结构的搭建十分关键。因为操作系统、服务程序及用户开发的应用程序所使用的数据都需要有一个完善的存储体系结构来进行存储。

设计云计算平台的存储体系结构时，企业可以将大量的小容量磁盘整合起来从而获得一个极大容量的超级虚拟磁盘。当然，使用云计算平台的存储功能时，还需要尽可能提升硬盘数据的读写速度，其云计算平台的存储体系结构决定了需要对多个小容量磁盘同时进行读写。为了实现这一目标，可以采用 GFS 集群文件系统或者通过块设备构建的存储区域网络 SAN 系统。

这两种系统并非是对立的关系，IBM 的"蓝云"计算平台将二者实现了完美融合。SAN 系统为"蓝云"计算平台提供了块设备接口，而 GFS 则负责在基础上建立能够为应用程序提供支撑的文件系统。二者良好的稳定性与可拓展性赋予了"蓝云"计算平台强大的外部竞争力，能够为 IBM 自身的服务应用程序及用户开发的应用程序提供强有力的支撑。

3. Amazon 的弹性计算云

作为一家世界范围内的网络零售巨头，亚马逊为了更好地应对平台高峰时期的用户访问量激增问题，而花费极高的成本购入了许多服务器。但在绝大多数时间，大量的服务器处于闲置状态，不仅造成了资源浪费，而且还增加了投入成本。为了充分利用这一资源，亚马逊开发出了自己的弹性计算云 EC2（Elastic Compute Cloud）平台，并且成为首家成功将云计算基础设施以服务的形式完成价值变现的企业。

亚马逊弹性云建立在自身拥有的由海量服务器构成的大规模计算集群计算平台之上，用户可以用较低的价格获取平台中运行的各种实例（由用户进行控制的完整虚拟运行项目）。在庞大的市场需求环境下，亚马逊获取了较高的收益，而企业在享受优质云服务的同时，也避免了投入大量的成本建立云计算平台所造成的巨大资金压力。

弹性计算云 EC2 平台中的每一个实例代表了一个正处于稳定运行状态中的虚拟机，用户对自己租用的虚拟机具有包括操作系统管理员权限在内的诸多控制权。用户可以通过自己的计算机，来完成和亚马逊弹性计算云平台内部实例之间的交互，交互过程遵循 SOAP over HTTPS 协议。弹性云计算 EC2 平台通过建立了一个虚拟集群环境，不但让用户获得了更多的选择权，也为自身打造出了一个新的利润增长点。

亚马逊弹性计算云 E2C 平台，让广大开发人员及企业享受到多种高品质的云计算服务，而且无须承担硬件购入、软件开发及系统维护成本。在收费方面，亚马逊弹性计算云 EC2 平台十分人性化，用户只需要为自己租用的资源付费。

为了进一步挖掘云计算技术的潜在价值，亚马逊计划在弹性计算云 EC2 平台上为用户提供网络化应用程序服务。从亚马逊近年来的财务报表来看，亚马逊虽然是一家全球领先的网络零售巨头，但其野心绝不仅限于电子商务领域，对于云计算这种未来可能引发诸多行业产业革命的新技术，亚马逊自然不可能放过。

第二节　云计算技术在交通管理中的应用探讨

一　基于云计算技术的未来交通构想

云计算是一种建立在互联网基础上的新兴技术，它利用网络将庞大而复杂的计算任务分解成海量的子任务，然后借助服务器集群构成的庞大系统，完成这些子任务，最后将结果实时反馈给用户，而且这个过程可能仅有几秒钟的时间。

借助云计算技术，企业可以将信息、功能、服务等云端共享资源分配给计算机、服务器等诸多设备。云计算创造出了一种全新的基于互联网的 IT 服务创新、应用及交付模式，能够借助互联网来输出动态、可扩展、虚拟化的资源。目前用户可以使用浏览器、桌面应用程序以及移动 APP 等来获取云服务。

云计算可以让交通管理部门更为高效低成本地配置资源，大幅度降低了管理成本，更为关键的是，它能够通过及时优化 IT 资源配置来充分满足用户的个性化需求。和基础设施一样，云计算需要大规模的资源共享来实现规模效应。

云计算服务商通过整合海量资源为广大用户提供个性化服务，后者可以根据自身的需求来随时调整租用的资源、服务、功能等，这使得用户无须花费巨额成本购买相关的软硬件设备，仅需要支付一定的租赁费用即可。

从云计算的概念诞生至今，经过十多年的探索，市场中已经出现了亚马逊、微软等具有明显领先优势的云服务供应商，不过其主要用户是企业级客户。但对于目前交通管理领域来说，云计算应用案例相对较少，无论是政府部门，还是商业企业，在交通管理领域的云计算应用方面都尚处探索阶段。

可以预见的是，随着云计算技术的不断突破以及其在交通管理领域应用的不断深入，交通管理业务系统、公共信息服务平台、交通管理数据中心基础架构等将会"云化"，交通管理部门提供的服务会日趋完善，届时，作为交通服务载体的交通云将爆发出巨大的价值。

交通云将具备三种服务模式：IaaS（基础设施即服务）、PaaS（平台即服务）、SaaS（软件即服务）。具体来看，交通管理部门在内部将以私有云模式处理数据、调配资源等，在外部则通过公有云模式发布路况信息、提供信息服务等。而运营商及服务商将借助交通管理部门提供的接口，开发丰富多元的交通增值服务，在使人们实现高效、便捷、低成本出行的同时，也将推动交通云不断走向成熟。

云计算从 2006 年诞生至今已经获得了长足发展，很多国际科技巨头也在积极向该领域进军。但在交通管理领域，云计算的应用尚属空白，造成这种情况的原因是多方面的：

（1）云计算技术本身的限制以及缺乏专业人才。

（2）没有可以借鉴的成功案例，再加上对敏感数据泄露、丢失的担忧，使交通管理部门对云计算技术的应用缺乏自信与积极性。

（3）没有统一的云计算技术标准，国家相关法律法规严重滞后。

（4）在我国目前的政策与体制环境下，要想将各地、各部门的交通资源、功能、服务集中到一个虚拟资源池中，无疑会遇到极大的阻力。

这些问题的存在，确实对云计算在交通管理中的应用带来了较高的挑战，但随着云计算技术的持续突破、智能交通及智慧城市战略的推进、我国政治改革的不断深化，上述问题都将迎刃而解。

二　交通管理系统面临的问题与挑战

随着科技强警战略的不断推进，交通管理的服务水平、工作效率等确实有了一定程度的提高。但在实践过程中，由于管理模式、技术限制等因素，导致出现了很多问题。具体来看，目前我国交通管理系统的问题主要表现在以下几个方面：

1. 重复建设、现有资源利用率不足

各地交通部门使用的是相对独立的交通管理系统。在打造交通管理系统过程中，技术见长的部门可能会进行自主研发，不过更多的部门是通过招标的形式和企业进行合作，但这造成了各部门交通管理系统不兼容、无法实现资源共享，从而引发重复建设、资源浪费等方面的问题。

以公安交通管理综合应用平台为例，为了实现工作效率最大化，很多基层组织会根据当地的个性化需求使用外挂系统，在导入数据时，通常是先将数据导入到外挂系统中，然后借助外挂系统导入平台，而县、市级部门也会自主研发或者以招标的形式开发相应系统，这就导致相同的数据占用了大量的数据库资源，从而提高了平台建设及维护成本。

重复建设问题在交警和其他警种之间也普遍存在，以城市监控体系为例，同一个路段会同时存在治安、交警、消防等多套监控系统。

对于 UPS 电源及大型机房，网安、科信、技侦、交警及指挥中心等也都会建立一套独立的系统，这无疑会造成严重的资源浪费问题。

2. 政策不明确和变动导致的科技投入被动与闲置

当前，我国交通管理领域的科技含量相对较低，部分地区因为在技术、经济、发展经验等方面的限制，无法制定出有效的发展策略。

以警务通建设为例，一些省份最初的政策是鼓励并引导各地市支队自行建设，但由于缺乏统一的标准及有效的技术支持，导致很多地市支队建立的警务通系统存在各种问题，为了解决这些问题，政策又调整为由省级总队提供接口以及相关标准，然后再由各地市支队根据当地的实际需求建设。

此外，随着我国大型数据中心的逐渐落地，国内各地耗费大量资源建立的驾管、违法系统服务器被逐渐淘汰，这使大量的硬件设备被闲置在各地机房中，不但浪费资源，而且需要定期进行维护。

3. 现有系统数据库系统存在速度慢、扩展性不强问题

交通管理系统能够高效运转的核心在于，对海量数据的及时、高效分析及处理。而当前交通管理系统普遍采用数据库服务器（如 ORACLE、SQLSEVER 等）和磁盘阵列相结合的基础架构，但这种架构对数据读写速度有较大的限制，很难满足现代化交通管理需求。

虽然有关部门也在积极对交通管理综合平台的操作日志查询、车驾管及违法数据等模块进行升级，但数据处理速度始终未能得到有效提升。目前，部分企业开发出了面向交通管理的大型数据库，但其存储扩容及维护成本极高，如果对其进行大规模推广，很容易导致交通管理系统被这些企业绑架。

4. 信息孤岛问题

由于交通管理系统开发单位所使用的标准有所差异，再加上知识产权、敏感数据保护等因素的限制，推进国内各部门交通管理系统数据共享工作很难取得实质进展，从而引发了交通管理领域的信息孤岛问题。

三　基于云计算的交通管理应用研究

随着人类社会的不断进步，商业及社会活动日趋多元化，人们的

出行需求快速增长，从而给交通系统带来了极大压力，而我国庞大的人口基数，更是给交通系统的稳定运行造成了巨大挑战，交通拥堵成为当前我国亟须解决的时代课题。而云计算技术的应用，为解决这一问题提供了新的思路，它能够实现对交通系统的升级改造，为跨区域、跨部门的交通信息统一管理、信息系统无缝对接提供强有力支撑。

作为一项世界前沿技术，云计算所拥有的强大能量，给人类社会的发展提供了广阔的想象空间，它对传统数据共享架构产生了颠覆性变革。作为一种现代资源系统管理模式的云计算服务模式，得到了企业界的广泛认可。

城市化进程的日渐加快，使我国的交通问题越发严重，而打造智能交通系统在世界范围内被视为解决各种交通问题的最为有效的途径之一。20 世纪 90 年代，智能交通系统（Intelligent Transport Systems，ITS）的概念逐渐在世界范围内得到全面普及推广。

将云计算服务模式应用到智能交通系统中，可以对交通信息高效整合及处理，促进人、车、路三大交通参与要素之间的信息交互，对交通资源进行高效配置，降低交通事故及交通拥堵出现的概率，提高路网通行效率，打造出一个高效、稳定、安全的智能交通服务体系，为我国智慧城市战略的落地打下坚实的基础。

毋庸置疑的是，交通体系涉及的信息类型十分复杂，比如：用户信息库、车牌自动识别信息、交通标志信息、交通网络连接信息、车辆 GPS 跟踪定位信息等。发挥交通信息云的功能需要经过三大环节：对海量交通数据进行收集、对收集到的交通数据进行分类处理及分析，以及对处理及分析结果进行应用。

基于云计算的交通管理系统具有以下技术优势：

（1）降低成本。目前，国内各交通部门通常都有一套独立的交通信息管理系统，智能化及集成化水平相对较低，运营及维护成本极高，无法实现跨部门交通信息协同管理。而引入云计算技术后，用户不必耗费大量资源，只需要向云服务商支付所使用的相关模块的租金即可获取相应服务。这就使各地方政府打造智能交通系统的成本大幅度降低，使未来智能交通系统在国内的快速普及推广成为可能。

（2）促进交通系统的改造升级。由于国内各交通部门之间使用相对独立的交通信息管理系统，使交通信息流通受阻，给智能交通系统的落地带来了巨大阻力。而云计算技术将有效推动交通信息资源的跨区域、跨部门整合，促使交通系统不断完善并走向成熟。

（3）推动智能交通应用创新。在打造传统交通系统过程中，相关人员通常是先明确系统应用方向，并根据此方向确定信息收集类型及范围，从而造成了交通信息类型单一，缺乏足够的深度及广度的不利局面。

而将云计算技术引入交通系统后，交通信息资源在全国范围内的自由流通及共享，使信息来源变得极为丰富，信息类型十分多元化，这些海量信息将会被集中存储在云端平台，在确保信息安全的前提下，广大用户可以根据自身的需求获取相关数据，从而为智能交通应用创新打下坚实基础。

（4）促使智能交通服务日渐成熟。云计算的开放、共享特征，带来了海量的交通数据，在政府部门、研究机构、创业者及相关企业的积极探索下，将会创造出更为多元化的智能交通服务，并促使服务水平及服务质量逐步提升。在这种优良的环境下，我国的智能交通服务最终将会走向成熟。

四　推进云计算交通管理系统的建议

随着数据规模及业务量的快速增长，交通管理需求日趋多元化，信息基础设施建设进程日渐加快，对交通管理系统的业务功能、系统关联、数据质量、信息服务水平等带来了更高的挑战。

云计算技术的应用，将为推动我国交通管理水平的快速提升提供强大推力，有效降低管理成本，帮助各部门制定更为科学合理的交通管理决策。在将云计算技术应用至交通管理领域的过程中，必须做好以下几个方面：

1. 提高设备资源利用率

随着我国城市化进程的不断加快，交通管理业务量在短时间内集中爆发，包括能耗、基建、运营、软硬件购置、占用厂房在内的交通管理总拥有成本也大幅度提高。而应用云计算技术后，可以将广泛分布在全国各地的交通管理资源、服务、功能等进行整合，打造出一个强大的虚拟资源池，从而为交通管理提供强有力支撑。

更为关键的是，应用云计算技术后，系统中的很多工作将直接由软件自动完成，不需要各地交通管理部门投入大量人工成本，有效提高工作效率及服务质量。与此同时，各地交通管理部门可以通过云端获取各种服务，而不必购入大量软硬件资源，从而极大地降低交通管理总体拥有成本。

2. 提高数据分析处理能力

在交通问题越发突出的背景下，打造智能交通系统受到了世界各国的高度重视，当前国内经济较为发达的一、二线城市都在积极进行相关探索。

智能交通系统是一种十分庞大而复杂的系统，它由交通信号控制、超速监测系统、单兵移动警务系统、交通应急移动指挥系统、GPS 车辆定位系统、治安卡口系统、交通流量采集和检测系统、交通流量诱导显示发布系统、道路交通视频监控系统、交警综合指挥调度管控平台系统等诸多子系统构成。

该系统能够借助广泛分布在该路段的前端传感设备搜集海量实时交通数据，并对数据进行高效处理及分析，从而为交通部门、广大民众及企业提供精准、高效、安全的交通信息服务。

物联网、移动互联网等新一代信息技术的崛起，使得交通管理部门能够搜集到的交通数据规模迎来质的飞跃。但如何快速高效地对这些数据进行处理及分析，以便为交通管理决策提供有效指导，是摆在交通管理部门面前的一大难题。

而将云计算技术和大数据分析技术相结合，为解决该问题提供了有效途径。云计算可以通过互联网对海量的计算处理程序进行拆分，并调用计算机、服务器等资源进行处理，充分发掘出交通数据资源的潜在价值，提高交通管理决策的科学性、精准性。

3. 增强业务数据的可靠性、安全性与存储能力

档案管理电子化，非现场执法（使用包括雷达测速、电视监控、

闯红灯监控、公路卡口在内的诸多设备进行交通违法抓拍）是智能交通的典型应用，而这会带来交通数据的大规模增长，数据中心需要具备更大的存储容量、更高的可靠性与安全性，从而给交通数据管理工作带来极高的挑战。

而云计算技术通过虚拟资源池（包含大量分布式设备）对数据进行存储，在降低数据管理及维护成本的同时，能够有效控制火灾、地震等自然因素，以及黑客攻击等人为因素带来的数据泄露风险，极大地增强交通业务数据管理能力。

第三节 基于云计算的交通安全预警管理平台

一 云计算交通安全预警管理分析

随着近些年云计算技术的发展成熟和相关架构的不断完善，以云计算为支撑的各类互联网应用大量涌现，推动了云计算技术在更多行业领域的渗透与应用，在企业信息化系统建设、互联网运营等方面发挥出巨大价值。

从交通领域来看，云计算是提高交通运行与管理的数字化、智能化水平的重要支撑。比如，依托云计算技术的交通安全预警管理平台，通过大量传感器自动感知行驶车辆内外部环境的安全状况，实时采集车辆监控视频和各类安全数据，进而将这些安全数据信息传输到控制中心进行大数据分析处理，为相关决策提供科学客观的依据；将控制中心做出的决策实时传送到终端，在确保车辆交通安全的同时提供丰富的路况交通信息服务。

云计算是通过对各类 ICT（信息、通信和技术）资源的统一组织和灵活调用，实现大规模计算的信息处理和按使用量付费的方式。简单来看，云计算借助分布式计算方式和虚拟资源管理等先进技术，将分散在网络各处的 ICT 资源（计算与存储、应用运行平台、软件等）聚合起来形成可配置的计算资源共享池，向用户提供便捷可用、动态按需的服务。

根据不同的服务类型，云计算可分为 IaaS（Infrastructure as a Service，基础设施即服务）、PaaS（Platform as a Service，平台即服务）、SaaS（Software as a Service，软件即服务）。

下面我们从网络接入方式和逻辑架构模型两个方面，对云计算交通安全预警管理平台进行分析。

1. 网络接入方式

包括前端移动车辆、电子站牌和监控中心三个方面。

（1）前端采集设备网络接入方式：主要采用 VPDN（Virtual Private Dial‑up Networks，虚拟专用拨号网）的接入方式。交通用户可自主为车载无线终端分配 IP 地址，行业应用专网与公共的互联网处于隔离状态，能够有效避免交通用户专网受到黑客或病毒攻击，从而既保证了交通用户数据的私密性和安全性，又保障了网络传输的稳定性。

（2）电子站牌网络接入方式：电子站牌（Electronic bus stop board，又称公交车站信息化系统）是指综合利用 GPS、GIS、先进的通讯方式、视频传输技术和智能传感设备等多种技术的信息应用系统。电子站牌具有分散性、专线施工难度大、成本高等特点，因此其网络接入方式可以参照移动车辆。

（3）监控中心网络接入方式：监控中心位于交通公司总部大楼，因此可以借助已有专线采用 VPDN 接入方式。

2. 逻辑架构模型

从需求与功能应用的角度出发，云计算交通安全预警管理平台的逻辑架构包括：

（1）业务支撑层：通过移动通信网络为整个平台提供底层数据传输、共享和终端设备的网络接入支持；通过数据采集与共享为各种交通管理业务提供所需的数据收集、融合、处理与共享服务。

（2）业务应用层：通过交通安全预警管理系统对设备运行状况和运营效益进行有效管理，将整个系统应用到交通管理中心、可变信息发布、辅助交通规划、路径诱导、紧急车辆调度、停车信息等各种业务中。

（3）终端应用层：主要是通过固定终端和移动终端获取交通安全预警管理平台中提供的各种信息服务。

二 云计算交通安全预警平台应用

交通安全预警管理平台以监控、预测和矫正人们的交通行为为核心，通过对交通运行中外部环境突变、运载工具失控、人为操作失误等因素的有效分析，帮助交通运输部门和相关企业实时监测、判断和预控引发交通事故和灾难的因素，通过及时发现、预防和矫正威胁交通安全的诱发因素，有效保证交通运输系统始终处于安全有序的运行状态。

交通安全预警管理平台的运行包括预警分析和预控对策两部分。预警分析是对可能引发交通事故或灾难的现象、行为等因素进行识别、分析和评判，并做出相应警示，包括监测、识别和诊断三个过程；预控对策则是基于预警分析结果，对交通事故和灾难的诱因及时进行矫正、规避和控制的管理活动，包括组织准备、日常监控、危机管理三个环节。

安全预警管理平台是对智能交通管理系统和智能交通系统的集成应用，除了基本的预警分析和预控对策，还能提供众多增值应用服务，如现有系统数据导出接口模块、平台数据接收接口、红绿灯智能控制系统、交通信息发布系统、交通数据挖掘系统、交通模型分析系统、交通流模拟与展示系统等内容。

1. 安全指标的评价体系

主要包括人的安全性、车辆的安全性、道路的安全性以及对道路安全的管理。

2. 车辆防控系统

车辆防控系统作为公共安全防控体系的主要组成部分，可广泛应用于出租车、公交车、货运车辆和其他特种车辆的定位、监控与运营调度，通过数字化、智能化的防控体系大幅提供车辆交通管理效率和水平，有效保障车辆使用中各环节的安全性。

具体来看，基于云计算的交通安全预警管理平台能够在车辆防盗、黑名单告警、车辆稽查、移动网络电子栅栏、车辆防抢和紧急呼救、实时车内图像监控、急救待援、可疑车辆追踪、肇事车辆逃逸协查、车辆超速监控等方面发挥重要作用。

3. 车辆身份管理平台（危险品）

危险品车辆是道路交通的一大安全隐患，需要通过合理运筹与决策规避任何可能的交通安全风险。其中，危险品车辆的调度与监控是重要一环，一方面要在确保民众人身安全的情况下确定最优行车路线；另一方面要实现行车路线的可视化展示，使危险品车辆的运行路线、速度、实时位置、是否求救等信息始终处于危险品监控中心的监测掌控下。

同时，可视化展示还能让决策者在屏幕上找到更好的路线，从而及时优化危险品车辆的行车线路，并为评价和管理道路交通安全、构建事故应急处理体系等提供有力的数据支撑。

对危险品等特种车辆的管理，需要安装基于电子身份认证和GSM/GPS的定位导航终端对车辆进行实时定位、监控和调度管理，包括第三方定位与监控、危险情况预测、道路指引等。

具体来看，车辆电子身份管理平台是机动车辆电子身份的管理者和基础服务提供者，由车辆管理平台专用接口、增值服务平台专用接口、统一用户资料管理、移动台号码与车牌号码互解析、车辆信息管理、车辆定位、车辆身份认证、敏感车辆检索服务、车载终端信息发布、系统管理、GIS等众多系统模块构成，能够提供移动台号码与车辆互解析、车辆定位和身份认证、敏感车辆检索等多种基础服务。

4. 城市交通公共 GPS 信息系统

交通公共 GPS 信息系统以打造高水平的智能交通物流云计算信息服务平台为目标，在公共交通车辆（公交车和出租车）与物流运输车辆的位置定位、实时监测、IC 卡统计数据、客流量统计仪的数据导入库等预留数据接口，构建具有统一标准、统一平台、统一信息分发和共享的城市交通管理平台，推动公交公司、物流公司、客运公司、危险品车辆公司、公安交管局、交委直属单位等打破"信息孤岛"，实现各类交通信息的互联共享。

总体来看，随着云计算、大数据等先进技术的发展成熟，基于云计算的交通安全预警管理平台将广泛应用到校车、出租车、公交车、长途货运车等的交通安全管理中，在增强交通管理的实时监控与风险规避能力、保障交通安全、提高交通运行管理的数字化和智能化水平等方面发挥重要价值。

三　基于云计算的交通流监测系统

我国经济快速发展，使人们的生活水平获得了明显提升，但在这个过程中也引发了多种问题，比如汽车数量的大幅度增长，导致各种交通问题层出不穷，交通拥堵、环境污染、交通事故频发等问题，使广大民众对当前的交通系统积怨颇深。

而打造出基于云计算平台的物联网智能交通流监测系统，无疑为解决这一问题提供了有效手段，比如我们可以利用路面上的监控摄像机拍摄的视频图像数据，来对交通流参数进行分析，从而满足交通检测需求。

交通流监测系统建立在交通流流体理论的空间及时间离散化数学模型基础之上，它可以利用道路上的摄像机拍摄的车流图像数据打造二维模型。而随着交通基础设施不断完善，交通数据规模愈加庞大，对相关分析结果要求的精度越来越高，传统的交通流参数计算方式已经变得不再适用。

云计算技术凭借着高性能计算及海量数据存储能力，得到了世界各国的高度认可，它可以将资源虚拟化，并且根据用户的个性化需求进行高效及动态分配。这些特性使其在应用到交通流检测系统中后，将具备广阔的想象空间。

1. 交通流参数的提取

在视频交通监控系统的诸多模块中，车辆检测无疑是最为基础也是最为核心的组成部分。交通流目标提取算法主要包括背景建模算法、帧差算法及目标跟踪算法。背景建模算法有效解决了采用帧差算法时，前景区域提取缺失的痛点，并借助高斯混合模型提供更为完善的像素点分布。与此同时，高斯混合模型可以避免前景点对背景点的建模造成负面影响，并消除背景规律性晃动。

此外，在交通流参数提取过程中，还需要使用数字图像处理技术，来获取道路车流量及坐标映射等信息。在处理数字图像的过程中，需要用到编码、重建、恢复、分析、数字化及图像增强等技术。

2. 自适应背景预测与更新建模算法

从实践效果来看，当前市场中的主流车流量检测算法并不完善，在检测精度及实时性等方面存在很多问题。在此，本书将提供一种基于 Kalman（卡尔曼）滤波的具备自适应背景预测及更新建模的车流量检测算法，该算法可以对建模函数进行自适应修正。

简单来说，Kalman 滤波算法可以被理解为一种最优化自回归数据处理算法（optimal recursive data processing algorithm）。早在 30 多年前，Kalman 滤波算法就已经在机器人控制、导航、传感器数据融合、导弹追踪、雷达系统等方面得到广泛应用，在实际应用中，往往需要使用一个线性随机微分方程形式的离散控制过程系统：

$X(k) = AX(k-1) + BU(k) + W(k)$

该系统需要一个能够与之匹配的测量值：

$Z(k) = HX(k) + V(k)$

其中，$X(k)$ 表示 k 时刻的系统状态，$U(k)$ 表示 k 时刻对系统的控制量，$Z(k)$ 表示了 k 时刻的测量值，$W(k)$ 和 $V(k)$ 分别表示过程和测量的噪声；A 与 B 代表系统参数，H 是测量系统的参数（在多模型系统中，A、B、H 的表现形式都是矩阵）。实验证明，在车流量检测中得到的相关数据，和该线性随机微分系统有较高的契合度，所以，采用 Kalman 滤波算法可以充分保障检测精度与效率。

基于 Kalman 滤波理论的时域递归低通滤波算法模型，可以对缓慢变化的背景图像进行精准预测，这也为我们提供了一种基于运动检测的多帧降噪手段。Kalman 滤波算法具有一定的记忆功能，它可以通过对一段视频进行加权平均处理，来获取和实际背景图像具有较高相似度的初始背景，初始背景质量不受起始时间的影响。

同时，它能够在一定程度上滤除颗粒噪音、消除摄像机抖动的负面影响，有助于检测人员从中提取运动目标。使用该时域递归低通滤波算法模型处理图像序列时，在图像快速变化过程中，将会分离出图像序列的缓变部分，如果目标轮廓的所有像素值都是零，表示图像序列中没有出现我们想要寻找的运动目标。实验数据也充分证明了采用这种车流量检测算法后，其与场景匹配的权值将随着时间的延长而逐步扩大。

3. 实验结果分析

测试实验在 PC 端进行，并利用微软推出的 VS2010 开发环境平台。将在城市复杂路况拍摄的车流量数据，输入定制开发的软件，以及上述自适应背景预测与更新建模算法后，取得了良好的效果。

实验过程中，服务器中的路况信息被实时传送到终端设备中，并且利用云计算技术对图像数据的强大处理能力，可以根据交通等级对 GIS 系统中的路段进行差异化显示，更为关键的是，当把鼠标移到各路段时，可以在显示器上清晰地显示该节点的实时路况信息。

实验数据表明，当目标车辆以 80km/h 的速度行驶时，其在模型（比例为 1:24）中速度约为 1m/s，此时车辆长度测量误差为 2.28%，宽度测量误差为 4.25%，而汽车车型的识别精准度则高达 100%。

通过采用上述基于 Kalman 滤波的自适应背景预测与更新建模算法，有效控制车辆关键参数（长度、宽度、车型等）的测量误差，并打造私有云计算平台，可以高效精准地分析并预测路况信息、运输效率、道路占有率等数据，这将为解决我国面临的诸多交通问题提供了强有力的数据支撑。

第六章　基于云计算的智能交通系统建设与发展

第一节　云计算引领未来智能交通的发展方向

一　全球智能交通系统的发展历程

随着"互联网＋"的快速发展，用互联网改造重塑传统交通运行管理的智能交通模式受到普遍关注，成为各国突破交通业困境、解决城市交通难题的首选方案。不过，由于技术和传统交通运行管理模式的制约，智能交通在实践中还存在诸多痛点，如信息传递缓慢、"信息孤岛"现象等，从而使智能交通在信息传递的可达性与准确性上难以达到最优效果，对决策支持、管理调度等方面造成不利影响。

云计算技术则为智能交通发展提供了有效的问题解决方案，其超强的计算能力、动态的资源调度、按需提供服务、海量信息的集成化管理等特点和优势，为构建智能交通公共服务平台、增强交通运行管理的智能化水平提供了有力支撑。

智能交通系统是综合应用信息技术、数据通信传输技术、电子传感技术、卫星导航与定位技术、控制技术、计算机技术、交通工程等众多高新技术的创新交通运行管理系统，是以交通相关需求为出发点和落脚点，利用多种信息化技术手段对交通大数据进行采集、处理、发布、交换、分析和应用，通过对各种资源的充分利用，全方位提高交通效率、安全和管理水平，并为交通参与者提供丰富个性的交通信息服务。

智能交通受到世界各国的普遍关注与青睐，当前已形成了美国、日本和欧盟三大研发与应用阵营。

早在 2010 年，美国就在其发布的《美国 ITS 战略计划 2010—2014》中提出了智能交通体系的七个方面：出行和交通管理系统、出行需求管理系统、公共交通运营系统、商用车运营系统、电子收费系统、应急管理系统、先进的车辆控制与安全系统。

七大系统中，每个领域都有相应的用户服务功能，同一信息服务可以在不同出行方式间共享，信息发布渠道实现多元化，如路边动态信息标志、公路资讯电台、公交终端信息显示等的发布、管理与控制，常与主干道、高速公路、公共交通和事故管理等系统结合在一起。

日本将智能交通模式应用到了交通信息发布、电子收费、公共交通、商业车辆管理、紧急车辆优先通行等方面。日本交通相关部门主要利用道路交通情报通信系统（Vehicle Information and Communication System，VICS）对获取的交通拥堵、行车所需时间、交通事故、道路施工车速和线路限制、停车场空位等多种信息进行编辑处理后，实时准确地传送给道路交通用户。

与发达国家相比，我国的交通信息化建设起步较晚，到 1995 年才开始将 GPS 技术用于交通车辆管理。不过，依托互联网和移动互联网的领先优势，我国智能交通建设发展迅速，被众多城市和地区纳入到交通发展整体战略规划。交通信息集成平台、国家高速公路综合交通服务与管理系统、远洋船舶和货运监测系统等公共平台投入运营，公路不停车收费、公交智能化技术等的应用范围也不断拓展。

二　云计算智能交通中的应用优势

当前智能交通建设的一大痛点是各部门"信息孤岛"严重，虽然部门内部的信息化水平较高，但交通数据信息却难以突破部门壁垒实现互联互通和共享协同，从而严重制约了智能交通系统中信息传播的可达性、准确性，不利于交通决策优化和管理调度效率的提高。

云计算超强的计算能力、动态资源调度、按需提供服务、海量信息的集成化管理机制等特点和优势，则为解决上述智能交通建设痛点提供了有效方案。此外，云计算技术在智能交通中的应用，还有助于解决当前智能交通系统中信息单向传播、缺乏互动反馈的不足。

简单来看，之前的智能交通系统是使用专用设备、构建在专用系统上的，而基于云计算的智能交通系统则更具开放性，不仅能向交管部门提供服务，也能为社会公众提供需要的交通信息服务，从而推动智能交通系统从封闭走向开放，拓展了智能交通发展的新方向。

云计算在智能交通中的应用优势主要表现为：

（1）超强计算能力："云"覆盖了网络中的众多计算机，且是一个不断拓展的开放网络，具有超强的计算能力。

（2）通用性和易扩展性：云计算并不局限于某个特定应用范围，而是具有通用性和易扩展性的优势。基于"云"的高度开放性，云计算能够拓展出丰富多样的应用形态和领域，且不同应用的运行可依托同一个"云"的支撑。此外，"云"的规模还可以根据不同应用和用户规模增长的需求进行动态伸缩。

（3）高可靠性：与本土计算机相比，云计算具有数据多副本容错、计算节点同构可互换的特点，服务具有更高的可靠性。

（4）按需提供服务：从用户需求出发提供定制化、差异化的服务，这是云计算的突出特色。

（5）节能减排：一方面，"云"的通用性大幅提高了资源的利用效率；另一方面，特殊的容错机制使"云"可以由低廉的节点构成，从而大幅降低了云计算系统的打造成本。

三　云计算智能交通公众服务平台

智能交通公众服务平台是基于对交通基础设施的感知，综合利用信息采集技术、云计算技术和先进的信息融合技术等，对各类交通出行信息进行挖掘、分析和处理，为公众提供交通出行全流程（出行前、出行中、出行后）的个性化优质服务。

通过智能交通公众服务平台，公众可以随时随地利用各种通信终端获取需要的交通服务信息，体验无边界和一体化的交通服务；道路管理部门能够获得公众实时交通数据，与公众实现良好互动；还能为其他行业提供相应的交通大数据或服务支持。

从功能层面来看，智能交通公众服务平台是依托云计算技术，通过充分利用各类交通信息资源，实现各平台数据的分布式存储和高速传递、共享，进而通过对异构数据信息的深度融合与分析处理，为用户提供多元服务。

总体来看，云计算智能交通公众服务平台主要包括架构体系、虚拟资源调度和管理、大数据存储、海量信息的计算模型等内容。

1. 架构体系

即通过打造"数据融合、业务协同、服务多元"的平台架构体系，实现高效整合、快速响应和自适应变更的智能交通领域异构数据信息的集成化管理。简单来看，智能交通面向的是不同群体和行业领域，而每个领域在交通数据和业务方面都有所不同，因此需要通过不同领域异构数据的融合实现业务协同，进而为用户提供按需动态的多元化智能交通信息服务。

2. 虚拟资源调度和管理

大规模数据处理业务是智能交通运作的重要一环，其主要表现形态为计算密集型应用，可以利用虚拟化技术和云计算资源管理平台，实现虚拟资源的有效组织、利用、调度和集中化管理。

3. 大数据存储

与其他数据存储方式相比，云计算对大数据的分布式存储和冗余存储方式，更能够保证数据信息的可靠性、可用性和经济性。比如，以 HDFS（Hadoop Distributed File System，分布式文件系统）为支撑打造云存储服务系统，可以借助 HDFS 的高吞吐量优势，实现智能交通海量数据的有效存储。

4. 海量信息的计算模型

云计算具有超强的计算能力，能够对海量、复杂、无序的交通数据进行有效分析处理，实现交通数据建模、时空索引、交通数据挖掘和分布式处理、交通流动态实时分析预测等。

智能交通公众服务平台并不针对单一群体和领域，而是要为车辆驾驶员、企业和政府相关管理部门等众多群体提供多元化的智能交通应用服务：为交管部门进行车辆调度、交通管理等决策提供坚实的数据支撑，为交通参与者提供实时、准确、多元的交通信息服务，最终构建一个人们可以随时随地通过各种通信终端获取所需信息的无边界一体化的交通信息服务系统。

因此，打造智能交通公众服务平台离不开云计算、云服务的有力支撑。具体来看，就是以公众的交通出行需求为切入点，通过对不同交通位置、信息资源及服务的有效整合，实现交通信息资源的集中化管理，进而通过将所有服务发布到云端，为公众提供便捷、实时、多元的交通信息服务。同时，通过平台提供的企业服务接口，还能实现公众、企业和政府交管部门间的良性互动，从而为用户带来更好的交通出行服务。

智能交通公众服务平台在日常交通运行管理中的作用越发重要，是解决城市交通痛点的有效手段。比如，基于人、车、路等多种交通因素综合分析的路径诱导服务，可以为道路使用者实时提供各种交通服务信息，帮助他们制定更合理的交通路线，从而提高城市整体路网的交通流通效率，构建顺畅、便捷、高效的交通出行环境。

云计算的发展成熟和应用，为智能交通公众服务平台建设带来了新思路和方法。基于不同行业领域异构数据深度融合的服务创新，构建集中化管理、分布式部署、统一发布与维护的智能交通公众服务平台，为公众、企业、行业、交管部门等提供按需动态、多元个性的交通服务，从而实现不同行业领域交通服务的互联共享与协同管理，提高整个交通业的数字化、智能化水平。

四　基于云计算的交通运输智能化

经济的快速发展，使城市交通问题愈加严峻，有限的城市土地资源也导致无法通过对交通基础设施进行大规模改建及扩建来解决交通问题，而将电子信息技术与交通运输深度融合的智能交通系统，则成为破解交通拥堵、交通事故频发、路网通行效率低下等诸多交通问题的有效途径。

打造智能交通系统将成为世界交通行业的主流发展趋势，而对交通数据进行实时处理，从而为交通管理决策提供有效支撑，无疑是智能交通系统研究的重要领域之一。对海量交通信息进行收集、分析并应用，是为广大民众提供个性化智能出行信息服务的关键所在。云计算技术的蓬勃发展，为交通运输智能化的落地提供了强有力支撑。

1. 交通运输智能化

智能交通系统（ITS）在交通运输中的应用，是交通运输智能化的典型代表。在《中国智能交通系统体系框架研究报告》中 ITS 被定义为："在拥有较为成熟的道路、机场、港口、通信等基础设施的基础上，充分整合并应用控制技术、传感技术、通信技术、系统融合技术及通信技术等，对地面运输系统进行优化完善，最终打造出高效、精准、实时的交通运输系统。"

对智能交通系统进行深入研究，将有助于充分发挥计算机及通信技术和传统交通运输技术的协同能力，对交通信息进行收集、分析及应用，促进人、车、路之间的信息交互，减少交通拥堵、降低交通污染、提高通行效率，最终打造出一个优质而完善的现代化交通物流服务系统。

ITS 对交通信息的高度共享、交通基础设施建设及海量交通数据的处理能力等，有较高的依赖性，能够为广大用户提供个性化交通信息服务。从实际发展情况来看，国内主要城市已经初步建立起了交通信息服务系统，但对于将海量交通数据资源应用到交通管理及运营中，目前尚未取得实质性进展。

2. 云计算对交通智能化的推动

智能交通系统平台能够为交通运输管理系统、交通运行指挥系统、道路交通综合调控系统、交通综合检测系统、公共出行信息服务系统、交通管理及应急仿真决策支持系统等多种交通系统提供数据支撑。交通数据覆盖的范围十分广泛，传统数据处理方式不但效率低下，数据精度较低，而且会带来极高的人工成本。而云计算技术凭借强大的计算性能、可扩展性及动态部署等方面的优势，成为智能交通系统平台得以充分发挥其价值的重要基础。

云计算数据中心能够存储海量的交通数据，以资源池的形式对服务、功能等信息进行结构性优化，实现交通数据的高度共享，并为智能交通信息服务及交通管理决策提供有力支持，对长期以来始终未能得到有效解决的海量交通信息数据存储、共享等问题，提供行之有效的解决方案。

以云计算技术为支撑的交通信息云，将充分满足广大用户的个性化交通信息需求，它代表了一种对交通数据进行搜集、处理及应用的全新工作模式，是云计算及交通信息云两大核心部分组成的信息全过程。

信号灯倒计时信息、车牌自动识别信息、车辆 GPRS 定位信息、道路网络联通信息等海量交通数据，将被实时传输并存储到云端，从而形成交通信息云，并通过信息交互对这些信息进行流转及分配，与此同时，云计算中心将按照运输行业等标准，对服务标准进行分级。各地交通部门向云计算中心提交不同服务等级的相关指令，从而借助云计算中心的数据资源池及计算资源池获取个性化服务，实现对交通运输的高效、精准管理。

在云计算中心的支持下，包括汽车、飞机、火车、船舶等交通工具，以及信号灯、交通标志等基础设施在内的诸多设施，都能成为和云计算中心进行信息交互的"云终端"。

云计算中心将实现对交通运输管理系统的改造升级，使其更加扁平化，更具开放性，交通信息、功能、服务等将在广大用户之间自由、高效、安全、低成本流通，打破信息孤岛，为智慧交通的平稳落地提供强有力支持。

随着云计算技术在智慧交通领域应用的不断深入，交通智能化将会逐步完善并走向成熟。借助云计算平台对交通资源进行统一管理、配置，将使交通资源利用率得到大幅度提升，使我国交通管理水平迈向新台阶，为打造出面向不同细分领域的一体化交通系统奠定坚实基础。

云计算在交通领域的应用，并非是简单地通过共享软硬件资源、数据资源，来降低交通管理成本，其最为核心的深层次意义在于，在交通系统建设过程中，由"根据信息高度整合及共享技术进行服务创新"取代了"服务主导信息"。

强调开放、共享的云计算技术，使更多的个体及组织能够参与到智能交通系统之中，在拓展交通信息商业价值及社会价值的同时，也推动了智能交通系统从最初的封闭式静态系统升级为开放性动态系统，这将使交通基础设施的价值得到充分释放，从根本上破解交通拥堵、交通事故频发等诸多交通问题。

第二节　智慧城市框架下的智能交通云解决方案

一　城市智能交通系统的关键技术

城市交通拥堵和交通污染是一个世界性难题。从我国来看，随着交通拥堵问题日益严峻，很多城市的车辆平均行驶速度已降到每小时20公里，一些拥堵路段的车速甚至每小时不到10公里。车速缓慢不仅严重浪费了时间，降低了人们的出行体验，也造成汽车尾气排放量增多，加重了城市空气污染，给社会经济生活造成巨大损失。

面对日益严峻的城市交通问题，世界各国特别是欧美日等发达国家和地区不断加大对智能交通系统的研发建设力度，以通过现有交通资源的更合理配置和更高效利用，为缓解城市交通压力、解决现代交通业发展困境提供创新性的解决方案。

随着我国经济的持续快速发展，交通业、物流业等面临着越发复杂的发展环境和更大的发展挑战。以往解决城市拥堵问题的常用方法是加大交通基础设施建设投入，如拓宽城市道路、构建城市立体交通体系等，不过这种单纯依靠增加资源投入的方式显然并不能从根本上化解现代交通业困境。

因此，交通管理部门和行业参与者必须转变交通运行、服务与管理思维，将大数据、云计算、移动互联网、物联网等各种先进信息技术有效融入交通系统中，通过对每天产生的海量交通数据的收集、整理和存储建立交通大数据库，进而依托云计算技术进行交通大数据分析，构建智能交通系统，从而既为公众提供丰富多元的交通信息服务，又大幅提高城市交通的运行管理水平。

以国内某市为例，每年仅车辆通过卡口产生的数据记录就多达200亿条，而当前世界上应用范围最广的 Oracle 数据库管理系统的数据存储最大值只有 10 亿条；数据响应方面，即便是一个县的卡口数据，查询响应时间也是分钟级，全市乃至全省的查询响应时间就更长。

同时，散布在该市各个地段的 20 万个摄像头每月产生的数量规模也达到120PB，如何将其中的交通相关数据安全高效地存储起来，也是构建城市智能交通系统的重要挑战。此外，如何为全市 800 万左右的人口提供个性化的交通出行信息服务，优化公众的智能交通出行体验，也是需要慎重思考的内容。

城市智能交通系统是对多种先进互联网信息化技术的综合应用，其关键技术主要包括：

1. 智能传感与物联网技术

智能感知、物联网等技术对优化城市交通系统具有重要作用。比如，在车辆中安装"电子标签"，利用 RFID（射频识别）技术对高速行驶的车辆进行感知，然后通过相关数据的实时采集和分析，实现车辆自动识别、动态监测和道路车流量精准预测，进而借助交通信号控制系统、出行引导、公交信息服务等交通管理服务系统，对城市交通流量进行有效控制与合理分配，实现城市交通动态组织、管理与服务，提高道路交通效率。

简单来看，城市交通管理服务平台可以借助智能传感与物联网技术直接感知到路上行驶的车辆，然后基于实时数据采集分析通过交通信号控制系统合理引导与控制道路交通流量。

2. 大数据存储与处理云计算技术

智能交通系统前端采集的海量交通大数据信息需要进行高效、安全的存储和处理，这离不开云计算技术的有力支撑。云计算技术的分布式架构通过将海量的交通数据散布到云的各个节点，实现对大数据的快速计算、分析和处理，且这种高速计算分析能力不仅不会因数据量的增大而降低，反而会伴随着云的规模扩大而不断提升。

二 交通云对智慧城市建设的意义

智能交通云平台是以云计算技术为支撑构建的综合性城市交通信息管理与服务平台，主要是通过电子警察系统、卡口、RFID、交通视频等渠道实时采集城市交通信息，以及地铁、机场、铁路、码头、长途汽车站等的交通信息，然后对这些数据信息进行高效安全的大数据存储处理，进而利用并行计算、视频内容智能识别、语义智能理解等多种先进技术建立城市智能交通数学模型，实现对城市交通的综合管控和智能引导，提高交通效率、减少道路拥堵、优化公众出行体验。

智能交通云是一个综合利用多种先进信息化技术的安全、开放、自动、易扩展、整合性的城市交通服务平台。一方面，智能交通云通过对现有交通资源的整合优化，为交通业未来发展提供有力的软硬件和数据支撑；另一方面，又通过提供极具弹性的扩展能力需求，有效地满足了不断增加的各种交通应用需求。

智能交通云的服务对象包括交通管理部门、交通运营企业和城市居民等多个主体，因此具有混合云的特点：通过私有云的模式满足交通管理部门在数据存储保密性和安全性、数据处理速度、应用需求弹性等方面的要求，而针对物流企业、交通信息服务企业、公众交通出行等方面的信息发布与出行引导服务则主要通过公共云的模式实现。

我国城市由于盲目发展扩张产生了很多"城市病"，急需通过创新、转型和跨越式发展解决城市发展中的各种问题。比如，当某个路段出现交通事故导致车辆拥堵时，相关应急部门能否及时高效地应对处理，使道路尽快恢复畅通？如果某个市民突发疾病，救护车辆能否以最快的时间赶到将病人送至医院？"智能城市"构想为城市未来发展提供了有效方案和路径指引。

智能城市是新型城镇化建设背景下深度综合应用移动互联网、物联网、云计算、大数据等先进信息化技术的城市发展创新形态，其关键是构建城市生产生活、管理服务、应急处理的"智慧系统"，以便对交通出行、公共卫生、环境污染、突发事件等进行高效管理、应对和服务，优化城市整体发展环境。

智能交通系统不仅是智慧城市建设的重要内容，也是后者的切入点和有力支撑点。即智慧城市建设需要首先从打造城市智能交通系统着手，然后基于智能交通平台构建综合性、一体化的城市智能管理平台，逐渐将"智慧"基因融入城市生产生活和管理服务等各个方面。

建设智能交通云对城市交通业乃至整个城市发展具有重要价值，主要体现为：

（1）变革优化传统交通系统：智能交通系统是对大数据、云计算、物联网等多种先进技术的综合深度应用，有助于提高城市交通系统的信息化、集成化、自动化、智能化水平。比如，智能交通云通过对城市交通信息、车流量、噪声、路况、交通事故、天气、温度等各种数据的有效收集和分析，优化人、车、路、环境等之间的交流互动，从而提高城市交通效率和质量、降低交通成本和环境污染。

（2）提高道路和区域交通网络的利用效率，缓解城市交通拥堵压力。

（3）改善道路交通环境，增加道路交通系统容量，提高道路通行效率和服务水平。

（4）智能交通建设有助于解决现代交通运输业的发展困境，而后者对城市经济发展具有重要作用，因此智能交通系统在促进城市和区域经济发展方面具有重要价值。

三 基于云计算的交通云解决方案

1. 交通信息实时发布

交通信息主要是城市道路交通信息、行车路线导航信息、道路施工信息、停车场信息等，信息发布渠道包括市交通主枢纽指挥中心调频立体声广播电台副频道、城市中众多 LED 显示屏和无线通信等。智能交通系统还要通过市区内众多停车场的联网实现车外信息的采集发布；同时，在火车站、码头、长途汽车站中增设显示屏，为这些交通场景中的公众提供行路信息服务。

2. 智能公交

主要是搭建以地铁为主、公共汽车和出租车为辅的智能公交系统；通过调整优化公交站台与地铁站台的位置实现两者的无缝对接，有效避免转车误时情况的发生；围绕火车站、长途汽车站、码头、主要商业地段等建设交通枢纽，保证人流聚集地区的交通运输能力；在各路口推行人走地道车行立交的通行模式，有效解决人车交叉聚集问题，为公众提供一个安全、快捷、舒适的城市智能交通出行系统。

3. 智能信号控制

交通信号控制系统是设置在路口和指定位置，用以维护城市交通秩序、保证道路顺畅通行的重要系统，多分布于城市的丁字路口、十字路口、五星路口中。不过，由于红绿灯切换时间固定，不能根据道路实时交通情况进行智能切换，容易造成道路利用率和通行率较低，无法真正发挥出交通信号控制系统的价值。

比如，某个道路交叉口的红绿灯切换时间为固定的 50 秒，但常常出现非交通高峰时段南北向绿灯亮起后 25 秒到 30 秒内无车辆通过，而东西向道路却有几十上百辆车等候通行的状况；有些时段则出现相反的情况。

智能信号控制系统能够基于区域或路段联网获取道路车流量的实时变化情况，及时进行红绿灯信号切换，形成区域或路段"绿波带"，从而大幅提高车辆流通效率、缓解道路拥堵压力。

4. 应对突急事件

城市突急事件包括医疗卫生急救、火灾、地震、泥石流、山体滑坡、爆炸、有害物质泄漏、罪犯逃脱等。这些事件发生后，相关部门常常需要借助交通系统的有力支持才能有效控制事态恶化、维护社会稳定。智能交通云对交通数据的实时采集、整合与处理，在城市应急交通系统建设方面具有重要作用。

智能交通云将"110""119""120"等救援系统整合到统一平台，收到突急事件报警后，便可根据具体需要对各部门进行有效协同和应急联动，从而大幅提高突急事件的反应效率；同时，智能交通平台可在事发地段搭建"绿波带"，保证应急车辆快速、准确、高效地到达事发地点，及时控制事态发展，减少突发事件造成的损失。

5. 车辆运营调度

主要是通过对城市各区域道路交通情况的实时监测和智能分析，为行驶车辆提供城市各线路的实时交通状况，帮助司机有效避开拥堵路段，制定合理的行车线路，从而缓解道路交通压力、提高通行效率。司机可通过车载 GPS 或其他移动终端获取智能交通云平台提供的交通信息服务。

通过智能交通云进行车辆运营调度，还有助于解决机场、火车站、长途汽车站等人流和车流密集地区的交通无序状况，提高这些地段的交通服务质量。此外，民众可以直接在相关移动智能终端上进行路线查询并联系出租车司机，从而有效缓解出租车招客难、行人打车难的状况。

四　基于云计算的智能交通云应用

1. 面向公众的实时智能导航信息服务

实时智能导航信息服务平台通过整合协同云计算与城市交通资源，打造统一规划、组织、管理、分配的一体化智能交通物联网系统，从而有效满足各种交通信息服务诉求。

这一平台以总线技术为依托，通过数据交通平台获取交通流、路况、天气等多种交通相关数据信息，然后利用大数据处理平台的多源异构数据融合技术和 GIS 技术对采集的交通相关数据进行有效挖掘分析，了解实时交通动态和以往交通规律，进而通过多种媒体渠道向政府、企业和个人提供丰富多元的交通信息服务。

实时智能导航信息服务平台主要提供请求、推送和消息订阅三种服务方式，以及定位导航、实时路况、资讯服务、媒体服务、话务服务和群体服务六大服务内容。

2. 城市交通智能调度综合系统

城市交通智能调度综合系统包括一个中心系统和六个子系统：

（1）集成管控指挥调度中心系统：负责中心平台与子系统以及各子系统之间的集成管控和指挥调度管理。

（2）交通路况采集分析处理子系统：主要是通过多种方式对城市交通路况的数据信息进行有效采集和分析处理。

（3）交通事件检测子系统：利用视频检测等方式对道路异常状况进行实时动态监测并自动报警。

（4）交通诱导发布子系统：在自动接收中心管控指挥调度平台和

各子系统的道路拥堵和异常事件信息后，通过多种渠道进行诱导发布。

（5）移动目标定位子系统：利用 GSM 网络、GPS 全球卫星定位技术等对道路中行驶的车辆进行监测定位，采集移动车辆的实时交通数据信息，为交通诱导发布子系统提供车辆大数据支撑。

（6）道路视频监控子系统：主要是在中心管控平台上对通过各类摄像机等外场视频设备采集的图像信息进行实时监控和操作处理。

（7）电子警察子系统：负责各种交通违法违规行为的自动检测、识别和处罚。

在城市交通智能调度综合系统中，中心系统与各子系统不是孤立隔离的，而是通过彼此联动协同形成一个有机整体，实现城市交通管理从简单静态转向智能动态管理，从而更好地满足日益多元复杂的城市交通管理服务诉求。

在上述六大子系统中，交通诱导系统是城市智能交通建设的重要内容，也是推动智能交通落地的关键一环。该系统集成应用了地理信息系统、定位导航、无线通信等多种高新技术，在优化行车路线、提高交通效率等方面具有重要价值。

比如，交通诱导系统可以帮助司机规划从当前位置到从未去过的目的地的最佳行车路线，并基于实时道路交通信息的采集分析不断进行线路优化，从而避开拥堵路段，快速到达目的地，最终实现整个路网交通量在不同路段的动态合理分配。

交通诱导系统建设的目标是：一方面通过交通智能综合信息平台和各个子系统向公众提供交通出行信息与路线引导服务；另一方面也借此向综合信息平台和有关部门提供道路交通动态数据信息，并通过对交通数据的实时采集、分析和处理，引导司机避开拥堵路段，制定最佳的行车线路，提高城市路网的整体通行效率。

打造交通诱导系统，不仅需要解决系统开发的关键技术问题，还要设计安装一批车载移动智能设备，从而实现对行驶车辆的实时监控、诱导、调度和信息服务。随着移动定位、物联网、智能传感、无线通信等相关技术的优化成熟，交通诱导系统在未来城市智能交通系统中的重要性将更加突出。

交通诱导系统在缓解交通拥堵、减少交通事故、降低交通污染、提高交通效率等方面的巨大价值，已受到各国高度重视。比如，美国、德国、日本等发达国家将其作为国家重点建设项目，投入大量资源财力进行研究、试验和开发。

在交通诱导系统研发建设中，发达国家大都高度重视车载定位导航系统的开发应用，以日本和美国为例。

（1）日本的典型车辆导航系统。日本的车载导航系统主要是基于全球卫星定位系统（GPS）和道路车辆信息通信系统（VICS）开发设计，参与主体包括丰田公司、日本警察省、邮政省和建设省。

其中，VICS 是日本车辆导航系统独具特色的部分，它是一个半官方性质的交通信息处理和发布中心，主要将从警察部门和高速公路管理部门获取的交通拥堵、交通事故、道路施工、车速和路段限制、停车场空位等各种信息进行编辑加工后及时发布给司机，并以文字和图片的形式显示在车载导航设备上。

除了丰田，越来越多的日本公司都积极参与车载智能设备的研发生产，如松下公司的 KX – GA3L 车载装置已被应用到多种类型的车辆中。

（2）美国的典型车辆导航系统。美国的车辆导航系统则以TRAVTEK 为典型，由交通管理中心、信息与服务中心和装载导航设备的车辆构成，主要致力于实时路线引导和服务信息系统的实用化。

交通管理中心负责道路交通信息的采集、管理和发布，以及提供交通诱导系统需要的相关信息；信息与服务中心则主要收集观光设施、旅馆、饭店等场所的各类服务信息；车载导航装置包括车辆定位模块、路线选择模块和接口模块三部分，能够为车辆驾驶员提供拥堵路段、交通事故路段、施工路段等信息的地图，并根据司机需求提供最佳线路引导等交通信息服务。

第四篇　大数据物流篇

第七章　大数据环境下的物流运输业变革与重构

第一节　大数据物流运输产业发展现状与前景

一　大数据物流运输的产业政策分析

大数据时代的到来，使以往被忽视的数据信息获得了巨大的商业价值想象空间。采集海量数据形成中心大数据库，进而通过大数据分析挖掘数据背后的有价值信息，优化企业运作，创造更大效益。

就物流领域来看，物流企业要不断深化对大数据的认知，不仅将其视为一种数据挖掘和分析的先进信息技术，更要从战略高度将大数据看作一种重要资源，在战略规划、商业模式、人力资本等方面积极进行大数据布局，从而充分发挥出大数据对物流业的巨大价值。

物流大数据是指运输、仓储、搬运装卸、包装、流通加工等物流运行各环节产生的数据信息；大数据技术则是通过对这些数据的挖掘分析，提高物流效率、降低物流成本，为用户带来更好的物流服务体验。

物流大数据产业的主体是为物流企业提供相关服务的专业物流信息平台，这些信息平台通过对货物流通数据、快递公司、物流供需双方等的有效整合，为用户提供高效、高质、经济的物流服务。需要注意的是，物流大数据平台并不局限于为物流企业提供相关的物流管理服务，还会基于对整体物流产业以及企业客户所在供应链系统的大数据分析，为物流企业运作提供更好的解决方案。

　　我国十分重视大数据这一高新技术领域，从 2012 年开始就不断出台众多鼓励扶持大数据产业发展的政策规划，并积极推进政府、企业等多方参与的大数据研发应用中心建设。

　　从物流行业来看，我国高度重视现代物流建设，并将大数据、信息化处理等先进技术作为推动传统物流业转型升级的重要支撑，出台了一系列与物流大数据相关的行业发展政策，如《第三方物流信息服务平台建设案例指引》《商贸物流标准化专项行动计划》《物流业发展中长期规划（2014—2020）》《关于推进物流信息化工作的指导意见》等。

　　（1）2011 年 11 月，国家工业和信息化部发布了《物联网"十二五"发展规划》，将信息感知技术、信息传输技术、信息处理技术和信息安全技术作为四项关键的技术创新工程。这四项关键技术创新工程都是迅猛发展的大数据产业的重要内容，如信息处理技术主要就是指巨量数据存储、数据挖掘以及图像视频智能分析。

　　（2）2013 年 6 月，交通运输部在发布的《交通运输业推进物流业健康发展的指导意见》中提到，要大力发展交通运输物流公共信息平台，通过平台互联共享基础网络的优化完善，实现跨地区、跨行业平台的有效对接，推动铁路、公路、水路、航空等不同交通物流系统的一体化协同运作；加快铁路、公路、水路、民航、邮政等领域的信息化建设，通过不同行业信息系统的互联互通实现交通运输和物流服务的一体化。

　　（3）2014 年 2 月，商务部印发的《第三方物流信息服务平台建设案例指引》不仅具体提出了第三方物流信息服务平台建设的指导思想、基本原则、建设类型与标准、保障措施、考核要求等内容，还收录了国内在第三方物流信息平台建设方面比较成功的案例。

　　（4）同时，交通运输部新编制的物流发展"十三五"规划提出，要统筹布局现代物流发展，深化移动互联网、大数据、云计算等先进技术在物流业中的应用，大力发展智慧物流，加快建设公共物流信息平台并不断优化完善平台服务。

　　物流大数据产业的发展不是一蹴而就的，既要投入大量时间、财力、物力进行前期的数据积累和沉淀；同时，从数据的产生、采集、传输、存储、处理和分析到数据发布、展示和应用，再到新数据的形成，整个行业的生命周期一般也长达 5 年到 8 年。总体来看，我国物流大数据产业尚处于起步探索阶段，但潜力巨大，呈加速发展态势。

二　大数据物流发展现状与市场规模

作为现代经济的重要支撑，物流业发展受到了政府的高度重视。2014 年 9 月国务院印发的《物流业发展中长期规划（2014—2020 年）》中明确提出，要积极利用大数据等先进的信息化技术手段推动物流业降本增效和转型升级，加快构建和完善高效高质的现代物流系统。而在大数据时代，物流大数据已成为构建现代物流体系不可或缺的基础支撑。

可以从微观、中观和宏观层面将物流大数据分为三类：微观层面包括运输、仓储、配送、包装、流通、加工、登记等具体业务环节的数据，中观层面指供应链、采购物流、生产物流等产生的数据，宏观层面则是围绕商品管理、对商品进行分类形成的物流数据。

在三种物流大数据中，微观与中观层面的数据多产生于物流企业内部并被企业掌控，它们还没有被处理分析，属于"源数据"，也是物流大数据交易中的主要供应方；宏观层面的物流大数据则是利用大数据技术对"源数据"进行整合与分析后得到的、能为物流企业运行管理提供有效解决方案的有价值数据，是物流大数据交易的主要对象。

交易模式上，物流大数据主要采用以服务换取管理的利益交换方式。简单来看，就是一方（物流企业）将内部产生的物流数据信息的管理权让渡给另一方（物流大数据信息平台），另一方则通过数据信息的大数据分析，为前者提供有价值的服务。

比如，菜鸟物流网络中，平台通过采集和分析消费者、商家、物流企业的数据，为商家和快递公司提供物流智能预警服务，从而帮助快递企业合理配置和整合物流资源，为客户提供更好的物流体验。

大数据应用对物流运作的价值主要表现为横向流程拓展和纵向流程压缩；从供需角度来看，就是为供方（物流企业）创造更多利润，为需求方提供更优质的服务。

一方面，基于市场大数据分析，帮助物流企业合理配置资源、调整业务结构、提高运营管理效率，从而保证企业所有业务均能盈利；另一方面，通过分析消费者的消费偏好与行为，对市场中的商品需求进行预测，提前做好商品供应、匹配和物流路线规划，实现商品物流与客户需求同步，从而提高物流高峰期的配送效率和客户体验，增强客户忠诚度。

作为一种前沿高新技术，大数据应用将对传统物流思维、运作与模式产生巨大变革，在物流企业的管理与决策、客户关系维护、资源配置等诸多方面发挥重要价值，从而为物流企业带来新的发展机遇和想象空间。

虽然我国物流大数据产业尚处于起步探索阶段，但潜力巨大。相关研究显示，我国物流大数据应用行业呈加速发展态势，预计2020年的市场规模将达到188.23亿元。从细分市场来看，借助近些年国内网络购物市场的迅猛发展，电商物流大数据已初具规模。2008—2014年，我国快递数量从15.13亿件迅速增长到135.59亿件，年复合增长率高达36.79%，且当前仍处于高速增长中。

快递市场规模的迅猛扩张必然会产生海量的物流大数据。正如英国著名母婴用品公司新安怡（AVENT）的全球运输副总裁指出的：每一次运输交易背后，都会产生超过50列数据和超过2.5亿的数据值。

物流各环节产生的巨量数据并不是没有意义，而是可以通过大数据分析处理技术挖掘出其背后的价值，从而为物流企业运营管理提供更有效的解决方案、为消费者创造更优质的物流体验。随着数据价值受到越来越多的关注，物流大数据市场也呈现出越发强劲的发展态势。相关研究指出，2014年我国物流大数据市场规模就已突破20亿元，预计未来五年的年增速将达到40%左右。

我国物流行业整体上仍处于低层次、低效率、高成本的运营状态，越来越无法满足社会对物流服务的高层次、复杂化、个性化诉求。大数据应用则能帮助物流企业突破困境，在运营管理、全程监

控、预测预警和客户满意度等方面提供有效的问题解决方案，通过对
物流各环节的优化变革，实现整个物流系统的降本、提质、增效。其
实，不论是打造高效高质的现代物流系统，还是发展智慧物流，都离
不开大数据等先进技术的有力支撑，因此未来物流业的大数据需求将
是十分巨大的。

三　大数据在物流运输领域中的作用

现代物流业的发展对整个国民经济和社会生产生活具有重要影
响。移动互联网整体生态的发展成熟，以及大数据时代的到来，为现
代物流发展提供了更大的想象空间。依托大数据、云计算等新一代信
息化技术变革传统物流思维与商业模式，已成为当前各物流企业突破
发展困境、提高竞争力和物流服务能力的必然路径，并由此催生了物
流大数据产业的快速成长发展。

总体来看，物流大数据产业在我国还属于一个新兴领域，大数据
技术在物流领域的应用还处于研究探索阶段，发展迟缓。不过，医药
物流、冷链物流、电商物流等越来越多的细分领域已开始积极探索物
流大数据的应用模式与路径。其中，电商物流天然的互联网基因使其
在大数据应用上具有一定优势，较为典型的是整合多方物流资源的菜
鸟网络。

大数据应用贯穿于物流企业运行的各个环节，在物流决策、物流
企业行政管理、物流客户管理、物流智能预警等诸多方面发挥着巨大
作用。

1. 大数据在物流决策中的应用

物流决策中的大数据应用主要包括三个方面：

（1）竞争环境的分析与决策。即物流企业利用大数据技术全面分
析竞争环境，准确判断竞争对手的行为与动向，并基于合作共赢的开
放思维与心态积极寻找特定区域或时期的最佳合作伙伴，通过与其他
物流或电商企业的合作获取更大效益。

（2）物流供给与需求匹配。主要是利用大数据技术对企业已有的
结构化数据或大量的半结构化网络数据进行分析，了解特定时期、特
定区域内的物流供需状况，从而实现更高效、合理、精准的物流供给

与需求匹配。

（3）物流资源配置与优化。主要涉及运输资源、存储资源等，具有很强的流动性和随机性，需要企业借助大数据技术从海量数据中筛选提取出需要的有价值信息，并对市场实时变化情况进行有效分析，以实现物流资源的合理配置和不断优化，提高资源利用效率。

2. 大数据在物流企业行政管理中的应用

大数据技术对企业行政管理工作也具有重要价值。以人力资源管理为例，在招聘新员工时，可以通过大数据技术全面深入分析应聘者的个性、行为、岗位匹配度等因素，从而筛选出最适合岗位需要的人才；在日常管理中，也可以通过对员工的工作满意度、团队忠诚度等方面的大数据分析，实现合理有效的人才管理。

3. 大数据在物流客户管理中的应用

主要包括潜在客户、客户需求、物流服务满意度、客户忠诚度、客户评价与反馈等内容的大数据分析，以此提高物流客户管理的效率与效果。

4. 大数据在物流智能预警中的应用

物流业务的突发性、随机性、不均衡性等特点，要求物流企业能够精准定位消费者偏好，准确预测市场需求变化，根据消费者可能的物流服务诉求，提前做好车货调配、物流线路规划等工作，为用户带来更好的物流服务体验。大数据技术在这些方面都大有可为。

四　大数据物流运输产业的竞争格局

总体来看，国内物流大数据产业尚未处于起步探索阶段，专业性的物流大数据平台企业并不多，比较典型的是菜鸟网络与蜂网投资有限公司。不过，随着物流大数据价值的不断凸显，越来越多的资本和企业已经开始参与到物流大数据的发展布局中。

2013 年 5 月，国内互联网巨头阿里巴巴联合众多快递企业成立了菜鸟网络科技有限公司，整合各方物流资源专注打造覆盖全国的开放式、社会化物流网络系统。菜鸟网络注重物流大数据、仓储用地等方面的布局，并借助阿里巴巴多年积累的数据优势取得了不俗的发展成效。

　　比如，在天猫"双 11"活动中，菜鸟网络在商品销售与物流配送等方面的预测准确率超过 95%，从而使众多商家可以提前做好商品供应和配送路线规划，大大缓解了"双 11"活动期间的物流压力。

　　蜂网侧重于装备和材料采购，虽然也在积极布局物联网、云计算、大数据等智慧物流内容，但实际发展水平和大众认知度却远落后于菜鸟物流。这主要是因为菜鸟物流背靠阿里巴巴，能够在淘宝平台的众多消费者、商家以及合作快递公司那里获取海量的物流数据。同时，菜鸟物流还积极融入交通综合体系，以便在预警预测、运输线路规划、供应链整合优化等诸多方面为物流企业提供更合理有效的服务。

　　除了菜鸟、蜂网等专业物流大数据服务平台，很多企业也参与到物流大数据产业发展中。比如，国内领先的信息科技产品与解决方案提供商浪潮集团，在 2014 年 8 月与交通运输公路科学院签订了《现代物流大数据应用实验室共建协议》，主要是利用浪潮集团较为成熟的大数据技术和设备对交通部提供的相关数据进行整合、处理、分析，深度挖掘交通物流大数据价值，从而提高交通运输业运行管理的信息化、智能化水平。

　　2015 年 12 月 1 日，中国物流交易电子商务平台"第 e 物流"大数据平台正式运营，主要是依托大数据在评价、交易、营销、预测四个方面的应用打造开放共赢的绿色物流生态圈。

　　平台功能方面，除了物流大数据基础平台、国内物流产业运行监测系统、SaaS 管理云，还包括第 e 征信、第 e 金融（互联网金融）、第 e 商城（装备商城）、第 e 运力（无车承运）、第 e 地图（仓储设施 O2O 社区服务）、第 e 智库、第 e 传媒等诸多内容。

　　此外，国内领先的专业电子地图服务提供商图吧公司，基于自身在物流行业数字化建设方面的经验积累，对产品服务体系进行优化升级，为物流企业提供覆盖网点分布式管理、车辆监控、轨迹定位、线路规划、车辆运营管理等诸多内容的成熟有效的地理信息服务（Geographic Information Service，GIS）解决方案，提高各行业物流管理运行的信息化水平。

大数据时代，大数据应用正快速向物流各个环节渗透，并通过深度挖掘物流大数据价值优化提升物流企业的运营管理水平，为企业带来更大效益，从而受到越来越多的关注。不过也应该看到，物流大数据作为一个新兴产业，当前在我国仍处于起步探索阶段，因此物流企业既要积极抓住大数据应用带来的发展新机遇和空间，也要正视物流大数据面临的发展痛点与困境，不断探索创新物流业中大数据应用的有效路径与模式。

第二节　大数据时代的现代物流运输管理路径

一　大数据时代下物流行业的发展

如今，国内物流企业为了实现数据资源的整合利用，将围绕电子商务平台开展运营的相关业务串联起来，把数据资源划分成两类：结构化数据与非结构化数据，并据此形成两种资源整合平台。对于结构化数据资源的处理，企业会打造结构化数据信息库，对客户相关信息、公共基础信息、货运信息、商品装箱信息等进行深度分析。使用结构化查询语言（SQL）、数据抽取、转换和加载（ETL）工具，以及云技术进行数据资源的存储，对运输信息进行数据化加工。

在处理非结构化数据的过程中，企业会利用 ETL 工具、编程技术、元数据管理技术等，对运输过程中产生的多样化数据资源，包括图片信息、音频信息、表格信息、电子邮件信息等进行高效存储，采用先进技术手段对所需数据进行快速提取，为管理者提供通俗易懂的文本分析结果，还能根据企业发展需求，对数据资源进行深加工，对非结构化数据进行数字化加工。

现阶段下，国内物流行业正利用大数据改革传统运营模式，利用大数据技术打造数据库系统，对业务发展过程中产生的数据资源进行信息化加工与存储。还有很多企业采用并行数据仓库系统对业务相关数据进行存储与加工。上述两种信息存储方式都能完成对铁路货运物流数据的高效存储，为企业的发展提供数据支持，从整体上推动企业的发展。

物流行业利用大数据技术，能够提高决策的科学性与准确性，减少因主观经验导致的决策失误。另外，立足于企业的长远发展角度进行分析，大数据的应用，能够促进企业对传统组织结构和业务流程的变革，逐步完善企业的组织结构，促进决策制度的建立，提高企业决策过程的规范性。同时，企业依托大数据进行决策制定，能够敏锐地感知外部市场环境的变化，找到企业发展过程中存在的问题，使企业能够更好地应对激烈的市场竞争，减少企业发展过程中的阻力，为其未来的发展拓宽道路。

物流企业实现大数据在各个运营环节的应用，就能够强化企业对所有操作流程的监管作用，提取海量数据资源中蕴藏的价值，为企业各个部门提供有效的数据参考；另外，企业能够进一步掌握内部资源的消耗情况及当前的运营状态，包括基层员工的工作状态、设备资源的利用率、运输车辆的使用情况等，据此掌握企业各个环节的运转情况，促进各个部门之间的配合，提高整体运营效率。比如，木材行业的物流运输企业，能够对市场上木材的需求情况进行把握，根据市场需求改革自身运营方式，优化企业的管理体系。

二　大数据对现代物流管理的影响

近年来，大数据在诸多行业内得到应用，为企业的决策制定提供技术支撑，物流行业也不例外。在这里，我们主要分析大数据从哪些方面推动现代物流企业的发展，并对物流管理在大数据应用方面存在的问题进行探讨，据此提出应对方案，为企业提供有效参考。

在互联网时代下，各行各业对数据资源的分析能力不断提高，大数据的应用逐渐渗透到商业领域及人们的日常生活中，成为推动企业发展的重要力量，并促使企业提高自身的服务水平。

（一）大数据技术可以帮助物流管理适应外部环境的变化

外部环境是由许多因素组成的，具体包括经济因素、政治因素、社会因素等，这些因素的变化能够对物流企业的发展产生重大影响。面对日益激烈的市场竞争，物流企业需要明确自身定位，根据企业的发展需求与当前的具体情况制定发展战略，并在后续发展过程中进行调整与完善，与此同时，还要确保企业的发展目标符合整个市场的大趋势。

为了更好地了解外部环境，企业可以利用大数据技术对海量信息进行获取与分析，依据数据处理结果，为企业经营者的决策制定提供精准的信息参考。如此一来，企业经营者就能从宏观角度对市场环境的未来发展趋势进行把握，在外部环境产生变动时，能够迅速做出反应，利用数据分析从变化中寻求发展机遇，并对企业可能面临的风险进行预测，找到企业发展与环境变化之间的关系，据此提高企业决策的科学性。

（二）大数据的应用将改变物流管理内部环境

随着大数据的普遍应用，企业逐渐认识到数据资源的重要性，如今，越来越多的企业管理者也开始注重对数据资源的开发与利用，大数据应用逐渐成为企业发展的主流趋势之一。管理者需要清楚的一点是，大数据能够对物流管理的内部环境产生影响，合理的大数据应用能够促进企业的发展。

1. 大数据的应用能够使物流管理更加开放

随着大数据技术的普遍应用，不同企业之间、企业各个部门之间的信息交流将更加顺畅，实现各方之间的信息共享，在这种发展趋势下，绩效的公开将不仅局限于企业内部，也就是说，企业的绩效信息还会提供给相关企业及公司客户，促使企业在原有基础上完善自身的服务体系。与此同时，绩效的公开将为客户的决策制定提供更多的参考信息，而面对激烈的竞争，企业要获得更加长远的发展，就要为客户提供更加优质的服务，并采取有效措施提高绩效，提高企业对客户的吸引力，而所有这一切，都是以大数据应用为前提的。

2. 大数据的应用，能够使企业的战略决策更加科学

企业在决策制定过程中，通过参考大数据分析结果，能够有效避免个人主观经验导致的决策失误，使企业的战略决策更加科学。面对激烈的市场竞争，物流企业要实现供应链各个环节之间的有效配合，在大数据应用过程中，既要保证客户的信息安全，避免泄露商业机密，又要实现与合作企业之间的信息共享，实现优势资源的集中利

用，提高整体运营效率。

3. 应用大数据可制定切合实际的物流市场策略

物流企业利用网络信息平台，能够获取海量数据资源，大数据的应用，能够使企业在短时间内完成数据分析与价值提取，为企业的决策制定提供有效参考。企业的数据系统更新速度快，资源丰富程度高，大数据的应用能够使企业更好地了解市场环境的变化，对其未来发展趋势进行科学推测，据此提高自身的决策水平。除此之外，物流企业运用大数据技术，能够方便客户进行信息查询与获取，有助于树立良好的企业形象，提高客户黏度。

三　大数据驱动下的现代物流体系

在大数据逐渐成为类似公路、铁路、港口、水电、通信网络那样的物流基础设施的情况下，数据成为物流行业的一种重要资产。而且，与其他社会基础设施不同，大数据不会因为不断使用而产生折旧和贬值问题。麦卡锡咨询公司指出，大数据在互联网时代的重要性就如同石油在工业社会中的作用那样。

从物流领域来看，物流大数据的应用将在变革车货匹配、运输线路优化、销售预测与库存管理、设备修理预测、供应链协同管理、变革思维方式等诸多方面对传统物流思维与模式进行变革创新，从而推动网络化、数字化、智能化的现代物流体系建设。

1. 变革车货匹配

当前国内很多物流园区在车货匹配方面效率低下，园区内停放着大量闲置车辆，且有些车甚至要等待两三天才能配上货，导致了物流资源的极大浪费。基于这一情况，服务于车货匹配的信息平台和 APP 应用大量涌现，在帮助物流园区或企业高效完成车货匹配的同时，也产生了海量的物流数据。

通过对运力池大数据的分析，实现标准化的公共运力与个性化的专业运力的匹配协同，进而有机结合企业相关信息系统实现物流系统的全面优化，提高车货匹配效率。

依托物流大数据的车货高效匹配，可以大幅提高物流车辆利用率，减少空驶损耗和污染排放；同时，大数据应用也为公共信息平台中不容易找到货源以及货源信息虚假问题提供了有效解决方案。不过，从实践情况来看，当前国内专注于为物流园区或企业提供高效车货匹配服务的平台型企业大多仍在探讨之中，尚未真正挖掘和发挥出大数据在变革车货匹配方面的巨大价值。

2. 运输路线优化

大数据应用可以帮助物流企业和配送人员优化运输路线，提高物流效率。下面我们以全球著名物流公司 UPS（United Parcel Service，联合包裹速递服务公司）为例说明大数据是如何优化运输路线的。

UPS 的配送人员并不需要自己去规划运输路线，而是由公司通过 Orion 系统从 20 万种可能的线路中快速筛选出最优路线。基于大数据分析，UPS 发现车辆左转会延长等待时间，因此规定物流车辆应尽量避免左转，这一规定在大幅减少车辆行驶里程的同时又大大增加了包裹配送量。此外，UPS 还计划利用物流大数据系统对快递人员的行为动作和行车路线进行实时监控和预测，以及时纠正配送中的不合理问题，实现运输路线最优化。

大数据分析不仅可以帮助物流企业制定最优的配送路线，大幅提高物流运输效率；还可以通过不同企业间物流大数据的互联互通，使企业获得超出自身体量的更多物流资源，实现共享共赢。

3. 销售预测与库存管理

基于互联网发展而迅猛崛起的电子商务等各种创新商业模式，改变了传统供应渠道，实现供需双方的高效精准对接，也为物流业的价值创造开拓了新的想象空间。

大数据在优化库存结构、降低库存成本方面具有重要价值。利用大数据对商品品类进行分析，可以使商家更为明确地把握哪些是引流促销商品，哪些是利润商品，进而通过数据建模对商品销售情况进行分析预测，根据预测结果优化库存结构。显然，这种基于大数据分析的销售预测与库存优化，相比根据往年销售状况进行分析预测的方式具有更高的准确性，能更有效地实现降低库存成本、提高资金流通率的目标。

互联网创新商业模式的不断涌现和发展，推动了全国物流业布局的调整变革：以往规模化的商业模式中，生产者主要是在中心和节点城市建立大型配送中心，然后将货品集中发送到各个区域市场，是一种供给决定需求的商业逻辑；在以消费者为中心的互联网商业模式中，需求端逐渐成为价值创造的中心和源泉，个性化消费诉求的不断增多推动了整个物流配送模式的变革，生产者要基于大数据分析构建更能满足用户需求的供给配送网络。

4. 设备修理预测

在物流运输环节，最令人担忧的一个问题是车辆在路上突发故障无法继续行驶，这时需要重新派一辆车，不仅造成配送延误和再装载负担，也导致了人力、物力资源的额外损耗。针对这个问题，UPS 之前的做法是每两三年定时更换物流车辆的零部件，以尽量减少车辆抛锚的概率。不过，这种方式不仅增加了车辆使用成本，还容易造成资源浪费，因为一些零部件性能良好时可能就被替换掉。

从 2000 年开始，UPS 采用预测性分析方法对公司在全美地区的 6 万辆物流车辆进行性能预测。简单来看，就是对车辆的各个部位进行实时监测，利用大数据分析技术精准确定哪些零部件需要修理或更换，从而提前发现可能影响车辆行驶的各种问题，并有针对性和预见性地进行设备修理和替换，延长设备使用周期，降低车辆使用成本。

5. 供应链协同管理

随着供应链系统越来越复杂，如何利用大数据实现供应链的协同管理，提高供应链效率，进而推动企业市场边界、业务组合、运作模式等的变革优化，已成为各方关注的重要议题。有效的供应链系统规划应充分考虑企业运作的各个流程和业务决策，如需求预测、库存计划、资源配置、设备管理、渠道优化、生产作业计划、物料需求、采购计划等。

企业要建立良好的供应商关系，依托大数据推动双方库存和需求信息的互联共享，最大限度地减少双方建立信任的成本；通过 VMI（Vendor Managed Inventory）供应链协同管理策略实现更高效的库存管理，降低因货源不足造成的收益损失。

利用大数据打造供应链协同管理系统，要通过资源数据、交易数据、供应商数据、质量数据等的分析对供应链流程进行实时监控，严控产品质量，有针对性地提高供应链效率、降低运营成本。

对企业来说，可以利用大数据分析模型，有效平衡订单、产能、调度、库存、成本之间的关系，为越发复杂的生产供应问题提供最佳解决方案，从而实现物料供应分解和订单拆分的最优化，保证生产供应的高效有序。

6. 变革思维方式

大数据改变了人们对数据的认知，越来越多的物流企业意识到数据不是静止的、无意义的，而是在车货匹配、路线规划、库存与供应链管理等方面有着重要价值。大数据时代，物流企业必须变革传统思维，树立大数据物流意识，通过对物流大数据的采集、整理、挖掘和分析，构建数字化、网络化、智能化的高效物流系统，实现物流作业的提质增效。

当前，大数据已成为资本市场的"宠儿"，也是企业争夺的重要资源。大数据应用短期内也许看不到明显成效，但长远来看却是一种深层次的商业思维与模式变革，为创造新技术、新产品和新服务提供了巨大的想象空间。

"互联网＋"时代，互联网已成为像水、电一样的社会基础设施。因此，"互联网＋物流"本质而言就是通过互联网与传统物流各环节的深度融合，实现物流运作的网络化、信息化、数据化，从而更好地满足社会的物流服务诉求。

其中，"互联网＋"的发展普及离不开"云"（云计算和大数据基础设施）、"网"（互联网与物联网）、"端"（智能终端设备）三个方面的有力支撑，它们直接决定了"互联网＋"对传统物流业的变革深度与效果。从这个意义而言，物流大数据应用并不只是一种技术层面的变革，通过大数据技术优化提升物流效能，更是深层次的物流思维的颠覆重塑，并将由此推动商业模式、运作流程等物流领域的全方位变革。

第三节　大数据在物流企业中的应用与实践对策

一　物流企业应用大数据的优势

随着互联网的高速发展，信息泛滥已成常态，物流行业在运营过程中能够产生许多数据信息，全程物流在这方面表现得尤为突出，其运营过程中需经过诸多环节，比如产品运输、分类存储、包装、装卸等，企业在这些环节的运营过程中能够产生大量数据，给企业的数据存储与分析工作带来挑战。如今，大数据技术的应用越来越普遍，企业可借助先进技术手段打造数据系统，对数据资源的价值进行挖掘，据此调整企业的运营，提高企业的盈利能力。

当物流企业在生产及运营过程中涌现出越来越多的数据资源，经营者就应该为企业的大数据建设与发展提供更多的资金支持，鼓励企业引进先进的技术设备，与此同时，还要把大数据应用提升到企业的战略层面，充分认识到数据资源的价值，积极进行数据获取与分析，促使企业在大数据应用的基础上，为自身的战略制定、模式采用、人力资源配置等提供有效参考。

1. 信息对接，掌握企业运营信息

在互联网及移动互联网时代下，越来越多的消费者选择网购，需求量的增加促进了电商行业的发展，也使电商企业在物流环节的运营面临巨大挑战。为维持正常运营，企业必须对所有节点的信息数据进行统计与分析。而传统模式下的信息获取方式无法满足企业的需求，也难以实现对数据价值的提取。为此，企业必须利用大数据技术进行信息资源的整合利用，通过对海量数据资源的统计与分析，实现数据价值的挖掘与充分利用，据此了解企业的全局性发展情况。

2. 提供依据，帮助物流企业做出正确的决策

传统模式下，企业管理者主要根据自己的主观经验，或参照市场调研结果进行决策制定，如今，大数据时代已经来临，企业需要根据

数据分析结果来了解外部市场环境的变化。大量的数据获取与深度处理，能够让企业对不同业务的市场发展趋势进行科学预测，对不同业务的发展进度、盈利能力等进行准确分析，对物流企业中不同业务的占比进行优化调整，提高企业资源的利用率。另外，企业在大数据应用的基础上，还能不断完善自身业务结构，提高整体盈利能力，促进企业的发展。

3. 培养客户黏性，避免客户流失

随着电商行业的快速发展，消费者对物流服务的要求也逐渐提高，为了更好地满足消费者的需求，物流企业应该对商品配送在各个节点的信息进行分析，并将处理结果提供给消费者。为此，企业应该建立完善的数据系统，实现对数据资源的充分利用，与消费者之间进行高效互动，提高消费者对自身运营的认可度，实现粉丝用户的积累与沉淀。

4. 数据"加工"从而实现数据"增值"

对物流企业的整体运营过程进行分析可以发现，企业在很多环节产生的数据都是非结构化数据，这种类型的数据资源无法直接进行价值提取与分析。这意味着物流企业在运营过程中产生的许多数据并不具备较高的利用价值，即便企业能够将非结构化数据转换成结构化数据，其时效性也大大降低。要解决这个问题，企业的信息部门就要对数据进行专业的分类处理，从中提取高价值的数据资源，使其服务于公司的运营与发展。

大数据交通的典型案例"运满满"

案例：大数据交通的领导者——运满满

移动互联网、大数据、云计算、物联网为代表的新一轮技术迅猛发展，与物流行业深度融合，新模式、新业态不断涌现，千帆竞发、百舸争流，为物流转型升级和融合创新带来了无限的想象空间和发展红利，也使整个行业愈加多彩多姿。运满满正是依靠新一代信息技术驱动，在中国公路货运领域为货主和司机创造性搭建起车找货、货找车智能实时信息匹配平台，不断实现在服务、技术、产品等方面创新。自 2013 年创立以来实现了快速的成长，先后完成包括光速中国、红杉资本、云锋基金在内的连续 7 轮融资，估值超 10 亿美元，迈入独角兽行列，平台实名注册重卡司机接近 400 万、货主近 90 万，员工总数接近 3000 人，已经成为国内最大的公路整车运力平台和智慧物流信息平台。

一　大数据交通的领导者

运满满成立于 2013 年，隶属于江苏满运软件科技有限公司，是国内首家基于云计算、大数据、移动互联网和人工智能技术开发的货运调度平台。管理团队由阿里、工信部、普华永道、百度、GE 等高管及业内专家组成，有着深入骨髓的互联网基因。目前，平台实名注册重卡司机 390 余万、货主 85 万，日成交运单 24 万单，日撮合交易额约 15 亿元，员工总数接近 3000 人，业务覆盖全国 315 个城市。

运满满的商业模式简洁高效，即为货主和司机提供实时信息匹配，在同一个平台上迅速实现车找货和货找车，从而大大减少了货运空载率、提高了物流运行效率。由于模式相近，运满满被业界称为"货运版的滴滴"。

运满满的发展得到资本市场的认可，成立 3 年来密集获得 7 轮融资，目前估值超过 10 亿美元，行业内率先迈入独角兽行列。同时，运满满也得到了行业管理部门的充分肯定，是国家"互联网＋物流"、交通大数据和节能减排的样板项目、国际道路运输联盟中国首家企业会员、发改委分享经济专家组成员、中物联公路货运分会、智慧物流分会副会长单位、数据中心联盟全权会员和江苏信息化协会理事单位，2017 年入围中国互联网企业百强。CEO 张晖是 APEC 中国工商理事会理事、G20 工商领袖峰会议题组成员、工信部大数据联盟专家委员，入选 2016 年中国互联网十大风云人物和 2017 年《财富》40 位商业精英。

未来 3—5 年，运满满将秉承"让公路物流更美好"的愿景，运用人工智能、无人驾驶、区块链等技术驱动，提供贯穿全产业链的线上线下服务，构建繁荣共赢的公路物流生态圈，打造世界级顶级综合性货运平台，推动中国公路物流行业全面进入无国界的高效互联互通和数字经济新时代。

二 大数据交通的运行

运满满在公路货运领域实现了模式的创新，原创性地搭建起中国最大的公路运力调度平台和智能实时车货匹配平台，做物流信息基础设施和货运界的淘宝。

作为智慧物流信息平台，运满满通过互联网思维和信息技术优势打破区域边界，服务整个社会，直接连接个体，重构运输组织层，通过直接连接货主和司机，运满满平台上国内重卡运力覆盖率超过了78%，货主覆盖率超过95%。而需要重点指出的价值在于，目前，在运满满平台，每月产生100TB级别的海量数据，智慧物流信息平台企业通过互联网信息技术优势打破区域边界服务整个社会，直接连接个体，记录积累了大量多维度的有价值的信息大数据，如运输交易大数据，包括货类货值、运距运价、流量流向等，这些就为智慧物流建设奠定了基础。

运满满模式创新——货运界淘宝

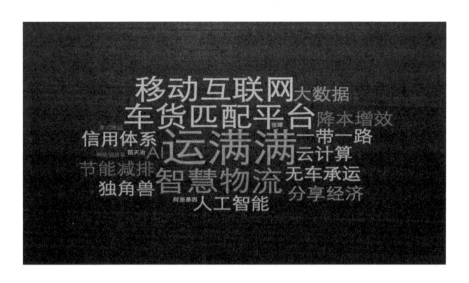

运满满品牌形象

（一）以大数据为核心，打造覆盖全国全网性智慧物流大平台

1. 基于全国最大公路干线物流数据库的大数据应用创新——运满满大数据分析应用及 AI 调度系统

包括运满满全国公路货运货源、运力及交易态势感知数据和运满满全国公路干线物流智能调度系统。在第三届世界互联网大会上，运满满在国内首次发布了基于人工智能的"全国干线物流调度系统"，实现了智能车货匹配、智能实时调度、智能标准报价、智能地图寻迹，该系统获得中国物流与采购联合会科技进步一等奖。

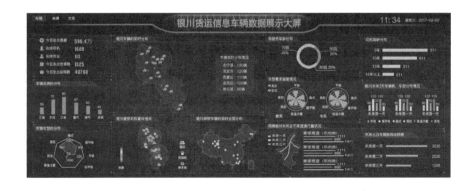

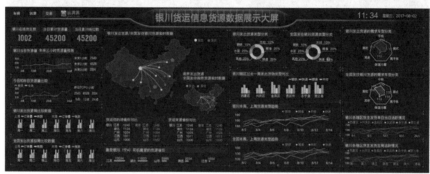

运满满银川货运大数据应用案例

2. 基于全国最大公路干线物流数据库的大数据应用创新——运满满大数据分析在跨界合作和产品创新方面的应用

运满满与阿里云、蚂蚁金服、平安保险、中国联通、中国重汽、光大集团等开展深度战略合作，实现跨界合作和融合创新。通过跨界融合，不断推出基于大数据分析应用的创新产品和服务，诸如司机小贷、重卡数字化销售，例如运满满与保险公司合作，基于平台积累的大数据建立了征信风控数据，通过建模开发了适用于货车司机的个性化保险种类，如鸽子险（货运放空险）、货运险等，取得了很好的市场效果。

运满满中国平安大数据保险产品

（二）积极输出中国方案，打造跨境运力调度智慧大脑

运满满积极响应"一带一路"倡议，坚决大步伐地"走出去"，开展对外合作，打造跨境运力调度智慧大脑，展现中国智慧、输出中国方案。不久前，运满满与世界银行和交通运输部共同举办了"'一带一路'建设与物流发展国际研讨会"，参加世界交通运输大会，并成为"一带一路"（国际）交通运输联盟发起成员。在"一带一路"国际合作峰会期间，运满满与国际道路运输联盟（IRU）达成战略合作，成为 IRU 国内首家企业会员。运满满还成为 G20、APEC 中国工商理事会理事单位，代表智慧物流行业参与国际磋商和交流合作。

运满满参加国际联盟和世界银行活动

（1）拓展国际服务版图。研发越南语、阿拉伯语、俄语等多语种的运满满国际版 APP，以大数据采集应用为基础，将服务范围拓展至中亚、东盟等"一带一路"沿线国家。

（2）推动多式联运发展。与中欧班列、中阿班列、国际空运等合作，探索通过物流云应用大数据助力多式联运，实现运力集散优化配置。

（3）大规模建设智慧园区和数字化司机驿站。在"一带一路"沿线交通走廊关键节点，对现有物流园区进行智慧化升级，在信息互联互通方面，运满满与物流园区进行货源信息投放共享，对单体园区投放单点一定辐射范围内的货源信息，提升了园区服务能力，建立起线上线下数据的互联互通新模式。设立数字化司机驿站，应用信息化大数据提供全方位、高品质服务。

（三）以大数据为支撑，搭建公路货运生态信用体系并实现物流科技组织创新

（1）建设平台信用体系。不论是在司机端还是货主端，运满满都力求通过更加规范更加科学有效的措施，为平台用户营造一个健康有信的货运物流生态环境，构建的公路货运生态信用体系，成为交通运输行业信用体系建设的实践代表。平台严格通过交易行为大数据沉淀，司机、用户的双方互评等数据进行信用画像，以沉淀用户信用积分及黑、白名单等方式反映信息结果，并形成基于信用的普惠金融、保险等应用场景。目前平台累计已有货主 1380 个、司机 12099 个进入黑名单，占平台注册货主的 0.16%，占平台注册车主的 0.31%。

互联网大数据征信与传统征信对比

比较维度	传统征信	互联网大数据征信
数据来源	以财务数据为核心的小数定向征信 来源于授信机构、供应链及交易对手	非定向的全网获取 数据海量化、维度广
产品服务	产品种类少、即时性较差 获取不够便利	产品更为丰富、提供更为即时、有效 获取便利

续表

比较维度	传统征信	互联网大数据征信
技术方法	单维度收集整理、人工为主 分析以财务数据风控为核心	多维度分析 互联网大数据分析
评价思路	用历史信用记录来反映未来信用水平	从海量数据中推断身份特质、性格偏好、经济水平等相对稳定的指标、进而判断信用水平
分析方法	线性回归、聚类分析、分类树等方法	机器学习、神经网络、RF 等大数据处理方法
应用场景	企业应用场景较少 个人应用非常多	应用场景更加广泛、用户更加多元、需求多元

（2）共享信用信息。运满满承诺主动承担社会责任，积极履行自律义务，严格实施联合惩戒。2017 年 8 月，运满满作为首批 23 家国内重点物流服务平台之一，正式参与了由国家发改委、中国物流与采购联合会发起的《物流服务平台加强信用建设实施联合惩戒备忘录》（以下简称备忘录），就加强信用建设实施联合惩戒达成一致意见。

	客户		司机	
维度	货损 无效订单 押车次数 客户性质	成交率 结款时效 客户违约	报价准确率 抢单次数 违约次数 如出现诈骗/倒卖、无故坐地起价等恶劣事件，一票否决	货损出险数 服务差评
分级	◈ 优质客户 ☆ 普通客户 ☺ 劣质客户	匹配优质运力 匹配中等运力 衡量淘汰	◈ 优质司机 ☆ 普通司机 ☺ 劣质司机	匹配优质客户 匹配中等客户 衡量淘汰
目的	✓ 精准匹配 ✓ 掌握用户发货习惯		✓ 诚信档案建立与管理	

运满满大数据诚信体系建设架构图

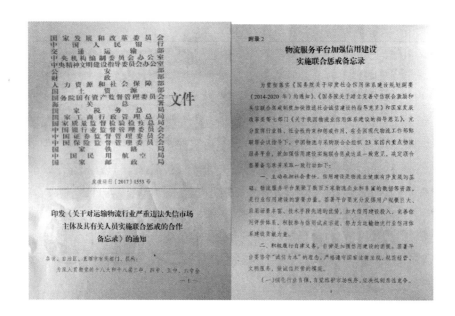

运满满参加国家发改委物流服务平台加强信用建设实施联合惩戒备忘录

（3）抢占物流科技制高点，实现科技组织创新。运满满与相关行业领军企业和学术、研究机构合作，引入工信部、交通运输部、国家发改委智库专家智力，与阿里云深度战略合作，成立了运满满研究院和运满满大数据和人工智能联合实验室，密切跟踪并积极参与共享经济、信用体系、智能网联汽车、物联网、无人机、物流机器人、区块链等前沿技术研发和应用。运满满还与科研机构加强合作，共同挖掘大数据，2017 年 6 月 26 日，中国交通信用研究院在杭州成立。中国交通信用研究院、交通运输部科学研究院联合运满满、云微信用等七家信用企业，共同发布了《中国交通市场信用发展报告》，对当前交通市场信用的宏观背景、发展现状及创新案例提出观点和建议。以此为契机，运满满还将与交通运输部科学研究院合作将进一步推动交通信用服务市场的发展，参照美国公路货运协会的货车、司机信用评分机制，建立市场化下的公路货车、司机信用健康档案联盟机制。

运满满参加《中国交通市场信用发展报告》发布

运满满与货车帮合并以后，将继续与国内外信用领域政府机构、智库、科研机构、高校及其他企业合作，加快推进交通领域科技研发、产业服务和先进适用成果的转化应用，为国家创新体系建设和物流科技创新建设不断持续发展积极贡献力量。

三　大数据交通的效果

以运满满为代表的智慧物流信息平台新业态企业，拥有"线上信息广泛互联、线下资源优化配置、线上线下协同联动"的特征，智慧物流信息平台通过有效整合衔接货运资源，重塑供应链上下游联动、促进线上线下融合等方式，已逐步成为促进物流提质增效的新动力，运满满等信息平台型企业通过智慧物流建设，促进了人工智能、大数据等技术在物流领域深度应用，可降低物流运价5%—10%，单车运行效率可提升30%以上，降本增效成果显著。除提供传统运输服务优化外，智慧物流信息平台企业通常涉及金融、保险、汽修等跨界业务，优化了物流业发展新空间，将商贸、科技、金融、制造、服务等真正有机衔接起来，挖掘了增长的新动能。

（1）运用互联网思维和技术迅速崛起，有效整合资源，显著改变了传统物流行业"小、乱、散、差"的现状。运满满通过短短三年，汇聚了全国95%的货物信息和78%的重卡运力，发展为中国乃至全球最大的整车运力调度平台。

（2）成为国家级节能减排标杆。平台节省柴油费用1300亿元，减少碳排放量7000万吨，实现了降本增效经济效益和节能减排社会效益的双丰收。

（3）搭建国内最大物流双创平台。使百万司机用户和货主用户成为与平台共生共赢的创新微单元和创业合伙人，平台通过增值和赋能，平台上司机的平均找货时间从2.27天降低为0.38天，月行驶里数由9000公里提高到12000公里，承运次数由9次/月提升到11次/月，显著提升他们的收入以及生产和生活水平，使他们拥有更多的获得感。

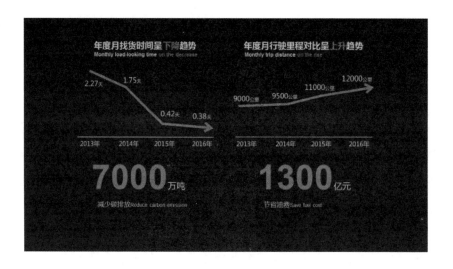

运满满取得降本增效和节能减排显著效果

（4）提升了从业者的职业尊严。运满满在不断提高自身服务质量的同时，一直以来也关注着我国卡车司机群体真实的生活状态，并帮助他们赢得社会更广泛的尊重。像《卡车很小世界很大，爸爸带我看世界》获得全国交通运输行业微视频大赛二等奖，每年举办TOP10用户颁奖盛典，打造全国物流人自己的节日和行业盛会，开展各种类型公益活动。

　　运满满积极创造市场价值、履行社会责任，得到了用户、专家学者、社会各界高度认可。国内知名的大数据公司易观发布《2017 中国"互联网＋物流"市场专题分析》，根据对数据进行统计分析，结果显示，运满满司机版活跃用户 148.9 万，启动次数 9357.2 万，用户累计使用时长达到 439.4 万小时，运满满 APP 的活跃度在城际货运领域中排名第一，成为用户最认可的车货匹配软件。2017 年 8 月，运满满经过企业规模、影响力、盈利能力、成长性、创新性及社会责任等多个指标的综合分析和权威专家评审，入选 2017 年中国互联网企业 100 强名单，成为"互联网＋物流"行业唯一上榜企业。继 2016 年成为中国年度创新成长企业百强、O2O 领域最受欢迎互联网企业、2017 年成为最具价值中国创业品牌之后，品牌价值再一次获得业内首肯，也进一步巩固了其在互联网干线物流领域的独角兽地位。

运满满上榜 2017 年中国互联网企业 100 强名单

　　展望未来，智能终端所塑造的移动互联网和物联网新世界，将会是智慧物流的主战场，智慧物流信息平台为基础和支点，以数据为战略性资源，将广泛集聚国内外技术、资源和人才，并加速跨界融合，实现商业模式的不断创新和用户体验的不断优化，更好推动我国物流现代化转型和提升制造业竞争力，推动供给侧结构性改革，促进数字经济发展。秉承"让公路物流更美好"的愿景，运满满愿意在国家"互联网＋"行动以及智慧物流领域贡献自己的力量。

二 大数据在物流企业中的具体应用

近年来，物流企业对大数据的重视程度逐渐提高，数据资源也成为不同企业之间的竞争焦点。物流企业利用大数据技术，可以实现精细化运营，如果条件允许，还能根据客户的个性化需求，为其提供定制化服务，实现自身运营的转型升级。现阶段下，大数据应用对物流企业发展的推动作用主要体现在四个方面：

1. 市场预测

企业将产品投入市场后，其销量并非一成不变，而是受到消费者需求、行为习惯、消费偏好等诸多因素的影响。传统模式下，企业主要通过市场调研及分析来了解消费者的相关情况，但是，这种分析方式耗时耗力，最终呈现出来的结果时效性较差，无法为企业提供精准的参考，容易导致企业对市场需求的把握出现偏差。相比之下，大数据的应用能够使企业对消费者进行全方位的了解，通过海量的数据分析对市场环境的变化趋势进行把握，提前推测商品在市场化运作过程中要经历的不同时期，据此完善企业的库存管理，加强对配送环节的控制。

2. 物流中心的选址

物流企业在进行选址的过程中，需要对企业本身的属性、产品类型、当地的交通便利程度等进行分析，争取将企业的固定费用与配送消耗降到最低。在这方面，企业可通过建立大数据分类树模型进行评估。

3. 优化配送线路

对物流企业而言，配送线路的选择与企业的成本消耗及配送效率直接相关。在大数据应用的基础上，物流企业能够对商品属性、配送要求、顾客的个性化需求等进行综合考量，在最短时间内找出最佳配送方案，从诸多配送线路中做出最优选择，使企业既能满足顾客的配送需求，又能实现自身的成本控制，拓宽利润空间。不仅如此，企业还能对配送中的商品进行实时追踪，及时了解车辆所经路段的交通情况，对运输过程中可能出现的意外情况进行事前推测。加大对企业信息化建设的资金支持力度，提高物流企业各个运营环节的智能化水平。

4. 仓库储位优化

物流企业想要提高仓库利用率，加速企业在仓储环节的运转，就应该对仓库储位进行优化配置。有的企业每天都要完成大量商品的存储与配送，其整体运营效率则取决于企业的储位安排方式。在大数据应用的基础上，物流企业能够对不同商品之间的关联度进行分析，将关联度较高的商品放在相邻的储存区域，降低货物分拣所需的时间成本，进而提高企业的整体运营效率。

三　物流企业大数据应用的策略建议

物流企业在运营过程中，需要对商家信息、客户信息及各个环节的运营信息等进行处理，大数据的应用能够提高企业的数据分析能力，实现商业价值的挖掘，进而推动企业的整体发展。然而，物流管理对大数据的应用也并非十全十美，要充分发挥大数据对企业发展的推动作用，就要正确认识数据应用中存在的问题，并提出相应的对策。

1. 提高数据的质量和实效性

通常情况下，数据的来源不同，其结构也存在明显区别，企业最终获取的数据在质量方面就会参差不齐，使企业在数据存储、数据分类、价值提取、数据利用等各个环节面临较大阻力。在互联网时代下，数字更新的速度非常快，如果企业无法及时完成数据统计与分析处理，最终呈现出来的数据分析结果也失去了时效性，无法为企业的决策制定提供有价值的参考。因此，物流企业需要打造专业性较强的数据库系统，并借助先进技术手段提高数据获取与分析能力，避免数据过期。

2. 高度重视和支持大数据技术的应用

物流企业要使大数据应用及相关战略在发展过程中得以切实推行，使大数据应用渗透到企业运营的各个环节，就要争取到高层管理者的支持。然而，国内对大数据的应用尚处于探索时期，数据应用的价值尚未显现出来，很多物流企业的管理者对大数据应用的认识十分有限，看不到大数据在企业发展过程中的推动作用，在企业内部也没有建立起有利于大数据应用的氛围，更不用提制度方面的保障。针对这种情况，应该提高企业高层管理人员对大数据的重视程度，打造数据库系统，促进大数据在各个环节的应用，提高对现有数据资源的利用率，进而推动企业的发展。

3. 配备专业的数据管理人员

物流企业要想提高数据资源的利用率，充分挖掘数据中蕴藏的商业价值，就要注重专业人才的引进与培养。原因在于，非专业人员无法解决数据处理过程中遇到的问题，所以，物流企业不仅要重视先进技术的应用、数据资源的获取，还要聘用专业人才，对现有数据资源进行专业分析。

4. 处理好物流数据开放与隐私的关系

物流企业要完善供应链建设，就要与其他合作企业实现信息的共享，为此，企业要提高信息开放程度。但企业在其运营过程中产生的数据有很多，除与供应链建设、成本控制相关的数据外，还有许多其他信息，包括用户的个人信息、公司的商业机密等，在数据管理过程中，需要对不同的信息进行有效识别，确保信息使用的安全性。所以，企业不仅要提高信息开放程度，实现数据资源的共享，还要注重相关制度的建设与完善，并促进国家相关部门出台数据应用的法律文件。

如今，大数据技术的发展尚未成熟，有关大数据的概念定位也比较模糊。不过，以大数据技术的应用为参照，可以将大数据视为数据信息整合利用的有效工具。对物流行业而言，大数据的应用十分关键，企业可依托大数据，在短时间内获取来源于企业自身及外部市场的海量数据资源，并进行价值提取，为企业的决策制定提供有效参考，使企业认识到当前物流行业发展面临的挑战，提高企业对外部市场的适应能力，避免其发展偏离行业总体发展方向。

物流行业通过建立大数据系统，并在此基础上开发或引进应用程序，可以对企业的发展需求进行精准把握，并实现数据价值的挖掘，进而提高企业的管理水平，使其在市场竞争中保持优势地位。依据目前国内物流行业对大数据技术的实际应用情况，对企业的数据采集与整合、存储与分析、具体应用及基本构架进行逐一梳理。

第五篇　共享交通运输篇

第八章　共享交通：共享经济下的
智慧出行模式

第一节　共享交通模式的发展
经验与运营模式

一　全球共享交通模式的发展概况

共享交通是一种将自行车、汽车等交通工具进行共享的交通系统，人们获得的是交通工具的使用权，而不是所有权。共享交通符合绿色环保、可持续发展的理念，它能够为个体提供出行所需的交通工具，也能够针对一个群体（出行路线相同或相近）提供公共交通工具，能够极大地提升交通工具的使用效率。

目前，市场中已经存在的共享交通模式有共享汽车、共享单车及共享飞机等。共享交通早在 20 世纪 40 年代的欧洲已经出现，当时的汽车刚刚面世，是一种售价高昂的奢侈品，很多居民通过和邻居共同使用一辆汽车，从而在有效降低成本的同时，提高出行效率。近年来共享交通快速崛起的因素包括出租车成本较高、城市交通拥堵及停车难、绿色环保出行成为新风尚等。

在国际管理咨询公司罗兰贝格发布的《2018 年中国汽车共享出行市场分析预测报告》中指出，截至 2016 年年底，中国有 2.5 亿人平均每周至少使用一次共享出行软件，汽车共享年订单达到 17.7 亿单。预计 2018 年中国汽车共享市场规模将达到 2300 万美元，消费需求将达到 3700 万次每天（2015 年这一数字为 816 万次每天）。

早在 Uber 与滴滴达成战略合作前，Uber 已经进入了全球 60 多个国家与地区的 350 多个城市，其估值更是近 700 亿美元。虽然，最近各种负面新闻缠身的 Uber 发展似乎陷入困境，但凭借着其强大的全球影响力以及共享交通这种新模式仍受到了各路资本的追捧。

全球共享单车规模同样保持快速增长，而中国共享单车市场更是走在了世界前列，据不完全统计，全球共享自行车项目已经达到了 200 多个。作为国内共享单车领域的两大巨头 ofo 与摩拜在分别完成了 7 亿美元、6 亿美元的融资后，都宣布正式进军海外市场。以 ofo 为例，预计到 2017 年年底，ofo 将在全球范围内投放 2000 万辆共享单车，服务于全球 200 个城市。

共享交通的优势在于，可以通过对交通工具的共享，来提高其利用率，在创造经济效益的同时，能够通过减少交通拥堵、汽车尾气排放等创造社会效益。共享汽车可以有效降低汽车的保有量，减少资源浪费。从调查数据来看，一辆汽车生产出来后，仅有 2.5% 的时间是处于正常驾驶状态，2.5% 的时间是用于寻找停车位或者被堵在路上，余下的 95% 的时间则处于闲置状态。

美国最大的汽车共享平台 Zipcar 运营人员指出，每辆共享汽车相当于近 20 量私家车，在其上千万的注册会员中，有超过 30% 的用户已经出售掉了自己的汽车，将近 40% 的用户延缓了购车计划，这可以有效缓解城市交通拥堵及停车难问题。和共享汽车类似的是，能够满足人们短距离出行需求的共享单车对城市交通系统的稳定、高效运行同样具有十分积极的影响。

二 巴黎 Autolib 及 Velib 案例经验

世界范围内将共享单车与共享汽车实现完美结合的城市当属巴黎。巴黎的共享单车项目是 Velib，共享汽车项目是 Autolib。Velib 项目开始于 2017 年 7 月，能源集团 Bollore 与营销公司 Jcdecaux 共同投资组建共享单车公司 Velib，在 Velib 发展过程中，巴黎政府也发挥了十分关键的作用。

Velib 公司的启动资金为 9 亿元，招募了 285 名员工负责对系统进行运营，并维修单车。经过多年的发展，Velib 的单车数量已经达到两万多辆，拥有近 1500 个共享站点，站点之间的间隔在 300 米左右，能够充分满足市民的短距离出行需求。

虽然 2011 年开始运行的共享汽车项目 Autolib 发展时间相对较短，但由于在 Velib 项目中积累的丰富经验，其发展速度也十分迅猛，截止到 2017 年 1 月，用户人数达到了 13 万人。Autolib 项目也是由 Bollore 与 Jcdecaux 发起并成立，巴黎市政府负责设立电动汽车出租站和充电桩。

在共享单车 Velib 与共享汽车 Autolib 的支撑下，巴黎市民及游客享受到了优质、便捷、低成本的出行服务，有效缓解了当地的交通压力。当然，使用 Velib、Autolib 提供的单车及汽车时，用户需要交纳一定的租赁费用，用户可以办理临时卡，也可以办理周卡，还可以办理年卡。

Autolib 的会员费用相对较低，其站点在城市中心位置分布十分广泛，能够很好地满足用户在市中心区域的出行服务，而且不用担心找不到停车位，对前往巴黎旅游的游客十分有利。当然，当地居民也可以在乘坐地铁等交通工具达到市中心后，使用 Autolib 提供的汽车作为商务办公工具。

在对巴黎的 Velib 与 Autolib 进行总结的基础上，我们可以发现二者在运营管理方面表现出了以下三个特征：

1. 政府的大力支持

巴黎市政府及 46 个市镇政府帮助 Autolib 公司建立共享汽车站点及充电桩，政府累计投资 3500 万欧元，虽然 Autolib 在巴黎运行后，遇到了市中心汽车出行数量有所增长、私家车停车位减少、出租车营收有所下滑等方面的问题，但在巴黎市政府的有力支持下，Autolib 得到了快速稳定发展。

Velib 在发展过程中也得到了巴黎市政府的帮助，为了缓解成本压力，巴黎市政府每年为每辆 Velib 共享单车提供 3100 元的补贴，并协助 Velib 对单车进行管理，从而使其能够为广大市民及游客提供优质服务。

2. 成立专业公司运营共享交通的运营管理

为了确保 Velib 与 Autolib 的稳步运营，二者都组建了专业公司负责日常运营及管理，除较高的前期投资成本外，对共享站点及车辆进行维护也要耗费高额的成本。以 Autolib 为例，基于公司打造的平台智能信息系统，用户可以通过电话或者线上渠道预定汽车，平台将利用无线射频技术对会员卡及二维码进行识别，采用 GPS 技术对车辆进行实时定位等。

3. 公众利益与投资收益的平衡

Bollore 和巴黎市政府签订了"公共服务委托合同"，前者为巴黎提供公共交通服务，后者会尽可能地在多个方面满足 Bollore 的利益诉求，帮助其对公共交通产品及服务进行推广。

Velib 及 Autolib 项目都能在共享站点的广告牌中获取利润回报，与此同时，Bollore 本身作为电动汽车生产商，可以借助巴黎的公共充电桩建设推广电动汽车，目前，巴黎已经初步建立了覆盖全市的充电站网络，得益于法国出台禁止在全国各地出售所有燃气和柴油车辆的计划，近几年，电动车销量在法国保持快速增长。

三 我国共享交通系统的运营模式

国内共享交通市场中共享汽车及共享单车发展势头相当迅猛，在共享汽车领域市场中已经出现了垄断级巨头滴滴，快的、Uber 中国相继被滴滴收购后，后者在国内市场已经具有绝对领先优势。为了缓解共享汽车与传统出租车之间的矛盾，滴滴目前在多个城市免费为出租车提供平台服务，再加上国家对绿色环保出行的大力扶持，来自监管方面的阻力也逐渐消失，滴滴发展前景十分光明，它也是目前唯一一家 BAT 三巨头共同投资的企业。

自行车共享在国内发展情况也良好，在国内自行车共享企业中，ofo 与摩拜具有明显领先优势，进入 2017 年后，二者都完成了巨额融资。在北京、上海这种轨道交通十分发达的城市，自行车共享能够有效解决最后一公里出行问题。而对于苏州、杭州这种旅游较发达的城市，自行车共享可以满足旅客的出行需求，并为当地民众提供便捷、低成本的用车服务。

从自行车出行的特征来看，紧凑型的城市更加适合发展共享单车，这种城市规模相对较小，居民居住的地方和上班的地点距离较近，自行车能够作为上下班的通勤工具。而美国很多城市的居民居住的地方距离上班的地方往往达到二三十公里，自行车在当地更多的是一种运动工具，共享单车很难在这种城市得到推广。

结合国内的实际情况，我国共享交通系统可以采用以下三种运营模式：

（1）政府主导，公司化运营。由政府对共享站点进行统一规划，可以对已有停车位进行改造，或者将一些建设用地作为共享站点。政府部门组建专业的共享交通公司负责对共享交通系统进行运营及管理，考虑到共享交通的高额建设成本以及盈利难题，在发展初期，政府需要提供补贴。这种运营模式能够将共享交通系统纳入现有城市交通运输体系中，由政府系统而完善地对其发展进行规划，并建立一系列基础配套设施。

（2）企业运营，政府补贴。共享交通企业对共享交通系统进行运营及管理，政府在政策扶持及财政补贴方面给予帮助，为了避免企业利用政府补贴非法牟利，政府应该对企业进行有效监管，确保其利润来源的合法性与正当性。这种模式的优势主要体现在企业作为运营主体，出于营利目的以及应对市场竞争，会有更多的活力与创造力进行创新，能够有效提升共享交通的服务水平及服务质量，并有效控制运营成本。

（3）政府入股，企业运营。政府部门、自行车厂商、汽车厂商及运营企业共同投资，建立共享交通公司，由政府部门对共享站点及充电桩进行规划建设，自行车厂商与汽车厂商负责提供自行车与汽车，而运营公司负责运营及管理。这种模式能够激发自行车厂商与汽车厂商的创造力，促使其在生产工艺及产品功能方面不断创新，在降低生产成本的同时，有效提升用户的出行体验。

第二节　共享模式在交通运输
领域的应用实践

一　共享实践 1：私家车搭乘模式

飞机、汽车、船只等交通工具都能实现共享，当然，现阶段的交通共享仍以汽车为主。事实上，交通就是一个公共领域，一个已实现共享的领域，汽车共享道路，船只与飞机共享航线。因为出行具有集中性的特点，交通共享就显得更加重要。

现如今，一、二线城市中的停车成本与开车出行成本越来越高，车辆购置费用与养护费用也越来越高，在这双重因素的影响下，私家车的利用率越来越低。再加上，车辆天生适合共享，其原因如下：

（1）汽车的空置率比较高，车主不使用时可以将车辆租借出去，既不影响车主使用，又可以为他人带来方便；

（2）目前，乘坐车的座位最少有两个，也就是说除司机之外最少能搭乘一人，为车辆共享提供了前提条件；

（3）汽车搭乘与租赁服务具有标准化、无差异化的特点，为交易提供了方便；

（4）随着移动互联网的发展及智能手机的普及使用，车辆租赁与共乘的信息传递问题得以有效解决；

（5）相较于其他领域的共享来说，车辆共享对信任的要求不高。因为车辆共乘多发生在公共场所，且耗时较短。在治安良好的城市，一次简单的共乘无须过多地了解对方的信息。

受这种种原因的影响，交通共享应运而生，人们不用买车甚至不用开车就能享受到车辆带来的便利。目前车辆共享以私家车共享为主，私家车共享方式主要有三种，分别是私家车搭乘、私家车拼车、私家车租车。

在私家车搭乘领域，国外有使用范围最广的 Uber，用户自愿付费的 SideCar，专门为老人与儿童提供搭乘服务的 Shuddle 以及 Lyft 等；

国内有崇尚个性化的易到用车，有强调标准化服务的滴滴用车、一号专车等。

无论是私家车搭乘还是拼车模式面向的都是有相同出行需求的用户，出租车公司，个体户黑车，滴滴、快的、Flywheel 等出租车打车软件，AA 租车、神州专车等传统的、互联网化的商务用车公司等是其共同的竞争对手。

拼车指的是司机找寻与自己同路的乘客，或乘客找寻与自己同路的司机。但在很多时候，拼车与搭乘都难以区分，导致这种情况出现的主要原因是规避监管要求。从本质上来看，Uber 提出的"私家车搭乘"就是非出租车打车。在国内，"专车"也好，"拼车"也罢，其本质都是私家车载客运营，只不过披上了"商务租车"、"拼车"的外衣而已。

面对这种情况，政府表现得比较纠结、矛盾。一方面，政府希望通过这种方法缓解交通压力，解决城市中的交通拥堵问题；另一方面，政府又不希望放弃既得利益，放松出租车牌照管制，放宽租车公司的准入限制，为私家车载客运营提供方便。但是面对"专车"的合法化问题，政府也提出了一个解决方案，就是租车公司提供车辆，劳务公司提供司机。

私家车搭乘能产生两大积极作用，一是扩大供给，二是优化匹配。一方面，私家车搭乘使社会上庞大的闲置私家车资源与司机资源活跃起来，成功地避开了出租车牌照管制，使市场供给得以有效拓展。另一方面，私家车搭乘利用互联网平台的中心调度与数据挖掘，使乘客与车辆的匹配得以优化。当然，私家车搭乘也面临着一些问题，比如监管不力、存在安全隐患、遭到出租车公司及司机的抵制等。

私家车搭乘是一种最早出现的共享经济模式，历经一段时间的发展，已形成了一些比较成熟的市场。在这些市场上，私家车搭乘对当地的交通行业、出租车行业带来了重大影响。目前，Uber 等车辆共乘平台一边在世界范围内开拓市场，一边利用补贴、降价等方法在既有市场上增加平台用户及车辆，拓展市场份额。同时，这些车辆共乘平台还不断地推出新产品，对后台算法进行持续优化，提升市场竞争力。

二　共享实践2：私家车拼车模式

私家车保有量非常大，从这个方面来看，拼车市场有巨大的发展潜力。比如，北京市大约有500万量私家车，而出租车的数量却不足十万，即便加上打着"商务租车"、"拼车"名号运营的私家车，其数量也远远不足500万。在这庞大的私家车出行队伍中隐藏着巨大的拼车需求，并且对于私家车拼车，政府也给予了肯定与鼓励。

在各种拼车APP问世之前，就有用户在社区网站上召集拼车，还有一些有拼车需求的用户自建QQ群进行拼车。需求带动供给，在这种情况下，PC端出现了一系列拼车网站，比如AA拼车、顺风车等。现如今，拼车领域的创业公司已有十几家，拼车市场竞争日趋激烈，只不过到目前为止还没有大量拼车公司在激烈的市场竞争中脱颖而出。

拼车市场有一些细分市场，比如上下班通勤拼车、长途拼车等；有两种拼车形态，一是一对多拼车，二是一对一拼车；有两种拼车类型，一是私家车拼车，二是大巴拼车。其中，大巴拼车经常与大巴租赁公司合作，一边为客户端的通勤需求提供服务，一边面向企业端开通企业班车，将班车运营社会化，使大巴车的载客率得以大幅提升，使载客成本得以显著下降。

虽然拼车市场的发展潜力较大，但拼车市场却一直没有火爆起来，即便在移动互联网的推动下其他互联网出行方式相继火爆之后，拼车市场也一直维持着不温不火的状态。导致这种情况出现的原因有很多，具体分析如下：

（1）拼车市场虽然摆脱了"疑似非法运营"的嫌疑，却仍存在安全隐患较高、定价不合理等问题。要解决拼车市场的安全问题可以采用实名认证、平台担保、双方互评等方法。而定价问题的解决则要从两个角度切入：从乘客角度来看，拼车与打车目的相近，但是拼车的流程比较复杂，只有拼车花费的钱比打车少，乘客才会选择拼车，所以拼车定价要尽量低；从车主角度来看，拼车定价要在打车价格与增加的成本之间取一个平衡点，并且拼车定价要对拼车匹配、沟通、议价、风险等成本进行综合考虑。

（2）相较于搭乘模式来说，拼车匹配比较困难，主要表现在两个方面：第一，非固定路线拼车的匹配效率不高；第二，固定路线拼车经常在平台外完成。另外，为了吸引用户，其他出行模式都会给用户一定的补贴，使打车、私家车搭乘费用大幅下降，使拼车市场的发展受到了一定的影响。

未来，私家车拼车的发展前景依然比较黯淡，其命运在很大程度上与 Uber 等车辆共享平台的发展程度有关。如果用户能随时随地以较低的价格享受到私家车搭乘与打车服务，私家车的使用率将大幅下降，私家车拼车也将受到不良影响。那些自始至终坚持开私家车的人通常对价格不敏感，这些人的拼车意愿往往较低。

三　共享实践3：私家车租车模式

私家车租车又可以称为 P2P 租车或 C2C 租车，平台扮演的是中介，本身没有车辆，通过手中掌握的资源为私家车主与租车人服务。在国外，私家车租车平台有 RelayRides、Getaround 和 FlightCar 等；国内，私家车租车领域也出现了一些创业公司，比如宝驾租车、友友租车等。

这些私家车租车平台与创业公司的竞争对手主要是神州租车、Avis、Hertz、瑞卡租车等传统 B2C 租车公司。相较于传统的租车公司来说，这些私家车租车平台的租车成本较低，交接车比较便利，有多种车型可以选择。其中，交接车便利主要是因为租车平台的规模较大，拥有很多车辆供给者与需求者，基本上可以实现无缝交接。

在这里需要注意一点，就是 C2C 租车与 B2C 租车之间的界限并没有那么清晰，国内第一家 P2P 租车公司（PP 租车）在拓展市场时也曾与 B2C 租车公司合作，PP 租车负责提供用户，B2C 租车公司负责提供车辆。

私家车租车平台有两种租车模式，一是长租，二是短租。相较于私家车搭乘来说，私家车租车的市场规模要小很多，导致这种情况出现的原因有两点：第一，用户租用私家车的目的是为了摆脱开车的不便；第二，私家车租赁对供需双方的信任度要求比较高，另外还涉及车辆安全、车辆交接、验车等问题，比较复杂、烦琐。基于此，私家车租车平台非常注重线下运营。

为了解决私家车租车的信任与安全问题，除安装行车记录仪，要求供需双方使用真实身份之外，国内的创业公司还提出了一些其他的方法。比如，友友租车推出了"小区化"的概念，要求私家车主与租客居住的小区相邻，用这种强关系对租客与车主的行为进行制约，以保证车辆租赁安全。凹凸租车引入了社交元素，人人租车则提倡在机场进行车辆交接等。

私家车搭乘的广泛应用对私家车租车产生了一定的不良影响，具体表现在两个方面：第一，闲置的私家车越来越多，私家车供给也越来越多；第二，私家车搭乘为用户打车提供了极大的方便，用户的私家车租赁需求大幅减少。

除私家车以外，私人飞机也具有共享属性。首先，私人飞机的使用率比较低，基本上每次出行都有空余座位；其次，私人飞机的购买成本、运营成本非常高，私人飞机搭乘能帮飞机所有者分担一部分费用；最后，有些用户不便搭乘航空公司的航班。私人飞机搭乘服务面向的就是这些既不想乘坐商用飞机，又没有能力购买、维护私人飞机的群体。目前，美国已出现了私人飞机搭乘平台，比如 AirPooler、BlackJet、SurfAir 等。

四　汽车厂商的共享汽车模式实践

随着私家车搭乘的普及应用及租车市场规模的不断壮大，供需匹配的难度将越来越小，车辆交接将朝无缝交接的方向不断发展，车辆交接将越来越便利，交接体验也将越来越好。同时，随着私家车的使用率越来越高，汽车销量也将受到越来越大的影响。虽然，现阶段，这种影响还没有显现出来，但已引起了汽车厂商与传统的汽车租赁公司的注意。面对这种情况，一些汽车厂商直接推出了汽车租赁业务。

宝马与戴姆勒推出了汽车共享服务，但从本质上来看，这种汽车共享服务仍属于 B2C 租车服务，虽然与传统租车服务相较，这种租车服务做出了一定的创新，比如摒弃了传统租车服务按天计费的方式，开始按分钟计费；无须到门店租车，实现了随处租车还车等。这些创新使得租车更加灵活，提升了汽车的利用率，成功地替代了私家车。

1. 宝马：DriveNow

DriveNow 是一家合资公司，宝马集团与 Sixt 各占 50% 的股份。2011 年 6 月，这家公司在德国慕尼黑推出了汽车共享服务，用户使用手机 APP 搜索附近可租赁的汽车，使用之后只需将车辆开到与目的地距离最近的归还点归还即可。

截止到 2015 年 2 月，DriveNow 在欧美等国家的 8 个城市运营了 2400 辆车，顾客数量达到了 36 万人。未来 5 年，DriveNow 将再从欧洲与北美地区选择 25 个城市推出汽车共享服务。

DriveNow 汽车共享服务与其他传统租车服务的不同之处在于，DriveNow 鼓励用户的自发性。无须提前预订、随用随取的灵活租车方式为 DriveNow 带来了大量的客户，使其在竞争激烈的市场中脱颖而出。另外，这种租车方式与都市的快生活节奏相适应，这也是 DriveNow 能吸引大量用户的原因所在。

在伦敦，用户想在 DriveNow 租赁汽车，需要先交 29 英镑的注册费用，之后就要计时收费，普通用户的收费标准是 39 便士/分钟，活跃用户的收费标准为 32 便士/分钟。为了更好地推广 DriveNow，用户只要在 Facebook 平台分享 DriveNow 一款车型就可以免费使用车辆 100 分钟。这种共享车辆服务为年轻人提供了极大的方便，深受年轻人喜爱。

2. 奔驰：Car2Go

2008 年，戴姆勒集团成立了一家汽车分享公司 Car2Go，主要运营 Smart ForTwo，在城市中，这种小巧的车型显得更加灵活。

Car2Go 与 DriveNow 一样按分钟计费，用户利用智能手机打开门锁，进入车内，输入密码拿取钥匙，使用结束之后在指定运营区域内任意选择一个公共停车场将车辆停放好。

在 2015 年之前，Car2Go 主要活跃在欧洲与北美市场上，其汽车分享服务覆盖了 29 个城市，拥有 1.2 万辆汽车，用户数量超过了 100

万名，累计出行人次达到了 3200 多万。2015 年之后，Car2Go 覆盖范围进一步拓展，开始朝中国市场进发，重庆是第一个试点城市。2015年，Car2Go 在重庆投放了数百台汽车；2016 年 4 月，Car2Go 正式在重庆推出了汽车分享服务，之后，其在中国市场上的覆盖范围将朝北京、上海、广州、深圳、成都、杭州等城市拓展。

第九章 共享单车：开启中国共享经济的新风口

第一节 共享单车的诞生、发展与经济学思考

一 共享单车的发展历程及现实意义

共享单车可以说是共享经济的典型代表，一出现就迅速融入了人们的日常生活，因广阔的经济发展前景吸引了众多资本关注，掀起了多轮投资热潮。但是，在当今市场环境中，在火爆发展的背后，共享单车也面临着一些挑战。

在移动互联网时代，随着供给侧改革的推行，共享经济从各个角度切入渗透进了人们生活，共享单车就是其中的代表。在出行领域，共享单车属于创业项目，再加上模式新颖，所以一经推出就迅速流行开来，成为一种最火爆的城市出行方式。共享经济模式具有扩张快、灵活度高、进入门槛低、资本效率高等特点，共享经济模式的冲击不仅催生了共享单车这种新型的出行方式，还提升了闲置单车的运营效能。

欧洲是公共自行车租赁理念的诞生地，1965年荷兰出现了全球第一代公共自行车系统。受种种原因的影响，我国公共自行车的起步时间比欧洲晚很多。

2007年，一个真正具有实用价值的公共自行车系统进入我国，该系统可以实现智能化运营管理。在那个时期，政府是公共自行车系统的主导者，分城市统一管理，公众可租赁使用。同年8月，公共自行

车在北京投放使用。

2010 年，永安行公司成立，承接了三个城市的公共自行车项目，大获成功。

2014 年，ofo 共享单车成立，单车共享的概念由此诞生，ofo 共享单车为校园师生提供了一种便捷、绿色、高效的出行方式。

2015 年，摩拜单车进入市场，对社会公众开放，在各大城市掀起了一阵"橙色风暴"。

到目前为止，在中国的共享单车市场上，占市场份额最大的共享单车品牌有两个：一是 ofo 单车，二是摩拜单车。

共享单车这种交通方式具有高度自由、绿色低碳、费用低、便捷性强的特点，备受社会大众喜爱。另外，因为共享单车的市场发展前景广阔，共享单车的未来受到了各品牌商的肯定，品牌商愿意继续增加共享单车的投入数量，拓展共享单车的覆盖范围。不仅如此，作为一种新型的投资项目，共享单车还引发了多轮投资热潮，融资数额巨大。相关数据显示，截止到 2016 年 12 月，ofo 与摩拜都完成了 C 轮融资，总融资额高达数亿美元。

共享单车之所以在社会上流行，其原因有两点：第一，共享单车为传统自行车厂家产能过剩问题提供了解决方案；第二，共享单车为社会大众提供了一种低碳环保的出行方式，宣传了绿色低碳的生活理念，于民有利、于国有利、于业有利。另外，节能环保是共享单车创建的基础理念，为部分人短距离出行提供了便利。所以，从生态文明建设、产业发展、社会公共交通的串接方面来看，共享单车的出现与发展有重大意义。

二 共享单车的发展现状与市场规模

共享单车是企业为公众提供的一种交通工具，这种交通工具具有互联网控制功能，用户可以通过手机交费、使用、归还。共享单车这种新兴的交通工具融合了互联网技术与传统自行车，创造了一种新型的"互联网＋"业态，引起了社会各界的广泛关注。

对于共享单车，不同地方政府的认知不同，所持的态度也不同，有支持者，有观望者，也有排斥者；社会公众对其的态度也非常复杂，有使用者，也有破坏者。在这种情况下，要想正确地认识共享单车，对共享单车进行合理定位，对其功能与价值进行综合评价，就必须超越不同群体的理解局限，站到更高层面。

我国第一批共享单车于 2014 年在北京大学投入使用，创立者的目的是为教职工与学生在校园出行提供方便。因为共享单车满足了教职工与学生的出行需求，备受欢迎，使共享单车的数量猛增，同时拥有共享单车的学校数量也有了大幅增长。在学校试点成功之后，共享单车的创业者开始将目光转向了社会，开始对社会共享单车进行规划。

2016 年，共享单车走出校园走进社会，其身份从校园交通工具转变成了城市交通工具，为城市公众出行服务。得到社会公众的认可之后，共享单车的覆盖范围迅速从 1 个城市增加到了 30 多个，北京、广州、上海、杭州、深圳、天津、济南等城市均出现了共享单车，为城市居民提供了一种全新的出行方式。目前，共享单车使用的车辆主要是自行车，电动车占比非常小。

从 2016 年至今，共享单车扮演城市交通工具这个角色只有一年多的时间，在这段时间里，共享单车实现了快速发展。

一方面，共享单车品牌、单车投放城市、单车投放数量都越来越多。到目前为止，共享单车品牌已有 20 多个，仅 ofo 这一家共享单车品牌就已投放了 80 多万辆共享单车，覆盖了 33 个城市。由此可见，共享单车领域的市场竞争可用"惨烈"一词形容。

另一方面，共享单车的用户量实现了迅猛增长。艾媒咨询发布的《2016 年中国单车租赁市场分析报告》显示，2016 年我国共享单车租赁市场规模可达 0.54 亿元，用户规模可达 425.16 万人。预计到 2019 年，中国共享单车租赁市场规模将增至 1.63 亿元，用户规模将达到 1026.15 万人。

比达咨询发布的《2016 中国共享单车市场研究报告》显示，2015—2016 年，我国共享单车的用户规模从 245 万人增至 1886 万人。预计到 2017 年，共享单车的用户规模将持续扩大，到 2017 年年底，其用户规模将达到 5000 万。这些数据表明，共享单车被越来越多的用户接受，所发挥的作用也越来越大。

共享单车于 2017 年 1 月进入天津，一个多月的时间，无论是用户规模还是使用规模都实现了快速增长。快兔出行统计数据显示，投放到市场上的共享单车平均每辆车每天接 3 单，平均每单行驶 21 分钟，投放的 3 万辆单车平均每天使用 9 万次。酷骑单车投放的共享单车也得到了公众的认可，投放到天津市场 27 天，酷骑单车的使用次数达到了 2 万—3 万次。除此之外，还有其他的共享单车品牌进入天津市场，市场竞争框架已基本形成。

三 共享单车模式的经济学思考分析

共享经济具有快速扩张、高度灵活、门槛低、资本效率高的特点。ofo、摩拜单车等共享单车创业项目就是因为与共享经济的特点相契合，才在 2016 年掀起了单车出行热潮，使闲置单车的运营效能得以大幅提升。

ofo 共享单车建立在移动 APP 与智能硬件开发的基础之上，是目前我国使用范围最广的校园交通代步工具，为高校师生提供了一种高效、便捷、绿色的校园出行方式。同时，ofo 还帮高校对废旧自行车进行回收、改造，为校园"僵尸车"问题提供了解决方案。

摩拜单车则将更多精力放在了降低运营成本方面。据摩拜科技介绍，为了打造 4 年免修的智能自行车，摩拜自行设计、生产单车。25 公斤重的车身、固定的座椅、不配备行车导航，这些设计都是为了达到"免维修"的目的。同时，这些设计也使摩拜单车更加灵活、自主，使竞争门槛大幅提升。

具体来看，共享单车具有以下商业特点：

1. 用户体验：费用低，自由度高，共享性好

共享单车为社会大众的短途出行（1—3 公里）问题提供了一种有效的解决方案，单次使用费用在 1 元左右，相较于步行、乘坐公交车与出租车来说更加便捷、经济。另外，手机 APP 注册使用不仅提升了使用效率，而且方便快捷。出行者通过 APP 软件就可以搜索到附近可使用的单车，使存量市场得以优化配置，使闲置单车的使用效率得以大幅提升，不仅节省了更多城市空间，还使绿色出行方式得以有效

推广。

共享单车兴起的原因与地域选择密切相关。ofo 也好，摩拜也罢，主要在一线城市推广、使用。因为这些城市的面积大、人口多、有巨大的市场需求，为共享单车行业的发展奠定了坚实的基础。

当然，规模不断扩大的共享单车也为城市的交通管理带来了一定的挑战。比如，如何设置共享单车的放置地点？如果做好单车道路建设？如何解决责任保险与纠纷？虽然这些问题真实存在，但共享单车的发展与共享经济的到来并未因此受到阻滞。

2. 平台企业：行业竞争激烈

在外部环境方面，共享单车与国家倡导的"绿色环保、健康出行"的理念相符，容易获得国家支持。除此之外，我国城市人口众多，再密集的公共交通网络也难以将社会公众从出发点直接送到目的地，对于这"最后一公里"问题，共享单车为其提供了解决方案，满足了社会公众，尤其是都市白领阶层的转乘、换乘、短距离出行需求。随着城市化速度的加快，未来，都市白领群体的数量会越来越多，对共享单车的需求会越来越大，共享单车产业的发展前景也会越来越好。

但是，进入门槛低这一特点让共享单车行业的竞争变得异常激烈。截至 2016 年年底，共享单车市场涌进了十多家共享单车租赁平台，ofo、摩拜、骑呗、优拜等，并且各平台的市场定位相似，诱发了激烈的行业竞争。所以，各品牌商要想做好共享单车的运营，就必须做好单车的设计与生产，完成共享信息平台的构建，对单车的运营成本与维修成本予以控制，取得差异化竞争优势，从竞争激烈的市场上脱颖而出。

3. 供给方与需求方：价格谈判能力弱

据波特五力分析模型分析，共享单车的替代品——电动自行车没有自由共享的特点，不会对共享单车造成较大的冲击。另外，由于传统自行车厂家存在生产过剩的问题，希望通过与共享单车企业合作解决该问题，议价能力较弱，共享单车可以借此机会降低生产成本。用户作为价格的被动接受者，基本不具备议价能力。综上两点，共享单车可获得持续、稳定的利润，且利润不会随租金的变动而变动。

但是，较低的进入门槛也增加了新进入者带来的威胁。受新进入者的威胁，共享单车租赁平台将不断提升服务质量，优化自身管理，加大力度进行研发创新，让生产商设计、生产出更优质的产品，为用户提供更优质的体验。

4. 单车资产：会计确认及折旧政策

因为共享单车是一种服务型行业，其主要业务是出租单车，单车租赁费用是其主要收入来源，单车使用年限一般在 1 年以上，属于一种生产经营设备。所以，对于平台企业来说，共享单车是一项固定资产。

因为单车具有单价低、损耗大的特点，所以在使用过程中其效用会逐渐下降，维修费用会逐渐增加。所以，单车折旧费用应逐年递减，也就是要使用加速折旧法对其进行计算，前期多计提折旧，后期少计提折旧。这样一来，企业就能尽快回笼资金，尽快更新固定资产，使劳动生产率、产品质量及企业的行业竞争力都得以大幅提升。

5. 收入如何确认及管理

在收费标准方面，一代摩拜单车 1 元/小时，二代摩拜单车 0.5 元/小时；ofo 单车对校内师生按 0.5 元/小时收费，对非师生认证用户按 1 元/小时收费。根据权责发生制原则，单车使用费用收入应归为主营业务收入。但由于这种收入属于网络结算款项，当期已实现收入的确认问题是一大难题。

根据权责发生制原则，只要属于当期收入，无论款项是否到账都应记录在当期的账簿上；如果不属于当期收入，即便收到款项也不能记录在当期账簿上，要以权属为标准对所属期进行划分，将没有确认为收入的款项记录在应付款或预收款项位置，到期再将其计入收入。但是押金不能计入企业收入，因为要随时退还给用户。由此可见，会计确认政策要随新业务的出现而更新，及时调整，做好盈余管理。

经济学观点认为，随着共享单车的出现及发展，单车行业的经济结构能实现有效调整，资源要素能实现优化配置，自行车厂商生产的产品质量与数量都能得以有效提升，过剩产能被消化，为社会大众生活方式的转变提供有效供给，推动经济社会实现健康持续发展。另外，根据绿色出行理念，共享单车能在满足社会公众短距离出行需求的同时宣扬生态文明建设理念，做好生态文明建设，推动经济实现健康可持续发展。

有利必有弊，有优势必有劣势，共享单车的发展也是如此。现阶段，共享单车发展面临着诸多问题，比如门槛低、竞争激烈，布点广、费用低、盈利能力差，相关法律法规与会计政策不健全等。不解决这些问题，共享单车很难实现健康持续发展。所以，共享单车的品牌商要优化生产设计，增强核心竞争力，合理布点提升单车的使用频率，关注相关法律法规制定科学完善的运营方案，提升整个行业的资源利用率，降低投资风险。

第二节　共享单车模式的优势、问题与对策建议

一　共享单车模式的主要特性与功能

1. 解决"最后一公里"难题，让换乘更加便捷

从出发地到站牌，从站牌到目的地这段路程，即便再密集的公共交通网点也难以实现全覆盖。使用出租车或小汽车走完这段路程不仅成本高，而且污染严重；骑自行车无处停放，多有不便；步行耗费的时间长。一直以来，城市交通"最后一公里"问题都无法得以妥善解决，给居民出行带来了诸多不便，对城市交通质量造成了不良影响。

共享单车的出现为这一问题提供了有效的解决方案，无论是短途出行还是公共交通工具换乘，共享单车都能为其提供方便，使城市交通服务能力大幅提升，使公众出行需求得以有效满足，让公交都市建设成为现实。

2. 让交通低碳化成为现实

从本质上来看，共享单车就是将互联网定位、收费、借还技术与传统的自行车结合在一起，用户可以通过手机租用、归还车辆，车辆

与普通的自行车完全一样，都需要人力驱动。整个过程不消耗能源，没有污染物排放，是一种真正的低碳交通方式。共享单车的使用规模越大，就代表非低碳交通方式的削减量越大，交通的低碳化程度就越高。随着城市交通污染气体排放越来越少，城市雾霾治理效果就越好，城市环境质量就越高。

3. 使用成本低，灵活度高，便捷性好

共享是共享单车的核心理念与特征。共享单车不属于任何人，但是只要付费，任何人都能使用。也就是说，每辆共享单车都为用户提供出行服务，用户可随时随地租用单车，使用结束之后可随地停放，租用与归还只需通过手机就能完成，为用户出行带来了极大的方便。并且，相较于私人自行车来说，用户无须为共享单车的安全与维护担忧，使用成本更低，灵活度更高。相较于公共自行车来说，共享单车的取用地、归还地与出发点、目的地更近，使用更加方便。

4. 有利于市场机制发挥作用

共享单车属于一种商业性服务，能让市场机制的作用充分发挥出来。共享单车的经营者是企业，应对市场竞争、追求利益是企业的天性，为此企业要不断地根据社会需求对市场发展策略进行调整，使共享单车的服务水平不断提升。

比较来说，公共自行车的经营者是政府，为了维护、管理这些自行车，政府需要投入大量资金，在某些城市，公共自行车的管理费用已成为政府的财政负担。而共享单车的运营者是企业，既不会为政府财政增添负担，又能为公众服务。并且，共享单车既能持续创新，提升服务效率，又能将市场在资源配置中的作用充分发挥出来。

二 共享单车模式面临的问题与影响

（一）共享单车面临的问题

共享单车进入市场的时间比较短，虽然已形成了主体模式，但还有很多内容亟须探索与完善。目前，从各城市共享单车的运营实践来看，共享单车面临的问题比较多。因为这些问题，政府与社会公众都对共享单车产生了质疑，使共享单车的发展陷入了困境。

1. 无序停放影响市容，权利争议

共享单车使用结束，使用者可以将其停放在目的地附近的停车点，这是共享单车的一大优势。但在实际使用的过程中，大部分使用者使用结束之后都没有按规定停放，要么将其随意地停放在路边、绿化带、小区内，要么直接停放在马路上，不仅破坏绿化带，还会影响市容，对交通产生干扰。

即便共享单车按规定停放也要停放在人行道上，为城市管理部门提出了难题。有的城市管理部门将这种停放行为视为占道经营，对其进行了清理。2017 年 1 月 17 日，南京的城市管理部门将新街口附近的近 600 辆共享单车拖走。紧随其后，1 月 25 日，天津酷骑单车因"占道经营"受到了综合执法通告。虽然共享单车的发展并没有因为这些事件受到影响，但停放问题始终是共享单车亟待解决的难题。

2. 单独占用、人为破坏事件层出不穷

一些使用者为了于己方便将共享单车占为己有，自行加锁或者私藏，使共享效率大幅下降。另外，由于共享单车无人管理，停放分散，很多车辆都遭到了人为拆卸与破坏，甚至一些零部件被盗走。共享单车破坏事件在每个城市都存在，有数据显示，上海摩拜单车的损毁率超过了 10%，杭州 ofo 单车的损毁率接近 5%。

目前，对于共享单车被人为破坏这一问题，企业也没有很好的解决办法。随着被占用、被破坏的单车越来越多，可用的单车就会越来越少，公众租用共享单车出行就会越来越困难。在这种情况下，企业的运行成本就会大幅提升，预期目标就难以实现。

（二）共享单车引发的影响

共享单车有双重属性，一方面共享单车是一种交通工具，另一方面共享单车是一个产业。随着共享单车的出现，整个城市的交通方式都有所改变，现有产业也受到了一定的冲击。共享单车对产业的影响程度取决于其普及程度。

1. 改变出行结构，重新分配客运资源

对于短途出行来说，共享单车的出行成本较低，使用比较方便，所以，在短途出行的过程中，共享单车能在很大程度上替代其他的交通工具。随着步行者、乘坐出租车出行者、乘坐公交车出行者纷纷开始使用共享单车，出行结构就会发生较大的改变。

因为共享单车深受天气与气候影响，使用频率忽高忽低，再加上运能低，导致其在客运结构中的占比比较低。但是作为一种新出现的公共交通方式，共享单车确实带来了一部分客运资源。在此情况下，公共交通受到的影响比较小，其承受的压力还在一定程度上得到了缓解，但出租车受到的影响就比较大，引发了出租车公司及司机的敌对情绪。

2. 对自行车销售、维修造成了一定的冲击

从某种程度上来看，共享单车的便利性比私人自行车要好很多。共享单车的普及度越高，私人自行车的需求量就越低；私人自行车的数量越少，维修业务就越少。也就是说，随着共享单车的流行，无论是私人自行车销售，还是私人自行车维修都会受到一定冲击。

在某些城市，共享单车的普及已经对自行车销售与维修行业造成了不良影响，使从业人员产生了不满情绪。但是，共享单车由企业经营，由厂家生产，由专业人员维护，也产生了一些新的商机与需求。因此，从总体来看，现阶段，共享单车增加了生产总量，使生产企业产生了结构性调整。

三 共享单车有序发展的对策与建议

从目前的情况来看，共享单车优劣并存。但是，从共享经济发展、改善民生的角度来看，共享单车的优势是主，引发的问题是次，并且问题是可以解决的。所以，对于共享单车，我们应秉持包容与认同的态度，创造条件推动共享单车发展，解决各种影响共享单车发展的难题，兴利除弊，推动共享单车有序发展、规范发展，为社会大众持续提供便捷、高效的交通服务。

1. 政府部门协同创造条件推动共享单车发展

作为一种新兴的业态，共享单车正处在探索的过程中，经营管理方式需要不断改进、完善。虽然，目前共享单车的无序停放影响了市容，但政府部门不能因此就对其报以拒绝或抑制的态度，而应着眼于共享单车的交通功能与利民价值，统一认识，予以支持。凡是涉及共

享单车运营的政府部门，比如城管、公共安全、环卫、交通管理等，都应协同起来为共享单车的停放提供便利，对人为破坏共享单车的行为予以严打，对共享单车企业的合法权益予以保护，创造良好的环境与条件推动共享单车持续、快速地发展。

2. 制定具有前瞻性的共享单车管理规范

共享单车刚刚出现，停放、使用缺乏相应的规范，乱停占道、付费纠纷、安全事故等问题频发，并且因为责任不明、依据缺失，这些问题非常难处理，处理结果往往令人担忧。为此，政府要制定出相应的行业规范与技术标准，对共享单车的技术要求、管理职责、停放区域等问题进行明确，制定相应的制度为共享单车的安全使用提供保障。同时，政府要按照管理规范履行监管职责，推动共享单车规范运营、健康发展。

3. 营造公平竞争的市场环境

为了推动共享单车健康、持续发展，要坚持两大原则，一是市场决定资源配置原则，二是更好发挥政府作用原则。一方面，政府要开放共享单车市场，让更多共享单车企业进入市场，将市场竞争机制的作用充分发挥出来，提升企业服务质量，降低收费标准；另一方面，政府要参与规则制定，对其进行全程监管，让共享单车更好地为公众出行服务。

4. 提升公众对共享单车的认知

作为一种新兴的交通方式，共享单车在不同城市的发展程度、发展速度和收益与大众对共享单车的认知程度密切相关。使用者秉持"共享"理念，合理停放、主动报修、爱惜不破坏，提升单车的使用率与循环利用率是共享单车盈利的基础，也是共享单车企业不断升级服务的基础。

如果公众的诚信度高，并且能自觉地遵守规则与规范，共享单车就能实现快速发展，城市就能获得较大的交通收益。相反，如果公众不按规则使用共享单车，随意停放、占为己有、蓄意破坏，就会导致共享单车迅速消亡。当然，为了让共享单车实现持续发展，不仅要提升公众对共享单车的认知，共享单车企业也要积极开展技术创新，针对共享单车现存的各种问题提供有效的解决措施，政府要对破坏、占用共享单车等行为进行严惩。

另外，政府、企业与社会公众要联合起来共同构建诚信守则的社会氛围。只有让社会公众认识到共享单车对城市发展所发挥的作用，为大众出行带来的便利，提升社会公众诚信守则意识与素养，对社会公众进行教育，让其深刻认识到"共享"的含义，正确使用共享单车，只有这样，才能让共享单车更好、更持久地为社会公众服务。

参考文献

［1］ 张博文：《城市智能交通系统当中大数据的应用》，《电子技术与软件工程》2017 年第 16 期。

［2］ 苏交轩：《我省发布中小学生交通安全大数据》，《江苏法制报》2017 年 8 月 31 日第 002 版。

［3］ 杨川：《基于大数据的轨道交通网络化运营管理》，《中国新技术新产品》2017 年第 16 期。

［4］ 郭静：《基于大数据环境的交通通信网络探析》，《通讯世界》2017 年第 16 期。

［5］ 杨小丽：《车联网大数据下的交通信息服务研究》，《无线互联科技》2017 年第 16 期。

［6］ 田胜雄：《大数据分析在智能交通系统中的应用》，《智能城市》2017 年第 8 期。

［7］ 李盈：《当大数据与智能交通"美丽邂逅"》，《贵州日报》2017年 8 月 23 日第 013 版。

［8］ 许非非：《论述大数据技术的交通工程质量安全监管》，《门窗》2017 年第 8 期。

［9］ 陆明光：《宁波建成智慧交通管理体系》，《人民公安报·交通安全周刊》2017 年 8 月 18 日第 002 版。

［10］ 沈战：《交通信息服务协同体系在车联网大数据环境下的分析》，《科技展望》2017 年第 27 期。

［11］ 刘琦：《大数据说话，骑电动车也是技术活》，《长沙晚报》2017 年 8 月 16 日第 007 版。

［12］ 任登峰：《基于大数据的朔州市公安交通集成指挥平台技术架

构》，《山西电子技术》2017 年第 4 期。

[13] 王麓铭：《大数据在交通中的应用》，《科技展望》2017 年第
24 期。

[14] 李海峰、马晓磊：《交通大数据的"青年砥柱"》，《科技日报》
2017 年 8 月 10 日第 006 版。

[15] 吴为强：《基于大数据挖掘的智能交通决策分析系统》，《机电
工程技术》2017 年第 52 期。

[16] 尚东方：《基于大数据的交通管理系统》，《科技与创新》2017
年第 15 期。

[17] 陈思恩：《大数据人工智能时代的智慧交通》，《软件和集成电
路》2017 年第 8 期。

[18] 刘琦：《大数据告诉你交通事故因何发生》，《长沙晚报》2017
年 8 月 4 日第 007 版。

[19] 鲁鸣鸣、郑林：《交通大数据驱动的地铁和出租车接驳出行规
划》，《计算机工程与应用》2017 年第 8 期。

[20] 《交通运输大数据系统与安全实验室成立》，《中国物流与采购》
2017 年第 15 期。

[21] 王雯雨、徐鹤、邓修英、陈怡馨、贾斯琪、王成新：《大数据
视角下济南交通拥堵的综合对策研究》，《绿色科技》2017 年
第 14 期。

[22] 林刚：《青岛智慧停车一体化平台启用》，《青岛日报》2017 年
7 月 27 日第 004 版。

[23] 罗云辉、李林、靳文舟：《基于大数据的单点交通信号配时优
化策略研究》，《公路与汽运》2017 年第 4 期。

[24] 李欣：《分布式增量机制下的交通流大数据聚类分析》，《测绘
通报》2017 年第 7 期。

[25] 亓秀昌、孙峰：《大数据技术在智能交通中的应用分析》，《智
能城市》2017 年第 7 期。

[26] 温慧敏、郭继孚、王磊、陈先龙、林涛、张本湧、周涛、高杨
斌：《专题论坛（3）：交通大数据决策支持》，《城市交通》

2017 年第 4 期。

[27] 刁仁群、王伟、李剑：《"互联网 + 交通"背景下交通大数据应用分析》，《交通企业管理》2017 年第 4 期。

[28] 鲁晓燕：《大数据思维缓解城市交通拥堵理论分析》，《合作经济与科技》2017 年第 14 期。

[29] 彭晨伟、巴继东：《基于交通大数据的智能信息服务平台》，《计算机系统应用》2017 年第 7 期。

[30] 《开放·共享·创新——千方科技举办"交通大数据论坛"》，《中国交通信息化》2017 年第 7 期。

[31] 张岚：《浅谈大数据在智能交通中的应用》，《内蒙古煤炭经济》2017 年第 13 期。

[32] 林驰、徐博、薛昕惟、于成：《智能交通大数据隐私保护实验平台》，《实验室研究与探索》2017 年第 7 期。

[33] 陈钢亮：《城市交通大数据技术及智能应用系统》，《城市建设理论研究》（电子版）2017 年第 20 期。

[34] 李欣、罗庆、孟德友：《基于时空权重相关性的交通流大数据预测方法》，《北京大学学报》（自然科学版）2017 年第 4 期。

[35] 张晓鸣：《"战"高温，不仅仅是体力活》，《文汇报》2017 年 7 月 13 日。

[36] 刘莹、张克、徐龙：《交通行业运营车辆能耗计量设备检测大数据平台的设计与实现》，《中国计量》2017 年第 7 期。

[37] 李小伟、唐拓：《大数据背景下智能交通系统发展综述》，《城市建设理论研究》（电子版）2017 年第 19 期。

[38] 武治发：《大数据在智能交通建设中的应用》，《电子技术与软件工程》2017 年第 13 期。

[39] 武文中：《应用大数据开展智慧交通的实现路径探究》，《科技资讯》2017 年第 19 期。

[40] 李鲲：《搭建世界智能平台助力京津冀协同发展》，《中国改革报》2017 年 7 月 3 日第 007 版。

[41] 阎伟：《交通大数据及应用技术研究》，《天津市电子工业协

会·天津市电子工业协会 2017 年年会论文集》，天津市电子工业协会，2017 年。

[42] 方佳：《浅析智慧交通大数据系统设计》，《数字通信世界》2017 年第 7 期。

[43] 肖永来：《交通管理大数据智能研判平台 SEARI – TBDS》，《中国公共安全》2017 年第 7 期。

[44] 沙建锋、陈光华：《手机大数据在城市交通规划中的应用分析研究》，《交通与运输》（学术版）2017 年第 1 期。

[45] 胡媛、钟燕蔚：《城市轨道交通行业案件大数据分析》，《铁路技术创新》2017 年第 3 期。

[46] 吕毅：《接续努力加快城市"数据大脑"建设推动我市大数据交通治堵走在前列》，《杭州日报》2017 年 6 月 30 日第 001 版。

[47] 邵郦：《基于大数据的道路交通安全管理策略探讨》，《甘肃警察职业学院学报》2017 年第 2 期。

[48] 孟慧萍：《大数据环境下轨道交通企业管理模式创新研究》，《企业改革与管理》2017 年第 12 期。

[49] 何承、朱扬勇：《大数据技术与应用：城市交通大数据》，《交通与港航》2017 年第 3 期。

[50] 谢振东、李之明、徐锋、吴金成、刘雪琴：《城市交通一卡通大数据应用》，《交通与港航》2017 年第 3 期。

[51] 徐凤兰：《智能交通大数据处理平台的构建》，《四川水泥》2017 年第 6 期。

[52] 刘文、黎茂林：《交通卡口大数据中的套牌车实时检测算法》，《电脑与信息技术》2017 年第 3 期。

[53] 《支持大数据教学，助力新工科建设——IBM 大数据大学学习平台及虚拟实验室落地上海交通大学》，《高科技与产业化》2017 年第 6 期。

[54] 赵莎：《用好大数据治理"交通病"》，《海口日报》2017 年 6 月 15 日第 002 版。

[55] 杜佳慧：《大数据时代背景下智能交通系统发展面临机遇与挑

战》，《科技经济市场》2017 年第 6 期。

[56] 庄家荣：《大数据背景下智能交通系统发展综述》，《农家参谋》
2017 年第 12 期。

[57] 陈圣颖：《基于大数据视角下智能交通的探究》，《现代工业经
济和信息化》2017 年第 9 期。

[58] 于淼：《大数据背景下交通运输信息化建设应用分析》，《科技
展望》2017 年第 16 期。

[59] 郭敏：《"互联网＋"北京市公安交通管理局警务管理模式研
究》，硕士学位论文，北京交通大学，2017 年。

[60] 《科技大讲堂关注交通大数据应用》，《运输经理世界》2017 年
第 6 期。

[61] 祁娟：《大数据崛起，如何助力智慧交通筑通途?》，《运输经理
世界》2017 年第 6 期。

[62] 《中国科学院院士、西安交通大学教授徐宗本　用好大数据要
有大智慧》，《中国教育网络》2017 年第 6 期。

[63] 祝隽：《大数据解读交通秩序大整治》，《扬州日报》2017 年 6
月 2 日第 B02 版。

[64] 张延铭：《交通大数据生态运营平台体系架构》，《电子技术与
软件工程》2017 年第 11 期。

[65] 黄柱、蔡延光、陈东：《基于大数据的交通信号灯协调控制系
统设计与实现》，《工业控制计算机》2017 年第 5 期。

[66] 朱鲤：《上海公共交通发展现状及大数据背景下的线网优化思
路》，《交通与运输》2017 年第 3 期。

[67] 唐拓：《大数据技术在智能交通中的应用分析》，《城市建设理
论研究》（电子版）2017 年第 15 期。

[68] 刘宗禹：《"大数据"在交通规划中的冷思考——以上海交通规
划应用为例》，《上海城市管理》2017 年第 3 期。

[69] 窦晖：《试论智能交通发展中大数据的应用》，《科技传播》
2017 年第 10 期。

[70] 沈晴：《面向交通拥堵预测大数据的神经网络群组快速学习》，

博士学位论文，北京科技大学，2017 年。

[71] 杜圣东、杨燕、滕飞：《交通大数据：一种基于微服务的敏捷处理架构设计》，《大数据》2017 年第 3 期。

[72] 杜丽荼：《大数据下湖南省综合交通运输体系发展对策》，《交通企业管理》2017 年第 3 期。

[73] 卢晓炜：《交通行业的大数据发展与应用》，《中国新通信》2017 年第 10 期。

[74] 刘颖：《大唐电信高速公路交通大数据分析平台及应用》，《中国电子报》2017 年 5 月 16 日第 005 版。

[75] 任鹏、丁然：《交通物流大数据信息资源框架体系研究》，《综合运输》2017 年第 5 期。

[76] 杨成：《南通：大数据精确制导交通治堵》，《道路交通管理》2017 年第 5 期。

[77] 谢媛媛：《智慧城市大数据交通信息资源中心规划与研究》，《通讯世界》2017 年第 9 期。

[78] 李定林：《用智慧破解交通"痛点"》，《贵阳日报》2017 年 5 月 11 日第 004 版。

[79] 周辉宇：《基于大数据规则挖掘的交通拥堵治理研究》，《统计与信息论坛》2017 年第 5 期。

[80] 吴金成、余红玲、伍冠桦、龚惠琴：《交通一卡通大数据平台的构建研究》，《金卡工程》2017 年第 5 期。

[81] 马晓飞：《大数据助力城市交通发展》，《学习时报》2017 年 5 月 8 日第 003 版。

[82] 王璐瑶：《数据穿透万重山　互联开凿智慧路》，《贵州日报》2017 年 5 月 8 日第 008 版。

[83] 张漫丽：《交通银行"大数据＋人工智能"应用研究》，《中国金融电脑》2017 年第 5 期。

[84] 马利军：《轨道交通装备大数据平台的建设》，《软件和集成电路》2017 年第 5 期。

[85] 张凡：《轨道交通企业大数据应用探析》，《现代经济信息》

2017 年第 9 期。

[86] 李涛、刘毅：《基于大数据的都市圈智能交通管控平台探析》，《中国交通信息化》2017 年第 51 期。

[87] 田薇、张锦明、龚建华：《面向不同主题的交通大数据可视分析》，《测绘科学技术学报》2017 年第 1 期。

[88] 唐德权：《大数据知识服务支撑下的绿色交通管理系统》，《电子技术与软件工程》2017 年第 9 期。

[89] 邹伟：《基于道路交通指数大数据的上海市主城区交通拥堵特征研究》，《上海城市规划》2017 年第 2 期。

[90] 吕毅：《坚持制度创新与技术创新协同推进 蹄疾步稳深化大数据交通治堵试点》，《杭州日报》2017 年 4 月 28 日第 001 版。

[91] 石森昌：《大数据和云计算在城市交通违章管理中的应用研究》，《城市》2017 年第 4 期。

[92] 张丹丹、王雷：《船舶交通特征统计分析中的大数据挖掘应用》，《舰船科学技术》2017 年第 8 期。

[93] 《综合交通大数据国家实验室成立》，《城市规划通讯》2017 年第 8 期。

[94] 徐玉凤、郭宏昌：《基于大数据的交通运输综合执法平台设计》，《信息与电脑》（理论版）2017 年第 8 期。

[95] 谭超、曹良坤、张熹、杨艳华：《云计算交通违法大数据处理研究》，《玉溪师范学院学报》2017 年第 4 期。

[96] 胡继华、高立晓、梁嘉贤：《基于交通大数据的公交线路 OD 矩阵推断方法》，《科学技术与工程》2017 年第 11 期。

[97] 赵秉瑜：《迎接大数据时代的大交通》，《延安日报》2017 年 4 月 17 日第 001 版。

[98] 陈桂龙：《大数据助力第十一届航展交通安保》，《中国建设信息化》2017 年第 7 期。

[99] 《综合交通大数据国家实验室成立》，《世界海运》2017 年第 4 期。

[100] 陈文亮、贺松：《新时代背景下大数据与智能交通的相互交

融》,《数字技术与应用》2017年第4期。

[101] 李伟、刘浩、隋莉颖、李民伟:《大数据在交通运输行业的发展建议》,《公路交通科技》(应用技术版)2017年第4期。

[102] 闻欣:《综合交通大数据国家实验室成立》,《城市轨道交通研究》2017年第4期。

[103] 于硕、李泽宇:《交通大数据及应用技术研究》,《中国高新技术企业》2017年第4期。

[104] 柳献初:《做好交通事故大数据统计,改善道路交通安全》,《商用汽车》2017年第4期。

[105] 刘万军:《智能交通在智慧城市建设发展中的大数据应用》,《中国安防》2017年第4期。

[106] 王锴:《车联网应用:大数据与智能交通》,《中国公共安全》2017年第4期。

[107] 曲程:《关于大数据挖掘分析的智慧交通服务系统探究》,《科技创新导报》2017年第10期。

[108] 刘凌松:《大数据在轨道交通合同管理中的应用》,《现代商业》2017年第9期。

[109] 翟晓丹:《大数据的智能交通体系架构》,《科技与创新》2017年第6期。

[110] 傅灵建:《大数据背景下交通事故多发路段识别与改造研究》,《统计与管理》2017年第3期。

[111] 谢振东、吴金成、伍冠桦:《基于交通一卡通大数据的停车应用系统研究》,《微型机与应用》2017年第5期。

[112] 李彦:《考虑随机车祸影响的城市交通调度大数据系统设计》,《现代电子技术》2017年第6期。

[113] 鲁伟:《基于 Hadoop 交通视频大数据分析组件的设计与应用》,《中国交通信息化》2017年第3期。

[114] 任凯:《以大数据为基础构建智慧交通管理的思考》,《道路交通管理》2017年第3期。

[115] 聂丹伟:《交通运输行业中大数据分析决策技术的应用探究》,

《科技创新导报》2016 年第 36 期。

［116］张晗寒、梁禹民、陶世宁、韩旭：《基于大数据的交通信号实时优化研究》，《工程建设与设计》2017 年第 5 期。

［117］陈雪：《人脸识别防儿童走失大数据调节交通信号》，《光明日报》2017 年 3 月 9 日第 010 版。

［118］肖自乾、陈经优、符石：《大数据背景下智能交通系统发展综述》，《软件导刊》2017 年第 1 期。

［119］马靖霖：《智慧交通大数据应用中的问题与对策》，《中国公路》2017 年第 5 期。

［120］魏家万：《视频监控大数据在智慧交通的深度应用解析》，《中国安防》2017 年第 3 期。

［121］卢春、陈思恩、俞辉：《交通大数据的体系研究》，《企业技术开发》2017 年第 3 期。

［122］夏海山：《大数据与现代交通》，《西部人居环境学刊》2017 年第 1 版。

［123］丁慧娟、申亚伟、周杰：《城市地铁轨道交通中的大数据分析》，《智能城市》2017 年第 2 期。

［124］李伟：《交通大数据在智能高速公路中的应用探讨》，《城市建设理论研究》（电子版）2017 年第 6 期。

［125］周进：《交通大数据在智能高速公路中的应用分析》，《电子世界》2017 年第 4 期。

［126］王春生：《大数据思维下城市交通信息化建设要点研究》，《信息系统工程》2017 年第 2 期。

［127］潘慧、黄美庆：《大数据构建绿色城市交通体系——走访中山大学智能交通研究中心》，《广东科技》2017 年第 2 期。

［128］王忠：《城市交通大数据应用领域及措施研究》，《管理现代化》2017 年第 1 期。

［129］李欣、孟德友：《基于路网相关性的分布式增量交通流大数据预测方法》，《地理科学》2017 年第 2 期。

［130］姜杰、王建德、郭敏、徐旭：《基于大数据技术的重要活动交

通运行平台研究与设计》,《交通工程》2017 年第 1 期。

[131] 涂辉招、李浩、陈丰:《研讨式教学法在研究生交通大数据分析课程的探索与实践》,《教育教学论坛》2017 年第 6 期。

[132] 郭璐:《关于交通信息化与大数据时代契合的研究》,《中国新通信》2017 年第 3 期。

[133] 王健:《大数据与城市交通管理政府公共服务转型》,《学理论》2017 年第 2 期。

[134] 邹小彤:《基于分布式技术的交通大数据查询优化》,《电子技术与软件工程》2017 年第 3 期。

[135] 蔡礼渊、钟曹:《基于大数据的智能交通应用策略研究》,《信息记录材料》2017 年第 2 期。

[136] 马靖霖:《智慧交通背景下大数据应用面临的挑战与对策研究》,《内蒙古科技与经济》2017 年第 2 期。

[137] 党红恩、赵尔平:《大数据技术在智能交通中的应用分析》,《无线互联科技》2017 年第 2 期。

[138] 林涛:《基于大数据的交通规划技术创新应用实践——以深圳市为例》,《城市交通》2017 年第 1 期。

[139] 成黎青:《大数据智慧城市静态交通管理》,《经营管理者》2017 年第 3 期。

[140] 王胜华、杨菁、段进红、唐先亮:《江西省高速公路联网收费车辆通行交通大数据分析与应用探讨》,《中国交通信息化》2017 年第 1 期。

[141] 杨雪峰、陈来荣:《基于大数据思维分析的交叉口交通信息处理方法》,《黑龙江交通科技》2017 年第 1 期。

[142] 周洪武、顾梦雨:《交通 + 旅游大数据综合服务平台探析》,《公路交通科技》(应用技术版)2017 年第 1 期。

[143] 《交通银行大数据创新"商户云"平台正式发布,打造银行—商户—客户和谐发展的生态环境》,《金融电子化》2017 年第 1 期。

[144] 吴雪:《智能汽车——大数据时代下的智能交通　专访洛阳九

州汽车有限公司董事长李海涛》，《时代汽车》2017 年第 1 期。

[145] 邓仁宏、童松：《用大数据排查治理轨道交通工程隐患》，《劳动保护》2017 年第 1 期。

[146] 邹亚华：《洗尽铅华返本还原——手机大数据在城市规划、交通分析与城市管理中的应用》，《江苏城市规划》2016 年第 12 期。

[147] 娄宝娟：《交通大数据辅助决策支持系统及在宁海的应用研究》，《中国市政工程》2016 年第 6 期。

[148] 崔诚靓：《大数据技术在大型活动管理和交通组织中的应用》，《中国市政工程》2016 年第 6 期。

[149] 张浩、石琦、徐启禄、朱东升：《轨道交通领域大数据的关键技术研究》，《都市快轨交通》2016 年第 6 期。

[150] 李得伟、张天宇、周玮腾、尹浩东：《轨道交通大数据运用现状及发展趋势研究》，《都市快轨交通》2016 年第 6 期。

[151] 李喆、孙健、倪训友：《基于智能手机大数据的交通出行方式识别研究》，《计算机应用研究》2016 年第 12 期。

[152] 涂小华、张正：《大数据在城市轨道交通客流预测的应用——以莆田市为例》，《江西化工》2016 年第 6 期。

[153] 李康：《大数据及其在城市智能交通系统中的应用综述》，《信息通信》2016 年第 12 期。

[154] 吴先瑜、刘宠：《轨道交通"两地三中心"大数据中心建设研究》，《管理观察》2016 年第 35 期。

[155] 刘叶琳：《手机"呼叫"班车农村出行更方便》，《中国交通报》2016 年 12 月 9 日第 002 版。

[156] 谢梦怡：《大数据时代城市智能交通的数据技术》，《科技创新与应用》2016 年第 34 期。

[157] 吕圣杰：《大数据在交通运输信息化建设中的应用分析》，《中国集体经济》2016 年第 34 期。

[158] 孟庆丰：《政企握手大数据托起众创出行云》，《中国交通报》2016 年 12 月 2 日第 008 版。

[159] 姚光明、曹悦琪：《基于大数据的空中交通管制运行安全预警研究》，《航空工程进展》2016 年第 4 期。

[160] 师晓敏：《大数据时代的智慧交通建设》，《智能城市》2016 年第 11 期。

[161] 周涛、张建嵩、戴许昊：《大数据环境下的城市交通规划与管理——中国城市交通发展论坛第十二次研讨会讨论精选》，《城市交通》2016 年第 6 期。

[162] 许宗燕、李海华、王海：《军事交通运输大数据应用研究》，《军事交通学院学报》2016 年第 11 期。

[163] 郭瑛：《南航加入综合交通运输出行大数据开放云平台》，《中国民航报》2016 年 11 月 21 日第 001 版。

[164] 袁永阁：《基于物流数据的流预测算法研究与实现》，南京邮电大学，2016 年。

[165] 李仪灵：《2015 年公路交通大数据》，《中国公路》2016 年第 22 期。

[166] 丘建栋：《多源数据融合的交通指数标准化云平台技术》，《中国智能交通协会·第十一届中国智能交通年会大会论文集》，中国智能交通协会，2016 年。

[167] 陈喜群：《大数据驱动的动态交通分配仿真及实证研究》，《中国智能交通协会·第十一届中国智能交通年会大会论文集》，中国智能交通协会，2016 年。

[168] 常书金：《综合交通运行监测大数据共享与协同应用技术研究》，《中国智能交通协会·第十一届中国智能交通年会大会论文集》，中国智能交通协会，2016 年。

[169] 关金平：《基于交通大数据的实时动态发布常规公交服务指数方法研究》，《中国智能交通协会·第十一届中国智能交通年会大会论文集》，中国智能交通协会，2016 年。

[170] 吴超腾：《城市公共交通轨道换乘公交客流大数据研究实战》，《中国智能交通协会·第十一届中国智能交通年会大会论文集》，中国智能交通协会，2016 年。

［171］李佳芯、胡鸥、田强、刘垒：《创新"互联网 + 道路交通管理"新模式"云端"书写交通管理新篇章——探访贵州省公安厅交通管理局大数据建设工作》，《道路交通管理》2016 年第 11 期。

［172］陶刚：《基于公安交通管理大数据的道路交通安全决策支持关键技术研究》，博士学位论文，长安大学，2016 年。

［173］顾伟华、黄天印、郭鹏：《面向大数据的城市轨道交通非结构化数据管理》，《城市轨道交通研究》2016 年第 11 期。

［174］沈竹士：《科技创新提高交通体系管理效率》，《文汇报》2016 年 11 月 9 日第 001 版。

［175］吕浩涵、赵正：《大数据在交通领域中的应用》，《电子世界》2016 年第 21 期。

［176］孙琳：《大数据生态下的"城市交通大脑"》，《人民政协报》2016 年 11 月 1 日第 006 版。

［177］管娜娜、宁怡旻：《大数据在城市综合交通调查与交通模型中的应用分析》，《四川建筑》2016 年第 5 期。

［178］罗淑兰、潘福全、王昕、亓荣杰、张丽霞：《大数据在城市交通中的应用研究》，《现代交通技术》2016 年第 5 期。

［179］朱景瑜：《基于移动通信基站大数据检测浙江省高速公路/交通状态的质量评估分析研究》，《黑龙江科技信息》2016 年第 30 期。

［180］何明：《智能交通基于视频、图像的大数据分析应用》，《智能城市》2016 年第 10 期。

［181］郑云：《浅谈大数据时代的城市交通广播》，《科技传播》2016 年第 20 期。

［182］刘勇、高艳丽：《大数据环境下河北衡水市智慧交通建设研究》，《民营科技》2016 年第 10 期。

［183］瞿明轩：《大数据在公共交通中的应用》，《中国新通信》2016 年第 20 期。

［184］蔡暘、贺锦江：《机动车道路交通事故的大数据模型和分析》，

《统计与管理》2016 年第 10 期。

[185] 金双泉、周群:《基于大数据和信息化的广东省交通运输规划研究平台顶层设计》,《综合运输》2016 年第 10 期。

[186] 王文静:《大数据时代下智能交通系统发展机遇和挑战》,《交通企业管理》2016 年第 10 期。

[187] 蒋雄、沈平、常彬:《大数据在公安交通管理行业的应用》,《计算机时代》2016 年第 10 期。

[188] 邵建:《基于移动信息化和大数据挖掘分析的智慧交通服务系统》,《江苏通信》2016 年第 5 期。

[189] 陈娇娜:《大数据驱动下的高速公路交通运行状态评价与分析》,博士学位论文,长安大学,2016 年。

[190] 祁娟:《当公共交通遇上"大数据"会擦出怎样的火花?》,《运输经理世界》2016 年第 19 期。

[191] 王雪原:《轨道交通综合设备维护大数据挖掘、分析方法》,《高速铁路与轨道交通》(核新版)2016 年 10 月。

[192]《"轨道交通大数据研究"项目通过开题评审》,《地下工程与隧道》2016 年第 3 期。

[193] 任千里:《上海市轨道交通站点通勤功能分析及规划策略研究——以轨交客流大数据的视角》,《中国城市规划学会、沈阳市人民政府·规划 60 年:成就与挑战——2016 中国城市规划年会论文集(05 城市交通规划)》,中国城市规划学会、沈阳市人民政府,2016 年。

[194] 邹亚华:《大数据背景下的规划、交通与城市管理》,《中国城市规划学会、沈阳市人民政府·规划 60 年:成就与挑战——2016 中国城市规划年会论文集(04 城市规划新技术应用)》,中国城市规划学会、沈阳市人民政府,2016 年。

[195] 王进忠:《基于交通大数据的城市智能交通平台》,《黑龙江科技信息》2016 年第 26 期。

[196] 邵志骅、许卉莹、崔林山:《公安交通管理大数据迁移融合处理应用场景及解决方法》,《中国公共安全》(学术版)2016

年第 3 期。

［197］金永俊、武红斌：《交通管理大数据研判平台的建设与应用》，《警察技术》2016 年第 5 期。

［198］胡选宓：《大数据平台下轨道交通企业财务信息化构建探析》，《财会学习》2016 年第 17 期。

［199］陈立波：《刍议大数据在智能交通系统中的应用》，《城市建设理论研究》（电子版）2016 年第 25 期。

［200］王敬陆：《站在大数据下顶端下的保定市智慧交通》，《中国公共安全》2016 年第 16 期。

［201］李香静、刘向龙、刘好德、杨新征：《我国城市交通规划模型研究应用现状及发展趋势》，《交通运输研究》2016 年第 4 期。

［202］赵刚、谢嘉乐：《以视频大数据监控保障城市轨道交通的安全运营》，《通讯世界》2016 年第 16 期。

［203］吕梦蛟：《基于移动通信基站大数据的高速公路交通状态采集研究与应用》，《公路》2016 年第 8 期。

［204］王妍颖、黄宇：《基于大数据下的北京交通拥堵评价指标分析》，《交通运输系统工程与信息》2016 年第 4 期。

［205］唐帅、李青：《基于出租车 GPS 大数据的城市交通状况实时分析》，《商》2016 年第 30 期。

［206］杨青、谢媛：《大数据时代政府数据开放在公共交通中的应用研究》，《新闻传播》2016 年第 15 期。

［207］陈思恩：《交通出行大数据：刻画旅客全息视图》，《软件和集成电路》2016 年第 8 期。

［208］周菁：《大数据在公共交通中的应用》，《智能城市》2016 年第 7 期。

［209］孟存喜：《大数据时代的智能轨道交通》，《中国信息化周报》2016 年 7 月 25 日第 015 版。

［210］李耀东、李钢、朱昕松：《基于大数据技术的交通工程质量安全监管》，《中国交通信息化》2016 年第 7 期。

［211］孙智源、陆化普：《考虑交通大数据的交通检测器优化布置模

型》,《清华大学学报》(自然科学版)2016 年第 7 期。

[212] 陈阳:《大数据在智能交通系统中的应用研究》,《信息通信》2016 年第 7 期。

[213] 杨槐柳、吴培勇:《武汉:大数据平台撑起智慧交通》,《道路交通管理》2016 年第 7 期。

[214] 李璐瑶:《交通运输行业大数据形态、风险分析及对策研究》,《中国信息安全》2016 年第 7 期。

[215] 曹晓昂:《用大数据改善城市交通排放》,《汽车纵横》2016 年第 7 期。

[216] 傅毅明、赵彦云:《基于公路交通流的城市群关联网络研究——以京津冀城市群为例》,《河北大学学报》(哲学社会科学版)2016 年第 4 期。

[217] 陈昱嘉:《大数据在智能交通领域的应用》,《中国公共安全》2016 年第 14 期。

[218] 王莉萍:《交通大数据系统构建和数据挖掘实战研究》,《中国公共安全》2016 年第 14 期。

[219] 闫蓝海:《基于大数据构架的智能交通解决方案》,《电脑迷》2016 年第 7 期。

[220] 郑亮、张云丽:《综合交通大数据分析平台教学系统设计》,《物流科技》2016 年第 7 期。

[221] 邱宇波:《大数据驱动的智能交通云服务构建与组合技术研究》,《中国新通信》2016 年第 13 期。

[222] 海川:《大数据时代的智能交通》,《新经济导刊》2016 年第 7 期。

[223] 《上海交通大学信息安全工程学院常务副院长李建华:大数据安全及隐私保护》,《中国教育网络》2016 年第 7 期。

[224] 唐晓:《大数据在智能交通领域的应用》,《中国公共安全》2016 年第 13 期。

[225] 王莉萍:《交通大数据系统构建和数据挖掘实战研究》,《中国公共安全》2016 年第 13 期。

［226］王冠、代琦、汪敏、李建忠：《基于大数据的武汉市公共交通换乘优惠方案研究与评估》，《交通与运输》（学术版）2016年第1期。

［227］马强：《大数据时代交通运输干部教育培训的思考》，《交通运输部管理干部学院学报》2016年第2期。

［228］王雪涛：《大数据在城市管理中的应用研究——以城市交通系统为例》，《黑河学院学报》2016年第3期。

［229］《关于征集轨道交通大数据研究与应用论文的通知》，《铁路计算机应用》2016年第6期。

［230］和永军、姚庆华、缪应锋、孙雪、赵娜：《基于大数据的云南省智慧城市交通建设研究》，《云南大学学报》（自然科学版）2016年第6期。

［231］《中国公路学报》编辑部：《中国交通工程学术研究综述·2016》，《中国公路学报》2016年第6期。

［232］黄小龙：《手机大数据在城市综合交通规划中的运用分析》，《科技视界》2016年第17期。

［233］朱安平：《基于大数据的智慧交通探析》，《中国管理信息化》2016年第12期。

［234］梁雪辉：《基于车联网的大数据应用研究》，《电子测试》2016年第9期。

［235］杨玲玲、刘法胜、董霞、杨现青：《大数据技术在智能交通中的应用》，《中国市场》2016年第23期。

［236］王琰：《大数据浪潮中交通广播的生存与发展》，《新闻研究导刊》2016年第11期。

［237］苏颖、樊重俊：《智慧交通中大数据应用面临的挑战与对策研究》，《物流科技》2016年第6期。

［238］赵光辉：《"互联网＋"背景下我国大数据交通发展的思考》，《物流科技》2016年第6期。

［239］张斌、毛琳、张译文：《基于实时路况交通大数据应用相关性研究》，《河南科技》2016年第11期。

[240] 傅宇凡：《大数据之美在"披沙沥金"专访西安交通大学副校长郑庆华》，《中国教育网络》2016 年第 6 期。

[241] 孙金海、林述韬、周志梅：《浅析交通大数据辅助决策平台建设的必要性》，《中国交通信息化》2016 年第 S1 期。

[242] 刘尚武、蔡延光、黄戈文、蔡颢、任中明、王书易：《基于大数据的城市交通指挥系统》，《道路交通与安全》2016 年第 2 期。

[243] 卢倩：《隧道交通状况的大数据挖掘方法研究》，硕士学位论文，贵州大学，2016 年。

[244] 刘雪琴：《基于交通一卡通大数据的公交客流分析与预测》，硕士学位论文，广东工业大学，2016 年。

[245] 李外禾：《大数据时代涪陵城市交通拥堵治理创新》，《绿色科技》2016 年第 10 期。

[246]《关于征集轨道交通大数据研究与应用论文的通知》，《铁路计算机应用》2016 年第 5 期。

[247] 杨东援：《通过大数据促进城市交通规划理论的变革》，《城市交通》2016 年第 3 期。

[248] 胡鸥：《让"数据引擎"护航安全用"数据铁笼"约束公权》，《贵州日报》2016 年 5 月 25 日第 T19 版。

[249] 童淳强：《云计算＋大数据让智能交通"飞"得更高》，《中国公共安全》2016 年第 10 期。

[250] 徐炜：《大数据在深圳交通管理中的应用与实践》，《中国公共安全》2016 年第 10 期。

[251] 卢彪、李悦、张万礼：《基于大数据技术的智能交通数据分析平台系统的研究与设计》，《湖北科技学院学报》2016 年第 5 期。

[252] 林青：《大数据对北京市交通行业部门统计工作的启示》，《中国统计》2016 年第 5 期。

[253] 王小平：《大数据背景下深圳治理交通拥堵创新对策研究》，硕士学位论文，华中师范大学，2016 年。

［254］陈昱嘉：《大数据在智能交通领域的应用》，《中国安防》2016年第5期。

［255］徐力、夏海元：《大数据技术在智能交通中的应用探析》，《中国安防》2016年第5期。

［256］赵卫丹：《基于大数据平台的城市地铁交通模式研究》，硕士学位论文，吉林大学，2016年。

［257］乐柏成：《基于Hadoop大数据平台的行人交通流量预测方法及应用》，硕士学位论文，广东工业大学，2016年。

［258］孟凡林：《基于浮动车大数据的城市交通拥堵自动辨识与可视化系统》，硕士学位论文，长安大学，2016年。

［259］谢洪彬：《基于Hadoop的城市道路交通状态判别技术研究》，硕士学位论文，华南理工大学，2016年。

［260］赵庆涛：《基于时空大数据交通路网盲信息处理算法与实现》，硕士学位论文，山东大学，2016年。

［261］曹星艳：《基于交通行业的大数据处理平台应用》，《铁路通信信号工程技术》2016年第2期。

［262］《关于征集轨道交通大数据研究与应用论文的通知》，《铁路计算机应用》2016年第4期。

［263］吕明新、刘兆惠、孙婷婷、王超：《基于大数据的道路拥堵对实时交通安全的影响研究》，《山东交通科技》2016年第2期。

［264］管西芬、刘法胜：《基于大数据下的交通状态效益分析》，《山东交通科技》2016年第2期。

［265］庄虹：《基于大数据的轨道交通综合监控与智能决策系统》，《中国城市科学研究会轨道交通学组·智慧城市与轨道交通2016》，中国城市科学研究会轨道交通学组，2016年。

［266］赵绍满：《大数据时代职住分布与通勤交通互动关系研究》，硕士学位论文，重庆交通大学，2016年。

［267］刘峰博、干叶婷、周峰：《大数据技术在轨道交通应急辅助决策系统中的应用设计》，《华东交通大学学报》2016年第2期。

［268］蔡朝阳、严建伟：《大数据视野下的城市轨道交通网络分析研

究》,《建筑与文化》2016 年第 4 期。

[269] 韦胜:《多源城乡大数据融合的交通分析方法研究》,《中国城市规划学会城市交通规划学术委员会·2016 年中国城市交通规划年会论文集》,中国城市规划学会城市交通规划学术委员会,2016 年。

[270] 关金平:《交通大数据决策环境数据统一访问与转换平台》,《中国城市规划学会城市交通规划学术委员会·2016 年中国城市交通规划年会论文集》,中国城市规划学会城市交通规划学术委员会,2016 年。

[271] 罗钧韶:《大数据背景下城市建设项目交通评估技术方法与实践》,《中国城市规划学会城市交通规划学术委员会·2016 年中国城市交通规划年会论文集》,中国城市规划学会城市交通规划学术委员会,2016 年。

[272] 潘敏荣:《大数据支撑下苏州古城交通模型及其应用研究》,《中国城市规划学会城市交通规划学术委员会·2016 年中国城市交通规划年会论文集》,中国城市规划学会城市交通规划学术委员会,2016 年。

[273] 陶永、闫学东、王田苗、刘旸:《面向未来智能社会的智能交通系统发展策略》,《科技导报》2016 年第 7 期。

[274] 夏大文:《基于 MapReduce 的移动轨迹大数据挖掘方法与应用研究》,硕士学位论文,西南大学,2016 年。

[275] 杨勇:《基于大数据的河南智能交通管理系统》,硕士学位论文,北京工业大学,2016 年。

[276] 姚丹丹:《面向旅游安全的地质灾害数据协同服务技术架构研究》,硕士学位论文,成都理工大学,2016 年。

[277] 张爱华:《关于交通安全与监所管理大数据融合的架构设计》,《广东公安科技》2016 年第 1 期。

[278] 杨东援:《交通行业大数据应用让数字挥动指挥棒》,《中国交通报》2016 年 3 月 28 日第 003 版。

[279] 吴祥国、余清星、韦翀:《大数据背景下重庆市综合交通模型

维护升级》，《城市交通》2016 年第 2 期。

[280] 陈先龙：《中国城市交通模型现状问题探讨》，《城市交通》2016 年第 2 期。

[281] 张天然：《大数据背景下的交通模型发展思考》，《城市交通》2016 年第 2 期。

[282] 张昕、曾鹏、张瑞、张帆：《交通大数据的特征及价值》，《软件导刊》2016 年第 3 期。

[283] 吕梦蛟：《基于移动通信基站大数据的高速公路交通状态采集研究与应用》，《中国新通信》2016 年第 6 期。

[284] 徐红海：《智慧高速交通大数据应用探讨》，《中国交通信息化》2016 年第 3 期。

[285] 谷凤瑞：《交通大数据发展的挑战及建议》，《科技视界》2016 年第 8 期。

[286] 吴珺、王春枝：《城市隧道交通大数据分析及应用》，《土木工程与管理学报》2016 年第 2 期。

[287] 耿兴隆、王丽：《基于 Hadoop 的交通流量统计分析系统的应用研究》，《河北软件职业技术学院学报》2016 年第 1 期。

[288] 王晓红：《大数据在交通运输价格统计中的应用——以航空旅客运输价格指数编制为例》，《调研世界》2016 年第 3 期。

[289] 潘俊方、樊阿娇、茹艳、李永祥：《基于物联网的智慧交通大数据挖掘系统》，《无线互联科技》2016 年第 5 期。

[290] 贾亚朝、唐贤芳、张如：《"互联网＋"背景下的智慧交通大数据应用创新研究》，《现代经济信息》2016 年第 5 期。

[291] 窦文生：《基于交通时空大数据的异常行为模式挖掘研究》，硕士学位论文，杭州电子科技大学，2016 年。

[292] 苏刚、王坚、凌卫青：《基于大数据的智能交通分析系统的设计与实现》，《电脑知识与技术》2015 年第 36 期。

[293] 闫俊伟、凌卫青、王坚：《一种基于本体的交通大数据分析框架》，《电脑知识与技术》2016 年第 1 期。

[294] 张红、王晓明、过秀成、曹洁、朱昶胜、郭义戎：《出租车

GPS 轨迹大数据在智能交通中的应用》，《兰州理工大学学报》
2016 年第 1 期。

[295] 陈涛：《大数据在智能交通系统中的应用研究》，《智能城市》
2016 年第 2 期。

[296] 陈然：《浅谈基于本体的交通大数据分析框架》，《科技经济导
刊》2016 年第 6 期。

[297] 邵郦、郑伟进：《基于大数据应用的公安道路交通管理策略》，
《上海公安高等专科学校学报》2016 年第 1 期。

[298] 李凤阳：《大数据轨道交通网络化及客流预测的思考》，《山西
建筑》2016 年第 5 期。

[299] 贾常艳：《大数据助力装备制造业的智能化——访上海交通大
学机械与动力学院教授、智能制造与信息工程研究所副所长张
洁》，《电器工业》2016 年第 2 期。

[300] 霍明林、张琦：《大数据背景下的智能交通系统应用与平台构
建》，《山东工业技术》2016 年第 3 期。

[301] 刘辉：《交通信息化与大数据时代的契合》，《电子制作》2016
年第 4 期。

[302] 汪光焘：《大数据时代城市交通学发展的机遇》，《城市交通》
2016 年第 1 期。

[303] 陈欢、薛美根：《大数据环境下上海市综合交通特征分析》，
《城市交通》2016 年第 1 期。

[304] 郑梦悦：《论大数据在智能交通建设中的应用》，《中外企业
家》2016 年第 2 期。

[305] 王庆纲、陆惠丰：《基于大数据技术的综合交通信息平台框架
研究》，《中国交通信息化》2016 年第 1 期。

[306] 张宇、王琳琳、余孝军：《基于大数据的贵阳市交通特性分
析》，《北方经贸》2016 年第 1 期。

[307] 余红玲、梁粱、吴嘉茵：《城市交通一卡通大数据应用体系构
建》，《交通企业管理》2016 年第 1 期。

[308] 余颖：《"云"端停车正在靠近》，《经济日报》2016 年 1 月 12

日第 015 版。

[309] 孔磊：《大数据时代的轨道交通公共安全体系研究》，《软件产业与工程》2016 年第 1 期。

[310] 刘博恺：《交通 OD 调查与交通大数据应用》，《中国公路》2016 年第 1 期。

[311] 毛琦、刘俊、王齐：《西安交通大学大数据环境下高校如何开展数据分析和应用》，《中国教育网络》2016 年第 1 期。

[312] 徐超忠：《基于移动大数据的城市交通拥堵对策研究》，《交通运输部管理干部学院学报》2015 年第 4 期。

[313] 顾承华、张扬、翟希：《交通大数据关键技术研究》，《交通与运输》（学术版）2015 年第 2 期。

[314] 方昕：《大数据下的智能交通数据共享与处理模型》，《信息技术》2015 年第 12 期。

[315] 杨东援：《大数据：城市交通系统的感知—认知—洞察》，《交通与港航》2015 年第 6 期。

[316] 阳扬、欧冬秀、何向俊：《基于手机 APP 大数据的交通出行数据获取方法》，《交通信息与安全》2015 年第 6 期。

[317] 赵琳：《交通大数据与安全出行》，《中国广播》2015 年第 12 期。

[318] 涂小华、张正：《大数据在城市轨道交通客流预测的应用》，《江西化工》2015 年第 6 期。

[319] 陈丽：《基于大数据架构的智能交通信息处理的研究与设计》，《广东交通职业技术学院学报》2015 年第 4 期。

[320] 宋珊珊：《智能交通大数据安全挑战》，《中国公共安全》（学术版）2015 年第 4 期。

[321] 《中国知网首创"OKMS——协同创新平台"引领交通行业知识大数据建设创新理念》，《交通运输研究》2015 年第 6 期。

[322] 贲莉莉：《大数据背景下智能交通的发展趋势》，《江苏省公路学会·江苏省公路学会学术年会论文集（2015 年）》，江苏省公路学会，2015 年。

［323］邓波、黄同成、刘远军：《基于 4G 移动网络的大数据与云计
算技术应用分析及展望——以城市智能交通系统为例》，《信
息与电脑》（理论版）2015 年第 23 期。

［324］刘紫燕、帅旸、罗超、毛攀、吴俊熊：《"互联网＋"和大数
据时代智慧交通的发展》，《科技视界》2015 年第 33 期。

［325］张品立：《大数据环境下的城市交通规划与管理模式变革——
以上海智能化的公交集群调度为例》，《上海城市管理》2015
年第 6 期。

［326］陈志康：《公安交通管理"大数据"的应用与研究》，《交通与
运输》2015 年第 6 期。

［327］熊刚、董西松、朱凤华、季统凯：《城市交通大数据技术及智
能应用系统》，《大数据》2015 年第 4 期。

［328］胡睿：《浅谈大数据与空中交通管制服务的结合应用》，《科技
展望》2015 年第 32 期。

［329］孟存喜：《大数据、云计算在轨道交通工程中的应用需求》，
《中国土木工程学会计算机应用分会、中国图学学会土木工程
图学分会、中国建筑学会建筑结构分会计算机应用专业委员
会·大数据时代工程建设与管理——第五届工程建设计算机应
用创新论坛论文集》，中国土木工程学会计算机应用分会、中
国图学学会土木工程图学分会、中国建筑学会建筑结构分会计
算机应用专业委员会，2015 年。

［330］《中国知网交通行业大数据应用成果交流会即将在京隆重召
开》，《交通世界》（工程技术）2015 年第 11 期。

［331］祁娟：《"大数据"助力交通治污减排——京津冀首个交通节
能减排实验室成立》，《运输经理世界》2015 年第 21 期。

［332］吉静：《基于交通大数据的宏观碳排放计算与决策支持应用研
究》，《中国智能交通协会·第十届中国智能交通年会优秀论
文集》，中国智能交通协会，2015 年。

［333］李大成：《基于车辆大数据的交通信号协调优化控制系统》，
《中国智能交通协会·第十届中国智能交通年会优秀论文集》，

中国智能交通协会，2015 年。

[334] 吴超腾：《面向交通大数据语义实战应用的本体建模研究》，《中国智能交通协会·第十届中国智能交通年会优秀论文集》，中国智能交通协会，2015 年。

[335] 肖文舸：《实施国家大数据战略广东先行》，《南方日报》2015年 11 月 2 日第 A03 版。

[336] 端玉龙：《城市交通中的最短路径及系统有效性的研究》，西安电子科技大学，2015 年。

[337] 董春、范宗杰：《智能交通系统的增值与基于交通大数据的驾驶生态学》，《交通世界》（运输·车辆）2015 年第 9 期。

[338] 刘哲：《大数据环境下的交通通信网络研究》，《科技风》2015年第 20 期。

[339] 孔磊：《城市轨道交通公共安全大数据共享资源库研究》，《交通与港航》2015 年第 5 期。

[340] 卢政平：《基于大数据分析下的智能交通浅析》，《科技风》2015 年第 19 期。

[341] 杨静、张晓、王立群：《大数据技术在智能交通中的应用研究》，《科技风》2015 年第 19 期。

[342] 陆化普、孙智源、屈闻聪：《大数据及其在城市智能交通系统中的应用综述》，《交通运输系统工程与信息》2015 年第 5 期。

[343] 孟存喜：《大数据、云计算在轨道交通工程中的应用需求》，《土木建筑工程信息技术》2015 年第 5 期。

[344] 张紫：《大数据助力贵阳智能交通》，《计算机与网络》2015年第 19 期。

[345] 田强：《突出大数据应用优势　创新立体化防控体系》，《人民公安报·交通安全周刊》2015 年 10 月 9 日第 003 版。

[346] 李荣荣、陆丹：《大数据时代交通工程专业卓越人才的培养》，《内江科技》2015 年第 9 期。

[347] 陈必壮、张天然：《中国城市交通调查与模型现状及发展趋势》，《城市交通》2015 年第 5 期。

[348] 朱笠：《国内大数据与交通研究综述》，《新常态：传承与变革——2015 中国城市规划年会论文集（04 城市规划新技术应用）》，中国城市规划学会、贵阳市人民政府，2015 年。

[349] 巴兴强、朱海涛、李燊、姜博瀚、雷杰、谷吉海：《基于出租车 GPS 大数据的城市道路交通运行状态判别方法刍议》，《森林工程》2015 年第 5 期。

[350] 孟庆丰：《"互联网 + 交通"的大数据和小服务》，《中国交通报》2015 年 8 月 28 日第 005 版。

[351] 方煜堃：《大数据时代背景下交通信息化建设路径思考》，《科技与创新》2015 年第 16 期。

[352] 周慧：《国务院通过大数据发展行动纲要推动交通、医疗等政府数据开放》，《21 世纪经济报道》2015 年 8 月 20 日第 005 版。

[353] 王立斌、吴玉霞、肖倩：《雾霾天气下新型城市交通系统大数据研究》，《合作经济与科技》2015 年第 16 期。

[354] 马亮：《青海交通信息服务体系构建》，《中国交通信息化》2015 年第 8 期。

[355] 李胜丰：《大数据环境下的贵阳市智慧交通建设研究》，《有色金属文摘》2015 年第 4 期。

[356] 冯青平、李星毅：《基于大数据的非参数回归短时交通流预测方法》，《无线通信技术》2015 年第 3 期。

[357] 陈楠枰、沙云飞：《交通大数据的机遇与挑战》，《交通建设与管理》2015 年第 15 期。

[358] 韩健：《轨道交通运营管理行业的大数据应用分析》，《中国城市科学研究会数字城市专业委员会·〈智慧城市与轨道交通〉，2015 年中国城市科学研究会数字城市专业委员会轨道交通学组年会论文集》，中国城市科学研究会数字城市专业委员会，2015 年。

[359] 田丰：《大数据时代的智能交通》，《时代汽车》2015 年第 8 期。

［360］古振宇：《"互联网 + 交通"：大数据时代下的智能交通》，《中国安防》2015 年第 15 期。

［361］边伟：《智能交通大数据综合平台的应用浅析》，《中国安防》2015 年第 15 期。

［362］李晓：《运用大数据提升交通管理能力》，《企业技术开发》2015 年第 21 期。

［363］段征宇、杨东援：《大数据时代的交通数据分析人才培养的思考》，《教育教学论坛》2015 年第 29 期。

［364］杨东援、段征宇：《大数据背景下的城市交通理论变革》，《城市规划学刊》2015 年第 4 期。

［365］王福磊：《推动大数据应用 预防道路交通事故》，《道路交通管理》2015 年第 7 期。

［366］王兴阁、巴云军：《探寻公共交通中大数据的应用》，《北方经贸》2015 年第 7 期。

［367］胡才益、杨新苗：《基于大数据的综合交通枢纽信息服务》，《综合运输》2015 年第 7 期。

［368］桑学昆：《"大数据技术"在交通水运行业中的应用思考》，《中国水运建设行业协会工程勘察设计及标准化专业委员会、中国水运建设行业协会信息建设专业委员会、中国水运建设行业协会工程建设及材料设备专业委员会、中国土木工程学会港口分会·自动化集装箱码头应用技术交流会论文集》，中国水运建设行业协会工程勘察设计及标准化专业委员会、中国水运建设行业协会信息建设专业委员会、中国水运建设行业协会工程建设及材料设备专业委员会、中国土木工程学会港口分会，2015 年。

［369］彭武雄、代义军、白帆：《城市交通大数据中心建设与展望》，《交通与运输》（学术版）2015 年第 1 期。

［370］《大数据技术及其在交通基础设施中的应用》，《中国公路学会养护与管理分会·第二届全国桥梁、隧道养护与管理技术研讨会论文集》，中国公路学会养护与管理分会，2015 年。

[371] 刘伟祥、崔林山:《公安交通管理大数据研判分析平台框架研究》,《中国公共安全》(学术版) 2015 年第 2 期。

[372] 王蕾:《大数据时代交通广播节目竞争力提升策略》,《采写编》2015 年第 3 期。

[373] 王轶强、李天佑、肖潇:《大数据时代下智能交通的发展机遇与挑战》,《中国安防》2015 年第 12 期。

[374] 王睿林:《云计算与大数据技术助力智能交通建设》,《中国安防》2015 年第 12 期。

[375] 李天佑:《大数据云时代:智能交通系统的机遇与挑战》,《中国安防》2015 年第 12 期。

[376] 《"大数据与城轨交通发展分论坛"在京举办》,《城市轨道交通》2015 年第 2 期。

[377] 吕浩涵:《大数据在智能交通系统中的应用》,《中国新技术新产品》2015 年第 11 期。

[378] 樊阿娇、潘俊方、茹艳、黄超、李永祥:《智慧交通对城市发展的影响研究》,《无线互联科技》2015 年第 11 期。

[379] 侯志通:《条带状公路运营管理空间大数据降维组织及混合存储关键技术研究》,博士学位论文,浙江大学,2015 年。

[380] 段宗涛、郑西彬、李莹、刘研、王向宇、康军、唐蕾:《道路交通大数据及其关键技术研究》,《微电子学与计算机》2015 年第 6 期。

[381] 丘建栋、陈蔚、宋家骅、段仲渊、赵再先:《大数据环境下的城市交通综合评估技术》,《城市交通》2015 年第 3 期。

[382] 李翔敏、戴帅:《基于大数据的道路交通管理反思——小即是美》,《城市交通》2015 年第 3 期。

[383] 廖律超、蒋新华、邹复民、贺文武、邱准:《一种支持轨迹大数据潜在语义相关性挖掘的谱聚类方法》,《电子学报》2015 年第 5 期。

[384] 王雅琼、杨云鹏、樊重俊:《智慧交通中的大数据应用研究》,《物流工程与管理》2015 年第 5 期。

［385］ 胡加德：《探讨大数据发展与智能交通的关系》，《黑龙江交通科技》2015 年第 5 期。

［386］ 李翔敏：《对基于大数据道路交通管理的冷思考："小"即是美》，《中国城市规划学会城市交通规划学术委员会·协同发展与交通实践——2015 年中国城市交通规划年会暨第 28 次学术研讨会论文集》，中国城市规划学会城市交通规划学术委员会，2015 年。

［387］ 丘建栋：《大数据环境下新一代城市交通综合评估技术研究》，《中国城市规划学会城市交通规划学术委员会·协同发展与交通实践——2015 年中国城市交通规划年会暨第 28 次学术研讨会论文集》，中国城市规划学会城市交通规划学术委员会，2015 年。

［388］ 彭武雄：《武汉市交通大数据中心建设构想》，《中国城市规划学会城市交通规划学术委员会·协同发展与交通实践——2015 年中国城市交通规划年会暨第 28 次学术研讨会论文集》，中国城市规划学会城市交通规划学术委员会，2015 年。

［389］ 朱建安：《公安交通管理大数据系统框架设计与应用展望》，《中国城市规划学会城市交通规划学术委员会·协同发展与交通实践——2015 年中国城市交通规划年会暨第 28 次学术研讨会论文集》，中国城市规划学会城市交通规划学术委员会，2015 年。

［390］ 吴宁宁：《出租车大数据在城市交通中的运用》，《中国城市规划学会城市交通规划学术委员会·协同发展与交通实践——2015 年中国城市交通规划年会暨第 28 次学术研讨会论文集》，中国城市规划学会城市交通规划学术委员会，2015 年。

［391］ 郑炜：《大数据背景下的多智能体交通仿真应用》，《中国城市规划学会城市交通规划学术委员会·协同发展与交通实践——2015 年中国城市交通规划年会暨第 28 次学术研讨会论文集》，中国城市规划学会城市交通规划学术委员会，2015 年。

［392］ 薛美根：《基于城市交通大数据的上海第五次综合交通调查技

术与方法》，《中国城市规划学会城市交通规划学术委员会·协同发展与交通实践——2015 年中国城市交通规划年会暨第28 次学术研讨会论文集》，中国城市规划学会城市交通规划学术委员会，2015 年。

[393] 贺喜梅：《智慧交通拥抱"互联网＋"》，《中国航天报》2015年 5 月 8 日第 003 版。

[394] 孙加君、张亮、王敬陆：《基于大数据的交通拥堵缓解方法探索》，《警察技术》2015 年第 3 期。

[395] 刘勇：《Urban Taxi 时空特征大数据可视交通态势融合处理系统关键技术》，硕士学位论文，山东大学，2015 年。

[396] 王林、张辰、李翔新：《大数据背景下交通信息管理教学发展研究》，《教育教学论坛》2015 年第 16 期。

[397] 李建国：《基于大数据架构的智能交通解决方案》，《科技与企业》2015 年第 8 期。

[398] 徐玉萍、覃功、张正：《城市轨道交通调查大数据应用研究》，《铁道运输与经济》2015 年第 4 期。

[399] 张红、王晓明、曹洁、朱昶胜：《基于大数据的智能交通体系架构》，《兰州理工大学学报》2015 年第 2 期。

[400] 荣卓波：《基于 Hadoop 的并行化算法实现及 GPS 数据实例分析》，硕士学位论文，西南大学，2015 年。

[401] 李建国：《大数据在智能交通中的应用与发展》，《科技与企业》2015 年第 7 期。

[402] 白玲玲、韩天鹏：《大数据在智能交通系统中的应用研究》，《电脑知识与技术》2015 年第 10 期。

[403]《上海：依托大数据缓解交通拥堵阵痛》，《城市规划通讯》2015 年第 6 期。

[404] 闫红伟：《交通大数据在智能高速公路中的应用探讨》，《中国交通信息化》2015 年第 3 期。

[405] 谭杰：《大数据下的卫星城镇交通与土地空间规划探索》，《河北省科学院学报》2015 年第 1 期。

[406] 吴若岩：《带上"大数据"交通管理将不再"摸象"》，《人民政协报》2015年3月9日第017版。

[407] 袁亚欣：《基于Hadoop交通信息并行处理云平台的设计与实现》，硕士学位论文，电子科技大学，2015年。

[408] 陈金龙：《大数据驱动的智能交通云服务构建与组合技术研究》，硕士学位论文，杭州师范大学，2015年。

[409] 杨晓牧：《试述大数据在智能交通领域的应用》，《交通节能与环保》2015年第1期。

[410] 谭娜、刘丽：《大数据助力智能交通发展》，《交通建设与管理》2015年第Z2期。

[411] 陈志康：《公安交通管理"大数据"的应用与研究》，《上海公安高等专科学校学报》2015年第1期。

[412] 姬倩倩、温浩宇：《公共交通大数据平台架构研究》，《电子科技》2015年第2期。

[413] 张国伍：《大数据与智慧物流——"交通7+1论坛"第三十七次会议纪实》，《交通运输系统工程与信息》2015年第1期。

[414] 李伟、周峰、朱炜、徐瑞华：《轨道交通网络客流大数据可视化研究》，《中国铁路》2015年第2期。

[415] 林祥兴、陈思恩、俞辉：《大数据多维度下的智慧交通》，《中外企业家》2015年第4期。

[416] 杜轶群：《移动交通管理集成技术与方法研究》，硕士学位论文，长安大学，2015年。

[417] 袁涛：《大数据时代的国防交通信息化建设初探》，《国防》2015年第1期。

[418] 周锋：《大数据分析技术助推智能交通产业》，《信息与电脑》（理论版）2015年第2期。

[419] 季振东：《大数据分析云平台技术在智能交通中的应用研究》，《硅谷》2015年第1期。

[420] 李佳师：《贵州用大数据解决交通拥堵》，《中国电子报》2015年1月6日第011版。

［421］刘伟杰、保丽霞：《交通大数据支撑一流运输体系的构建》，《交通与运输》（学术版）2014 年第 2 期。

［422］江海琦、崔毓伟、徐延军：《宁夏交通数据中心大数据相关技术适用性研究》，《上海船舶运输科学研究所学报》2014 年第 4 期。

［423］王缘：《大数据赋予浙江交通智慧眼》，《中国交通报》2014 年 12 月 26 日第 015 版。

［424］李晓：《基于大数据分析的智能交通系统》，《电子测试》2014 年第 23 版。

［425］关志超：《深圳市智能交通大数据建设与发展》，《交通与港航》2014 年第 6 期。

［426］王涛、王顺、沈益民：《交通流大数据中的套牌车并行检测算法》，《湖北工程学院学报》2014 年第 6 期。

［427］周彬涵：《基于感知数据的交通仿真研究》，硕士学位论文，天津大学，2014 年。

［428］葛晖：《面向交通物流大数据处理的元数据管理系统》，硕士学位论文，上海交通大学，2015 年。

［429］保丽霞：《车联网、大数据、精细化管控、人性化服务——参加第 21 届世界智能交通大会有感》，《交通与运输》2014 年第 6 期。

［430］李哲：《大数据时代：智能交通发展的机遇和挑战》，《经济研究导刊》2014 年第 33 期。

［431］《大数据与云计算对智能交通发展的影响》，《中国招标》2014 年第 45 期。

［432］刘傅斌：《交通信息化与大数据时代的契合》，《科技创新与应用》2014 年第 32 期。

［433］《西南交通大学数字化战略推进大会和大数据高峰论坛隆重举行》，《西南交通大学学报》（社会科学版）2014 年第 6 期。

［434］张滔：《智慧交通大数据平台设计开发及应用》，《中国智能交通协会·2014 第九届中国智能交通年会大会论文集》，中国智

能交通协会，2014 年。

［435］高永：《公共交通乘客出行特征大数据分析》，《中国智能交通协会·2014 第九届中国智能交通年会大会论文集》，中国智能交通协会，2014 年。

［436］姬倩倩：《公共交通大数据平台架构服务模式研究》，硕士学位论文，西安电子科技大学，2014 年。

［437］丁红军：《大数据在公安交通管理中应用探究》，《天津市社会科学界联合会·科学发展·协同创新·共筑梦想——天津市社会科学界第十届学术年会优秀论文集（下）》，天津市社会科学界联合会，2014 年。

［438］杨正：《基于大数据架构的智能交通解决方案》，《北京联合大学学报》2014 年第 4 期。

［439］周春梅：《智能交通摄像机迈向大数据、多形态方向》，《中国公共安全》2014 年第 20 期。

［440］赵鹏军、李铠：《大数据方法对于缓解城市交通拥堵的作用的理论分析》，《现代城市研究》2014 年第 10 期。

［441］刘彤：《用大数据把握城市交通——手机大数据在济南公交的应用》，《人民公交》2014 年第 10 期。

［442］姚宏宇：《基于云计算架构的交通智能化信息平台》，《信息技术与标准化》2014 年第 10 期。

［443］杨杰、李小平、潘丽娅：《面向道路交通监控网的异构大数据语义融合方法》，《东南大学学报》（自然科学版）2014 年第 5 期。

［444］罗西军、刘亚：《大数据在智能交通系统中的应用分析》，《数字技术与应用》2014 年第 9 期。

［445］《我国首个环保大数据研究中心在西安交通大学成立》，《创新科技》2014 年第 17 期。

［446］周为钢、杨良怀、潘建、郑申俊、沈贝伦、沈俊青：《智能交通大数据处理平台之构建》，《中国公共安全》2014 年第 17 期。

[447] 张艳朋:《大数据技术与道路交通治理》,《老区建设》2014
      年第 16 期。

[448] 赵祥模、惠飞、史昕、马峻岩、杨澜:《泛在交通信息服务系
      统的概念、架构与关键技术》,《交通运输工程学报》2014 年
      第 4 期。

[449] 马英杰:《交通大数据的发展现状与思路》,《道路交通与安
      全》2014 年第 4 期。

[450] 谢丁:《当大数据牵手智能交通——第三届深圳国际智能交通
      与卫星导航位置服务展览会速写》,《中国公路》2014 年第
      13 期。

[451] 马景艳:《大数据背景下智慧城市破解交通拥堵的策略研究》,
      《电脑知识与技术》2014 年第 18 期。

[452]《交通大数据到底该怎么玩?》,《中国交通报》2014 年 6 月 25
      日第 007 版。

[453] 游寰臻:《IT 巨头布局智能交通大数据提升交通信息化》,《通
      信信息报》2014 年 6 月 25 日第 B10 版。

[454] 程豪:《基于 Hadoop 的交通大数据计算应用研究》,硕士学位
      论文,长安大学,2014 年。

[455] 卢诚:《浅谈大数据技术对交通管理工作的改进与提升》,《中
      国公共安全》2014 年第 11 期。

[456] 张权伟:《大数据时代背景下中国城市交通广播的发展路径分
      析》,硕士学位论文,兰州大学,2014 年。

[457]《"交通大数据系统"在清华大学研制成功》,《计算机测量与
      控制》2014 年第 5 期。

[458] 何贤国:《出租车 GPS 大数据可视化研究》,硕士学位论文,
      浙江工业大学,2014 年。

[459] 马继华:《解决交通拥堵,大数据应用靠谱吗?》,《人民邮电》
      2014 年 5 月 5 日第 004 版。

[460] 韩欢:《基于大数据的智能交通运输平台的研究》,硕士学位
      论文,成都理工大学,2014 年。

［461］辛柯俊、梁彪、郭建华：《基于大数据技术的城市交通在线实验环境设计》，《交通信息与安全》2014年第2期。

［462］谢然：《大数据引领智能交通且行且珍惜》，《互联网周刊》2014年第8期。

［463］许鹏：《基于大数据环境下的船舶交通流特征统计分析系统研究》，硕士学位论文，武汉理工大学，2014年。

［464］李建国：《智能交通发展中的大数据分析》，《硅谷》2014年第6期。

［465］段宗涛、康军、唐蕾、樊娜、刘研、代记婷：《车联网大数据环境下的交通信息服务协同体系》，《长安大学学报》（自然科学版）2014年第2期。

［466］周春梅：《大数据在智能交通中的应用与发展》，《中国安防》2014年第6期。

［467］陈响园、张权伟：《大数据背景下中国交通广播的"危"与"机"——以杭州交通经济广播91.8为例》，《现代传播》（中国传媒大学学报）2014年第3期。

［468］张志琦：《用大数据解决交通问题》，《中国经济和信息化》2014年第5期。

［469］刘婕：《大数据助力缓解交通拥堵》，《中国信息化》2014年第Z1期。

［470］李亚军：《大数据时代背景下公安交通管理工作研究》，《广西警官高等专科学校学报》2014年第1期。

［471］刘子烨：《借助交通大数据让出行高效便捷安全》，《联合时报》2014年2月21日第002版。

［472］《大数据时代：智能交通系统发展面临机遇与挑战》，《科技传播》2014年第3期。

［473］徐思豪：《大数据背景下交通信息管理发展思考》，《科学咨询》（科技·管理）2014年第2期。

［474］姜红德：《广东：力推交通大数据》，《中国信息化》2014年第2期。

［475］叶亮：《"大数据"背景下我国交通数据管理应用的转型与发展》，《交通与运输》（学术版）2013 年第 2 期。

［476］唐要安：《大数据在交通中的应用》，《交通世界》（运输·车辆）2013 年第 12 期。

［477］《大数据时代：智能交通系统发展面临机遇与挑战》，《科技风》2013 年第 23 期。

［478］顾涛：《科学施策治理北京城市交通拥堵——浅谈大数据、物联网时代的治堵策略》，《城市管理与科技》2013 年第 6 期。

［479］徐涛：《大数据助力智能交通更加智慧》，《经济日报》2013 年 12 月 11 日第 014 版。

［480］王寅田：《基于 Hadoop 的交通物流大数据处理系统设计与实现》，硕士学位论文，上海交通大学，2014 年。

［481］王璞、黄智仁、龚航：《大数据时代的交通工程》，《电子科技大学学报》2013 年第 6 期。

［482］徐炜：《交通管理已进入大数据时代》，《道路交通管理》2013 年第 11 期。

［483］邱卫云：《智能交通大数据分析云平台技术》，《中国交通信息化》2013 年第 10 期。

［484］蔡鑫：《大数据将使智能交通如虎添翼》，《人民邮电》2013 年 10 月 14 日第 008 版。

［485］周为钢：《大数据处理技术在智能交通中的应用》，《中国智能交通协会·第八届中国智能交通年会优秀论文集——智能交通与安全》，中国智能交通协会，2013 年。

［486］周为钢：《论智能交通大数据处理平台之构建》，《中国智能交通协会·第八届中国智能交通年会论文集》，中国智能交通协会，2013 年。

［487］乔川川：《公共领域：交通司法等行业领衔大数据运用》，《证券日报》2013 年 9 月 5 日第 D03 版。

［488］顾建国：《走进大数据时代的常州智慧公交——专访常州市公共交通集团公司董事长、总经理蔡健臣》，《人民公交》2013

年第 7 期。

[489] 别坤:《大数据驱动智能交通》,《计算机世界》2013 年 7 月 15 日第 A10 版。

[490] 高曙东:《大数据时代商业银行面临的挑战——交通银行股份有限公司数据中心副总经理周彦倜访谈》,《中国金融电脑》2013 年第 7 期。

[491] 岳建明、袁伦渠:《智能交通发展中的大数据分析》,《生产力研究》2013 年第 6 期。

[492] 孟庆丰:《大数据下的交通解题思路 DATA》,《中国交通报》2013 年 5 月 17 日第 005 版。

[493] 郭涛:《大数据一体机让城市交通变智能》,《中国计算机报》2012 年 12 月 31 日第 016 版。

[494] 陈美:《大数据在公共交通中的应用》,《图书与情报》2012 年第 6 期。

[495] 刘海永:《助力智慧成长,培养大数据时代高端人才——IBM 与北京交通大学共同发布信息管理联合人才培养计划》,《中国教育信息化》2012 年第 19 期。

后　记

2015 年两会上，"大数据"被写入政府工作报告后，仿佛一夜之间席卷全国，它开启了一场重大的时代转型，引发了工作、生活及思维的颠覆性变革。在时代弄潮儿的引领下，大数据被应用到了金融、教育、医疗、汽车、广告营销等诸多领域，大数据不再高不可攀，不再不食人间烟火，已经与广大民众的生活息息相关。

而交通运输业是国民经济的基础产业，是一切经济和社会活动的载体，其与颠覆性的大数据技术之间的碰撞融合，无疑会给我国经济发展带来强大推力。当前，交通问题是我国城市尤其是一、二线城市发展面临的最大痛点。而在保障出行安全、提高效率、改善环境、降低能耗等方面具有明显优势的大数据交通，为解决这一问题提供了新的思路。

通过大数据技术对海量多源异构数据进行实时高效分析，可以对未来一段时间内的交通路况进行预测，真正从源头上解决交通拥堵问题，而不是在交通拥堵发生后被动地处理。大数据交通是一种将通信、计算机、控制技术、传感技术等多种技术在交通运输领域深度集成并应用的综合产物，它能够推进智能交通快速发展，加快智慧城市落地进程，为广大民众打造更为安全、高效、便捷、环保的出行环境，大幅度提高人们的生活质量。

对海量交通数据采集、分析，并进行深度挖掘，是大数据交通的典型特征。在这个过程中需要云存储、虚拟化技术、分布式处理、分布式数据库等云计算技术提供强有力支撑，没有云计算技术，大数据交通不可能真正落地。在欧美国家提出的智能交通落地战略以及智能交通云解决方案中，云计算技术都扮演了不可取代的关键角色。

　　大数据交通也是"互联网＋"应用到交通运输领域的具体体现，由此催生出了"互联网＋便捷交通"、"互联网＋高效物流"、共享交通运输等一系列新兴业态，与物联网、车联网相关的研究及行业应用也在日渐深入。大数据交通浪潮席卷下，拥有海量数据资源的 BAT 巨头，采用共享经济模式新玩法的宝马、戴姆勒、摩拜单车等各路玩家不断涌入，试图从这个万亿级市场中分一杯羹。

　　在大数据交通所带来的重大发展机遇面前，包括美国、英国、德国、日本在内多个国家都给予了高度重视，并在考虑到大数据交通建设的长期性与复杂性的基础上，纷纷出台了中长期发展战略规划，在资金、技术、人才培养、基础配套设施建设等诸多方面进行了深入布局。与此同时，还逐步完善交通数据应用法律法规，明确数据归属权，防范个人隐私数据泄露等，为发展大数据交通扫清了一系列阻碍。

　　我国政府对发展大数据交通同样给予了高度重视，交通运输部出台的《交通运输信息化规划》文件中明确强调："要结合行业转型升级发展要求，推进信息技术与行业管理和服务的深度融合；要大力促进大数据发展应用，深化政府与企业间合作，共同打造交通信息服务产业新生态。"与此同时，交通运输部也在加快完善行业数据交换共享标准、完善部省级数据资源目录体系，拓展交通数据资源开放及共享深度。

　　但大数据交通的真正落地是一项长期而复杂的系统工程，即便是在相关研究及应用较早的欧美发达国家，大数据交通产业也仍处于探索阶段。从实际发展情况来看，我国发展大数据交通产业过程中遇到的问题主要包括：交通数据感知及搜集有限；各部门、各地区及信息系统中的海量交通数据未能实现共享；对交通运输态势预测缺乏精准性；未能充分满足公众交通信息服务需求等。

　　与此同时，我国交通运输体系不完善，存在效率低下、信息化建设滞后、智能化程度偏低等痛点，导致国家及地方政府投入海量资源购入的先进设备得不到高效应用，资源浪费与重复建设问题尤为突出。作者在参加世界智能交通运输大会等行业论坛、峰会的过程中，发现很多业内人士对如何解决当前发展大数据交通面临的痛点，打造完善的智能交通运输体系，创业者及企业如何抓住大数据交通风口实现快速崛起等方面，存在着诸多困惑与不解。

鉴于此，作为一个互联网行业观察者，大数据交通研究者及从业者，作者在对多年的思考与分析进行深入总结，并结合自身从业经验与大量实践案例的基础上创作了《大数据交通应用与发展研究》一书，希望能够给读者、研究者、决策者、创业者及企业提供一些启示与帮助。

本书共分为大数据交通篇、智慧交通篇、云计算交通篇、大数据物流篇、共享交通运输篇五大部分，全方位、立体化地分析了大数据背景下，交通产业格局重塑、大数据在交通运输领域的应用与实践、智能交通系统发展及应用、车联网颠覆传统汽车行业、云计算技术及其在交通管理领域的应用、物流运输业变革、共享经济下的智慧出行、共享单车助力中国经济转型等内容，为政府部门制定大数据交通落地战略，创业者及企业掘金大数据交通等提供了行之有效的探索路径。

本书尤其注重实操性，引用了美国、英国发展大数据交通的实践案例，并对 BAT 布局车联网、摩拜单车探索共享经济等案例进行了详细分析，为决策者、创业者及企业提供了宝贵的借鉴经验。可以预见的是，随着大数据交通产业的逐步发展与完善，安全、高效、绿色、智慧的交通将会成为我国的标签与核心竞争力，为中国经济提质增效增添新动能，真正造福亿万民众。